「日本人の日本語」を考える

庵功雄 編著

プレイン・ランゲージをめぐって

丸善出版

まえがき

　本書は「やさしい日本語」の観点から日本語表現を見直すことを目的とする論文集である。

　「やさしい日本語」は、定住外国人に対する情報提供のあり方の検討から出発し、成人の定住外国人が日本を居場所にできるための「居場所作りのための「やさしい日本語」」、外国にルーツを持つ子どもやろう児のための日本語教育のあり方を検討する「バイパスとしての「やさしい日本語」」といったかたちで、言語的マイノリティのための言語保障の方策の研究として発展してきた。

　そうした事情もあり、読者の多くも「やさしい日本語」＝「外国人のためのもの」というイメージをお持ちなのではないかと思う。もちろん、現在でも「やさしい日本語」の中心的課題がマイノリティの言語保障であることに変わりはない。それは、そうした言語保障を含む「バリアフリー」をとおしてマイノリティが国内で活躍の場を得られるようになることが今後の日本社会にとって極めて重要であるという問題意識に立ったものでもある（1 章参照）。

　しかし、そうした認識だけでは十分ではない。それだけだと、マジョリティである日本語母語話者にとって、「やさしい日本語」は外的な存在に留まり、「自分のこと」として捉えられず、「（マイノリティのために）してあげる」ものという意識を作ってしまうからである。

　実際は、「やさしい日本語」の考え方はマジョリティである日本語母語話者にも必要で、十分に意味があるというのが本書を支える理念である。「やさしい日本語」が日本語母語話者にとって持つ意味はいくつも考えられるが、本書ではその中の「「やさしい日本語」が日本語表現にとって持つ意味」に焦点をあてている。

　本書全体をとおしての最大の主張は、「日本語表現の評価基準を「わかりやすさ」に転換するべきだ」ということである。

　本書の特徴の 1 つに、各章が独立しつつ互いに関連し合っていることがあげられる。例えば、9 章および 14 章から 16 章はマスメディアにおけることばの問題をさまざまな角度から取り上げたものとなっており、相互に参照することで、マスメディアのことばに関する認識が深まることが期待できる。

　本書は、前著『「やさしい日本語」表現辞典』の発展版として生まれた。土台を作ってくださった丸善出版の柳瀬ひなさんに感謝いたします。また、本書をなすにあたり、多大なご尽力をいただいた堀内洋平さんと山口葉月さんにも心からの感謝の意を表します。

2022 年 10 月

庵　功雄

※本書は科研費 21H00536 および 21H00552 の研究成果の一部である。

執筆者一覧

■編著者

庵　　功　雄（いおり・いさお）　　　一橋大学国際教育交流センター教授

■著　者

浅　井　満知子（あさい・まちこ）　　株式会社エイアンドピープル代表取締役社長

天　野　雅　之（あまの・まさゆき）　南奈良総合医療センター総合診療科医長

石　黒　　　圭（いしぐろ・けい）　　国立国語研究所教授

井　上　裕　之（いのうえ・ひろゆき）　文教大学情報学部准教授

岩　田　一　成（いわた・かずなり）　聖心女子大学日本語日本文学科教授

宇　佐　美　洋（うさみ・よう）　　　東京大学大学院総合文化研究科教授

清　永　　　聡（きよなが・さとし）　NHK解説委員室解説主幹

小　池　陽　慈（こいけ・ようじ）　　河合塾東日本現代文講師

三　枝　令　子（さえぐさ・れいこ）　元一橋大学法学研究科教授

田　中　牧　郎（たなか・まきろう）　明治大学国際日本学部教授

趙　　兌　麟（Cho, Tae-Rin）　　　延世大学国語国文学科副教授

　　文　熙　喆（Moon, Hee-Chul）　一橋大学大学院言語社会研究科修士課程
　　　　　　　　　　　　　　　　　　［6章翻訳］

名　嶋　義　直（なじま・よしなお）　琉球大学グローバル教育支援機構教授

野　副　友　彦（のぞえ・ともひこ）　フリーランス日本語教師

真　鍋　弘　樹（まなべ・ひろき）　　朝日新聞記者・フォーラム編集長

森　　篤　嗣（もり・あつし）　　　　京都外国語大学外国語学部教授

（五十音順・2022年10月現在）

目　次

第Ⅰ部　プレイン・ランゲージ（わかりやすいことば）とは

1．日本語母語話者にとっての「やさしい日本語」　　2
　　：プレイン・ジャパニーズ
2．海外の動向―プレイン・ランゲージをめぐって　　17

第Ⅱ部　日本語母語話者の日本語の問題

3．現代文から見た日本語母語話者の日本語の問題　　42
4．ビジネスにおけることばの問題　　55
5．企業社内文書における「わかりにくさ」の背景　　69
　　―企業におけるプレイン・ジャパニーズの課題
6．韓国における公共言語と公共言語政策　　79

第Ⅲ部　専門家―非専門家のコミュニケーション：わかりやすいことばと社会

7．医療におけることばの問題　　92
8．介護におけることばの問題　　104
9．司法におけることばの問題―放送メディアと裁判用語　　119
10．行政におけることばの問題　　138
11．定着していない外来語への対応―「『外来語』言い換え提案」で　　151
　　取り上げられた語の新聞での使用実態の分析

第Ⅳ部　ことばと教育

12．国語教育から見たことばの問題　　168
13．「やさしい日本語」を支える「マインド」とその育成　　182

第Ⅴ部　プレインさの光と影

14．マスメディアにおけることばの問題　　198
15．政治家のことば：プレインさとポピュリズム　　211
16．メディアリテラシーから見たことばの問題　　224

索引　　244

各章紹介

1. 「やさしい日本語」の研究は、外国人、障害者などのマイノリティのためのものとしてはじまったものだが、「やさしい日本語」の理念はマジョリティである日本語母語話者にとっても重要なものである。日本語表現がわかりやすくならない理由に、日本語母語話者の中にある「難しさへの信仰」というものがある。そうした考え方を捨て、「わかりやすさ」を基準とした日本語表現であるプレイン・ジャパニーズを日本語表現の基準とすることが、日本語さらには日本社会の国際化につながると具体的に論じられている。

2. 「やさしい日本語」は、国際的には、SDGs とも関連する「やさしいことば（プレイン・ランゲージ）」という考え方の流れに位置づけられるものである。はじめに、プレイン・ランゲージの必要性とその特徴が説明される。続いて、プレイン・ランゲージが生まれるきっかけとなったプレイン・イングリッシュ誕生の経緯が述べられ、特徴が具体的に説明される。プレイン・イングリッシュは英語でのコミュニケーションにおける必須のスキルであり、その内容は日本語表現を考えるうえでも大いに参考になる。

3. 「現代文」の教育は本書のテーマである「日本人の日本語」を考えるうえで貴重な題材を提供してくれる。はじめに、日本語母語話者である高校生が産出する「わかりにくい日本語」が例示され、わかりにくさの原因が明らかにされる。次に、文学テクストを読むという観点からテキスト理解の実態が考察されている。ここで紹介されている実践では、日本語母語話者である高校生が日本語表現を適切に理解し産出できるようになる過程が具体的に論じられており、プレイン・ジャパニーズについて考える際に大いに参考になる。

4. ビジネス文書には書き手と読み手がそれぞれの存在を強く意識するという特徴がある。ここでは、クラウドソーシングの発注文書の分析をとおして、ビジネス文書の特徴が、「正確さ」「わかりやすさ」「ふさわしさ」「敬意と親しさ」という4つの観点から考察されている。その内容はプレイン・ジャパニーズを考えるうえでの具体的な指針となり得る部分を数多く含んでおり、参考になる。また、文学テクストを対象とした3章と比較することにより、テクストの種類による共通点と相違点を考察することも可能になるだろう。

5．プレイン・ジャパニーズの普及を考えるうえで重要なものに母語話者の規範意識がある。ここでは、ビジネス社内文書を素材に、実際に文書を作る側（下位者）と文書を読む側（上位者）それぞれに実例を用いた調査を行い、両者の意識の違いを明らかにしている。中でも、文書内に「わかりにくいが、ビジネス社内文書としてふさわしい」という評価を得るものがあることがわかったことは興味深い。今後は、4章で論じられたビジネス文書に求められる条件と実際の文書に対するこうした評価のずれを正していくことが求められる。

6．2章で触れられているように、役所が市民向けに出す公的文書で使われる言語表現は、母語におけるわかりやすさの基準を考える際の重要な指針となる。ここでは韓国における公的文書にかかわる言語政策が「公共言語」という概念を用いて説明されており、また、韓国では「公共言語」が備えるべき要件が公的研究組織において検討され、規範として提供されていることがわかる。これは、公的文書のプレイン・ジャパニーズ化が下からの取り組みをとおして普及してきた日本におけるこれまでの経緯と比較して興味深い点である。

7．医師が患者に病状を説明する際のことばは、プレイン・ジャパニーズが最も求められるものである。ここでは、これまであまり取り上げられてこなかった医療におけることばの問題が専門家の手で具体的に説明されている。医師の説明は意思決定を「患者と一緒に行う」ためのものであるという立場から、医師の説明が難しくなる原因が「伝え方」と「伝える問題」とに分けて整理され、それらの問題点を意識しつつ、患者の立場に立って、説明が受け入れられやすい関係性や環境を整えることの重要性が指摘されている。

8．医療と並んで我々の生活とかかわりが深く、ことばのあり方が重要な意味を持つ分野に介護がある。ここでは、介護にかかわることばの問題がさまざまな角度から検討されている。まず、障害者の「害」の文字に代表される差別感のある呼称の問題が取り上げられ、次に、障害を持つ人に対する配慮の実例が紹介される。続いて、経済連携協定（EPA）に基づく看護師・介護福祉士候補者に対する日本語教育をきっかけとする介護のことばの変化が扱われ、最後に、介護される人を慮ったことばの使用を意識することの重要性が述べられる。

9．一般の日本語母語話者でも理解できないことばづかいがされていると思われ

る分野の代表は医療と司法であろう。ここでは、長年裁判報道に携わってきた筆者の手で、裁判のことばの変化とテレビの裁判報道の変遷が具体的に述べられている。裁判のことばは刑事裁判では裁判員制度の導入以降わかりやすさを重視する方向に大きく変化し、それに伴い、裁判報道においても、予断を与えない表現が工夫されている。司法報道における原稿作成法が具体的に述べられ、言語表現の研究という観点からも興味深い事例が提供されている。

10. わかりにくい表現の代名詞に「お役所言葉」がある。その意味からも、わかりやすい日本語（プレイン・ジャパニーズ）を考える際に、行政のことばを対象とすることには意義がある。長年行政のことばのプレイン化に携わってきた筆者の手で、公用文（公的文書）がわかりやすくならない理由が具体的に述べられ、外国の事例を参考にしつつ、公文書をわかりやすくするための方策が具体的に提案されている。公文書をわかりやすくするには談話レベルでの考察が不可欠という指摘は言語学的観点からも重要である。

11. プレイン・ジャパニーズを考えるうえで外来語をどう扱うかは重要である。これに関連した研究が、国立国語研究所が行った「『外来語』言い換え提案」である。ここでは、同提案で定着していない外来語として言い換えなどの提案が行われた176語のうち50語について、現在までの20年間における定着度を調べた結果が報告されている。調査の結果、50語は頻度および増減の傾向においていくつかのパターンに分かれることがわかり、それぞれの語の性質に即した言い換えなどの工夫が必要であることが述べられている。

12. 「わかりやすい話し方・書き方」を日本語母語話者が身につけるための重要な機会が「国語」の授業であることは間違いない。ここではまず、学習指導要領において戦後一貫して「わかりやすく話す・書く」ことが取り上げられていることが指摘され、その実践例として、「書き換え」に関するさまざまな事例が紹介される。それらの事例は母語話者に対する日本語表現教育の可能性を感じさせるものであり、プレイン・ジャパニーズに関心を持つ人たちが実践の方法について考える際に多くの示唆が得られる内容となっている。

13. 「やさしい日本語」（特に、Easy Japanese）を実践する際に「技術」以上に重要なのは、相手の立場を慮ることができる「マインド」である。そのことを認

めたうえで、次に問題になるのは、日本語母語話者がそうしたマインドを身に
つけるために教育において具体的に何ができるのかということである。この問
題に関する筆者の実践例として、授業の「振り返りコメント」が紹介され、参
加者の意識変容の実相が明らかにされている。「やさしい日本語」と教育の関係
を考えるうえでの示唆に富んでいる。

14. プレイン・ジャパニーズを日本語表現の問題として考える場合、マスメディ
    アにおけることばの問題は重要な意味を持つ。前半ではまず、NHK の放送用語
    に関して取り上げられてきた問題の一端が紹介されている。後半では、「やさし
    い日本語」の視点から作成されている News Web Easy の原稿作成プロセスをと
    おして、長年の記者としての筆者の経験を踏まえつつ、ニュース原稿の改善可
    能性が論じられる。対象は異なるが、ニュース原稿の作成という共通点から、
    9 章との比較も興味深い。

15. 本書では、「わかりやすい日本語表現」を社会として目指すべきものと捉えて
    議論しているが、「わかりやすさ」には落とし穴もある。その一例が、ポピュリ
    ストと呼ばれる政治家は「わかりやすい話し方」を身につけた人物であるとい
    うことである。そうした観点から小泉純一郎、橋下徹、小池百合子各氏らのこ
    とばが豊富な具体例とともに論じられる。プレイン・ジャパニーズは聞き手の
    理解を意識しながら言語表現を行うものであり、ポピュリストのことばはそう
    した理念の対極にあることが説得的に述べられている。

16. インターネットの普及に伴い、ネット上で新聞記事を読む機会が増えてきた。
    ここでは、メディアリテラシーの観点から、ネット上の記事が内在する問題点
    が指摘されている。ネット記事の見出しは、故意であるか否かは別として、何
    らかの誘導性を持っていることが多いが、それに誘導されないためのリテラ
    シーとして、批判的に考えることが重要である。今後のインターネット社会に
    おいて、インターネットから適切に情報を得るために必要なリテラシーについ
    て具体的に考える際の貴重な提言に満ちている。

　以上が本書所収の全 16 章の概要であるが、それぞれの章で論じられる内容が相
互に関連していたり、他の章の内容を参照することでその章の理解がより進んだ
りすることも多いので、本書をそうした観点からもお読みいただければ幸いであ
る。なお、本書中の敬称は原則として省略したが、一部そうではない場合も存在
する。

第1部

プレイン・ランゲージ
（わかりやすいことば）とは

1　日本語母語話者にとっての「やさしい日本語」：プレイン・ジャパニーズ[1]

1.1　はじめに：30年後の日本社会像と「やさしい日本語」

　本章では、筆者たちの研究グループが取り組んでいる「やさしい日本語」という考え方をもとに、日本語母語話者の日本語の問題を論じるが、その前提として、「やさしい日本語」研究の理念である30年後の日本社会像について簡単に検討してみたい。

　2019年4月に入管法が改正され、日本は単純労働を目的とした外国人受け入れに大きく舵を切った。こうした動きの背景には、日本国内の深刻な人手不足の問題がある（コロナ禍で本章執筆時の人手不足は一時的になりを潜めているが、コロナが収束すれば、同様の問題が生じるのは確実である）。

　日本政府の対応は人手不足の現状を追認したものだが、そうしたかたちでの外国人受け入れには大きな問題がある。それは、「我々は労働力を呼んだが、やってきたのは人間だった」（M. フリッシュ）ということばに代表されるように、そうしたかたちでは外国人の人権が著しく損なわれる恐れが高いからである[2]。

　こうした外国人受け入れの「失敗」は人道的問題に留まらない。現在、地方ではバス路線の廃止など公共サービスの低下が問題となっているが、その原因は人口減少に伴う自治体の税収減少に起因するところが大きい。

　国立社会保障・人口問題研究所の将来推計（2017年推定）によると、2050年には、日本の人口は2020年に比べて約2300万人減少するとされている（出生中位・死亡中位推計）[3]。しかも、各年代が同じように減少するのではなく、高齢者の人口はほとんど変わらず、減少するのは生産年齢人口（15～64歳）とそれ以下の子

---

[1] 「日本人」「日本国籍者」「日本語母語話者」「日本生まれ（日本育ち）」、これらの概念が指す対象は必ずしも一致せず、それぞれに問題をはらんでいる（庵編著 2020a, 小池 2021 参照）。本章では、これらのうち、日本語表現という観点から最も妥当性が高い「日本語母語話者」を採用する。

[2] 日本では、技能実習生制度の悪用などのかたちで、外国人の人権侵害が行われており、国連からも是正勧告を受けている（https://migrants.jp/news/office/20201006.html）。なお、本章における URL の最終閲覧日は2022年1月31日である（1.4.1 項（5）を除く）。

[3] https://www.ipss.go.jp/pp-zenkoku/j/zenkoku2017/pp_zenkoku2017.asp

どもである。この数字は今後 30 年間年平均で人口が 80 万人ずつ減ることを意味するが、2021 年 10 月現在で人口が 80 万人以下の県が 7 つある[4]（鳥取、島根、高知、徳島、福井、山梨、佐賀）。つまり、今後 30 年間、人口規模の小さい県が毎年 1 つずつなくなる程度の割合で人口が減り続けるのである。この状況を放置すれば、地方自治体の財政悪化に歯止めがかからず、高齢者が多く住む地方の生活環境がますます悪化することは避けられない。

　人口減少は日本全体にとっても深刻な問題をはらんでいる。現在、日本には先進国の中で突出して多額の借金があり、国債費（借金の利払い）というかたちで財政を圧迫している。今後人口が減り、税収が減り、高齢化などで社会保障費の支出などが増えれば、国債費の負担がますます大きくなって、30 年後の世代の生活を圧迫することが明らかであるだけでなく、財政破綻の危険性もある。

　こうした問題を解決するためには税収を増やす必要があるが、そのための最も確実な手段は納税者（タックスペイヤー）を増やすことである。その観点から外国人の受け入れを考えた場合、現在の人道的に問題のある受け入れのあり方では、外国人は低賃金で働くだけであり、仮にその数が人口減少を補ったとしても、税収が増えない以上、上記の問題は解決しない。

　以上のことから、30 年後の日本社会として考えるべきものは、「日本国籍」を持つ「日本人」だけでなく、それを持たない「外国人」も対等に日本国内で生活し、税金や社会保障費を払い、その結果、財政上の問題点が緩和されるような社会であるといえる。

　筆者たちの研究グループでは、こうした 30 年後の日本社会像を理念として、その実現に必要な諸問題のうち、ことば（日本語）にかかわるものを解決するための手段として、「やさしい日本語」を考えている。本章では、「やさしい日本語」研究の一部を紹介しながら、それが本章および本書全体のテーマである「日本語母語話者の日本語の問題」にどのようにかかわってくるのか論じていくことにする[5]。

1.2　マイノリティのための「やさしい日本語」

　筆者たちの研究グループの「やさしい日本語」研究は、平時における外国人に対する情報提供方策の研究からはじまり（「やさしい日本語」の歴史について詳しくは岩田（2013）、公的文書の書き換えに関しては岩田（2016）をそれぞれ参照）、

---

[4]　山梨と佐賀は 80 万人を数千人上回っているが、全体の傾向を見る趣旨からここに含めておく。

[5]　本章では紙幅の関係から「やさしい日本語」の各論について詳述することはできない。「やさしい日本語」について詳しくは庵（2016）、庵編著（2020a、1 章）などを参照していただきたい。

その後、考察の対象を外国にルーツを持つ子どもや障害者に拡張した[6]。

1.2.1　マイノリティのための「やさしい日本語」の 2 種

　マイノリティのための「やさしい日本語」は、成人の外国人を対象とする「居場所作りのための「やさしい日本語」」と、子どもを対象とする「バイパスとしての「やさしい日本語」」に大別される（詳細は庵（2016）と脚注 4 にあげた文献参照）が、本章では「居場所作りのための「やさしい日本語」」について述べる。

1.2.2　居場所作りのための「やさしい日本語」

　定住外国人が日本社会で精神的に安定した生活を送るために必要なことのうち、最も重要なのは日本社会を自らの「居場所」と感じられることであり、それには自分が「母語でならいえることを日本語でもいえる」ようになることが重要だと考えられる。これは、私たちが何らかの理由で、長期間海外で生活することになった際、自分がいいたいこと、日本語でならいえることを、その国の言語でいえるようになっている場合とそうでない場合とで、心理的な安心感がどれほど異なるかを想像すれば、理解していただけるだろう。この意味の「やさしい日本語」には次の 3 つの側面があるが、ここでは（1b）についてのみ考える。

（1）a. 初期日本語教育の公的保障の対象としての「やさしい日本語」
　　　b. 地域社会の共通言語としての「やさしい日本語」
　　　c. 地域型初級としての「やさしい日本語」

1.2.3　地域社会の共通言語としての「やさしい日本語」

　定住外国人が増えるということは、地域社会に彼／彼女らが生活するようになるということである。そこには何らかの共通言語が必要となる。その第一の候補は英語だが、岩田（2010）その他の研究結果から英語がそれに適さないことが明らかになっている。

　第二の候補は日本語母語話者が何の調整も加えない日本語だが、これも不可である。それは、こうした立場を採ることは外国人を語学能力だけで判断することを意味し、「多文化共生」という考え方に合致しないからである（上記のように、日本語母語話者が何らかの理由により海外で生活しなければならなくなった際に、自らの能力をその国の言語ができるかどうかだけで判断されたらどのように

---

[6] 外国にルーツを持つ子どもに関する問題については IBS（2021a、2021b）を、障害者に関する問題のうち、ろう児に関するものについては庵（2021）を、知的障害者に関するものについては打浪他（2017）などを参照されたい。

```
日本語母語話者〈受け入れ側の日本人〉
    ↓   コード（文法、語彙）の制限、
    ↓   日本語から日本語への翻訳
やさしい日本語（地域社会における共通言語）
    ↑   ミニマムの文法（ステップ1、2）と語彙の習得
日本語ゼロビギナー〈定住外国人〉
```

図1　地域社会の共通言語と「やさしい日本語」

感じるかを考えてみていただきたい）。

　そうすると、論理的に考えて、地域社会の共通言語が生まれるとすれば、それは、日本語母語話者が一定の調整を加えた日本語、すなわち「やさしい日本語」しかあり得ないことになる。その場合のモデルは図1のようになる。

　ただし、これは共通言語ができるとすればの話で、自然にそうなるということではない。このモデルの実現の可否は日本語母語話者の意識次第なのである。

1.3　マジョリティにとっての「やさしい日本語」

　ここまでは、「マイノリティ（少数派）のための「やさしい日本語」」を見てきた。マイノリティに対する言語保障は「やさしい日本語」の極めて重要な機能だが、「やさしい日本語」はマジョリティ（多数派）である日本語母語話者にとっても重要な意味を持っている。ここではこの点について見ていく。

1.3.1　「やさしい日本語」の理念普及とインセンティブ

　1.2節で見たマイノリティのための「やさしい日本語」は、1.1節で見た30年後の日本社会像を実現するために必要なものであるが、1.2.3項で見たように、その実現にはマジョリティである日本語母語話者の理解と行動が不可欠である。

　しかし、現実には「やさしい日本語」の理念に関心を持っている人は極めて少数であるのが現状である。そうであるなら、「やさしい日本語」の理念を普及させるには、「やさしい日本語」の理念を理解することがマジョリティにとって、どのような利益（物質的なものだけでなく、精神的なものを含めて）をもたらすかというインセンティブ（動機づけ）を示すことが必要であると考えられる。ここでは、そうしたインセンティブとして、次の2つを考える。

　（2）a. 日本語表現の鏡としての「やさしい日本語」
　　　 b. 日本語表現にとっての「やさしい日本語」

　以下、1.3.2項と1.4節でそれぞれについて論じるが、特に、（2b）の内容は本章の主題である「日本語母語話者の日本語の問題」に直結するものである。

1.3.2　日本語表現の鏡としての「やさしい日本語」

　日本語母語話者にとって、日本語を用いて行う最も重要な言語活動は「自分（だけ）が知っている／考えていることを相手に伝えて、相手を自分の考えに同意させる」ことだと考えられる。

　これは、アカデミックな世界では「論文」や「口頭発表」に、企業では「就職面接」や「商談」に、日常生活では「自治会の活動」などにあたるが、日本の学校教育では「意見文」「感想文」などのかたちで自らの意見を述べる活動は盛んに行われているものの、相手とのインターアクションの中で、相手の意見を受け入れつつ、自らの意見を相手に認めさせるという活動はあまり行われていない。

　外国人相手のロールプレイでこうした活動の練習を行うことは、こうした能力を磨くうえで役立つ。それは、日本語母語話者同士では言語自体で相手を説得できたのか否かがはっきりしないのに対し、外国人はわからないところをはっきり指摘するため、ロールプレイの真正さ（authenticity）が高まるからである[7]。ここではその1例として、自治会に入ってもらうというロールプレイを考える。

　このロールプレイを成功させるためには、次のようなことが必要となる。

　（3）a.「自治会」の内容を聞き手である外国人に伝える

　　　 b.「自治会」に入ってもらえるように聞き手を説得する

　（3a）は（3b）を達成するための必要条件（前提条件）である。話し手が何を伝えたいのかが聞き手に伝わらなければ説得することは不可能である。この段階で必要なのは、図1で見たような言語的調整に関する工夫である。

　しかし、それだけでは問題は解決しない。仮に、「自治会」の内容について聞き手が理解したとしても、次のような疑問が寄せられる可能性がある（高い）。

　（4）・自治会に入ることは義務なのか

　　　 ・自治会に入ると、どんなメリットがあるのか

　　　 ・自治会に入らないと、どんなデメリットがあるのか

　　　 ・なぜ自治会費を払わなければならないのか

　これらは、同様のロールプレイを日本語母語話者同士で行った際には問題になりにくい。それは、これらが「暗黙の前提」になっているためだが、そうした「空気」を共有していない外国人相手だと、そうした前提が崩れ、説明が求められ、ロールプレイの真正さ（本物らしさ）が高まるのである。

　このように、「やさしい日本語」による外国人とのコミュニケーションは、「ことば」による説明の訓練の場となり、その際に考えた／感じたことを他の場面に

---

[7]　Authenticity は「自然さ」とも訳されるが、authentic は natural とは異なり、「現実に近い」という意味での「自然さ」を意味する。

応用することによって、日本語母語話者の日本語表現能力（コミュニケーション能力）の向上に役立つと考えられる。この機能を「日本語表現の鏡としての「やさしい日本語」」と呼ぶ。

1.4　日本語表現にとって「やさしい日本語」が持つ意味

本節では（2b）にあげた「日本語表現にとっての「やさしい日本語」」を、本章の主題である「日本語母語話者の日本語の問題」と絡めて考えていく。

1.4.1　「やさしい日本語」に対する批判

「やさしい日本語」に対してはいくつかのタイプの批判がある。

その１つは、「やさしい日本語」は、外国人に日本語母語話者とは異なる「二流の日本語」の使用を押しつけるもので、外国人に対する逆差別であるといったものである[8]。

本節で取り上げる第二の批判は、「「やさしい日本語」を使うと日本語母語話者の日本語力が落ちる」というものである。例えば、次の引用は、テレビ番組で災害時における「やさしい日本語」の使用について紹介された後に、出演者がコメントしたものである。

(5) 震災のときはたしかにそうなんですが、他のことはね〜。お年寄りや子どもにといわれると、「紅葉」という言葉を覚えさせたいのに、全部こんな風に説明すると日本人全体がちょっとバカになったような気がします（中略）。

やっぱり難しい言葉もやっぱり大事だから。そりゃ、公共の場所で外国人のためにというのはわかります。でも日本人のためには、「押印」って何って子どもに聞かれたら、「ハンコを押すことだよ」と教えることも教育だから、全部こうなってくると子どもは難しい言葉を覚えなくなってしまう。（以下略）

（吉開章・石原進 (2018)「「やさしい日本語」には「誤解」という落とし穴　TBSの「ひるおび」のコメントを考える」http://www.nihongoplat.org/2018/06/12/yasasii_nihongo-3/[現在リンク切れ]）

---

[8] 本章の趣旨から外れるので、ここではこうした批判に対する反論は控えるが、1つ明確に指摘しておきたいのは、庵 (2009) などで提示した初級文法シラバス（Step1, 2）は、日本語母語話者がどのような調整をするか（図1の下向きの矢印）のためのものである以上に、外国人が「母語でならいえることを日本語でいえるようにする」（図1の上向きの矢印）ためのものであるということである。この点についてはイ (2013) の指摘も参照されたい。

　（5）の批判の問題点は 2 点指摘できる。1 点目は、1.2 節で取り上げた意味の「やさしい日本語」は、日本語母語話者が（まだ日本語力が十分ではない）非母語話者に対して用いるもので、母語話者同士の言語使用場面で使うものではない。したがって、それを使うことで母語話者の日本語能力に影響が及ぶということはない、ということである。

1.4.2　難しさへの信仰

　2 点目は、「日本語母語話者」の中にある「難しさへの信仰」と呼ぶべき信条であり、（5）にはそれが透けて見える。例えば、役所のことばは漢語を使って書かなければ「それらしくない」といった感覚が、発信側にはいうまでもなく、受信側にも潜在的にあるのではないだろうか。公的文書がやさしくならない一因にこうした読み手の心理が働いているように思われる（岩田 2016 参照）。

1.4.3　「難しさへの信仰」がもたらす罪

　このように、日本人の意識の中の「難しさへの信仰」が、日本語のテキスト（文章や発話内容）を不必要に難解にしている部分がある。これは、外国人だけでなく日本人にとっても問題になることがある。

　その 1 つが、医療における患者に対する説明（インフォームド・コンセント）である。これは重要なことだが、依然十分に行われているとはいえない状況がある。例えば、どのような検査を何のために行うのか、その検査を行わなければならない理由と検査に伴うリスク、といったことについて十分な説明が行われることは少ないが、そうしたことが外国人にとって不安や医師への不信につながることがある（羽富 2023 近刊）[9]。

　こうした問題は、がんの告知のような患者の人生に重要な影響を持つ場合にはより顕在化する。このような場合には、日本人と外国人の違いに関係なく、「わかりやすい説明」が求められるが、難解な専門用語を振りかざすだけでは、患者の心の不安は取り除けない。

　同様の問題に法廷通訳がある。自分がどのような容疑で逮捕され、取調べ中や公判中に何を尋ねられているのか、自分の主張が正確に翻訳されているのか、と

---

[9]　「インフォームド・コンセント」に関しては、英語（などの外国語）で説明できるかが重要と思われるかもしれないが、重要なのは、「日本語でわかりやすく」説明できるかである。なぜなら、医師の説明が一般の日本語母語話者にとってわかりやすければ、通訳を介して正確に情報を伝えられるが、日本語でわかりやすく伝えられない医師が英語で説明しても、その説明が英語母語話者（や英語がわかる外国人）にとってわかりやすくなるとは考えにくいからである。なお、インフォームド・コンセントに関する問題については、第 7 章の天野論文を参照されたい。

いった問題は日本で裁判にかけられる外国人にとっては極めて重要な問題だが、もとの法律文などは一般の日本語母語話者にとっても難解であり、それが正確に外国語に翻訳されているかには不安が残る。

1.4.4　専門家から非専門家への情報提供のあり方

ここまで「難しさへの信仰」が多く存在するものとして指摘してきた行政文書、インフォームド・コンセント、法廷通訳に共通するのは、専門家が非専門家に情報を伝えるという点である。

専門家が専門家同士で話す場合には、専門用語を使って話しても問題はない。そのほうが、あいまい性が排除されて好ましいということも多いと思われる。

問題は、専門家が非専門家に話す場合でも同じやり方でよいのかということである。同じやり方のほうがよいというのが「難しさへの信仰」の意味であると考えられるが、非専門家への適切な情報提供という観点からは、そうした信仰は捨てるべきである。これからは、専門家が非専門家に情報や知識を伝える際には（にも）、「わかりやすさ」を基準に考える必要がある。そのようなパラダイムシフトを起こす必要があるのである[10]。

そうした変化はすでに上記のそれぞれの場で起こりつつある。

行政文書については、横浜市など「やさしい日本語」での情報提供を行っている自治体はかなりの数になる[11]。もちろん、インフォームド・コンセントだけをとっても、まだ不十分な点は多いといえるが（羽富2023近刊参照）、以前のように「由らしむべし、知らしむべからず」といった態度を専門家がとり続けられる時代ではなくなってきているのも明らかな事実なのである。

こうした認識に基づき、本書第III部では、医療、介護、法律、行政の各分野における「日本語の「わかりやすさ」」に対する取り組みを具体的に紹介する。

1.4.5　もう1つの「やさしい日本語」

本節のこれまでの内容から、「やさしい日本語」には図2ように2つの種類が存在することがわかる（この点について詳しくは庵2023近刊参照）。

図2の行政、医療、司法などにおいては、原文が一般の日本語母語話者にとっても難解である場合が多い。そうした原文をそのまま翻訳しようとすると、誤解が生じる可能性が高くなる。第一段階として必要なのは、そうした難解な原文を

---

[10]　研究者が自らの研究内容を一般の読者に伝える場合も、これらと同様に考える必要がある。

[11]　そうした現状を踏まえ、2020年8月には出入国在留管理庁と文化庁から「在留支援のための「やさしい日本語」ガイドライン」が公表された。
　　　http://www.moj.go.jp/isa/support/portal/plainjapanese_guideline.html

難解な原文（法廷、医療、災害、行政など）
（一般の日本語母語話者は理解不可能）

No ←- - - - - - - - - - - - Yes　日本語から日本語への翻訳
翻訳の精度が疑問視される　　　　　　　「わかりやすい日本語」へ

中間言語としての「やさしい日本語」…①
（日本語母語話者は理解可。日本語能力が不十分な外国人が日本語で理解できなくても可）

英語 中国語　……「やさしい日本語」（Easy Japanese：EJ）…②
翻訳の精度が高まる

図2　中間言語としての「やさしい日本語」

一般の日本語母語話者なら理解できるレベルに、専門家が言い換える（場合によっては書き換える）ことである。

こうして言い換え（書き換え）られた、一般の日本語母語話者が理解できるレベルの日本語表現を「中間言語としての「やさしい日本語」」と呼ぶ（図2の①）。このレベルに変換することには少なくとも2つのメリットがある。

第一のメリットは、日本語母語話者にとってこれらの専門概念が理解可能になることである。これにより、例えば、がん患者などが自らの余命を正確に理解することができるようになれば、患者自身の QOL（Quality of Life）を高めることができるようになる。

第二のメリットは、日本語の難易度が下がることで、それまでは、基本的に日本語母語話者で当該の言語がわかる人しか翻訳（通訳）をすることができなかったものが、当該の言語の母語話者で日本語能力が中上級レベルの人でも翻訳（通訳）が可能になり、翻訳（通訳）に携われる人の数が大きく増えることが期待される点である[12]。

こうした「中間言語としての「やさしい日本語」」ができた場合、一定以上の日本語能力を持つ非日本語母語話者はそちらで情報を取ればよいが、それが不可能な非母語話者に対しては、これまでと同様の意味の「やさしい日本語」（図2の②）への翻訳も必要である。ここで、この意味の「やさしい日本語」は、図2からもわかるように、英語や中国語などの外国語と同様の翻訳対象言語であることに注意されたい。この意味で、「やさしい日本語」による対応と多言語対応は決して排反的な関係にあるものではないのである。

---

[12] 外国語への翻訳は機械翻訳に任せればよいと考えられるかもしれないが、実際には機械翻訳にはまだ多くの課題があり（庵 2020b 参照）、当面は人手による翻訳が必要であると考えられる。

1.4.6　日本語母語話者に求められる日本語表現：プレイン・ジャパニーズ

前小節では、「専門家から非専門家への情報提供」という観点から、「やさしい日本語」に 2 つの種類を認めるべきことを指摘し、それぞれを「中間言語としての「やさしい日本語」」「やさしい日本語（Easy Japanese：EJ）」と呼んだ。

このうち、後者は、基本的に 1.2 節で扱ったマイノリティのための「やさしい日本語」に対応するものであり、「日本語非母語話者のために日本語母語話者の日本語に何らかの制限を加えた日本語」を意味する。現在、一般に「やさしい日本語」として理解されているのは EJ にあたるものであるといってよい。

これに対して、1.4.5 項では EJ 以外に「中間言語としての「やさしい日本語」」を認めるべきであることを指摘したが、次節では、この「中間言語としての「やさしい日本語」」という考え方を、「専門家から非専門家への情報提供」という文脈に限定せず、より一般的に「日本語母語話者に求められる日本語表現」と捉え、これを英語の Plain English[13] にならって「プレイン・ジャパニーズ（Plain Japanese：PJ）」と呼ぶことにする。PJ は「やさしい日本語」の観点からは、「日本語母語話者にとっての「やさしい日本語」」と位置づけられる。

1.5　プレイン・ジャパニーズ（PJ）に求められるもの

前節では「もう 1 つの「やさしい日本語」」（日本語母語話者にとっての「やさしい日本語」）としての PJ の必要性を指摘した。本節では、PJ に求められるものについて考える。

1.5.1　日本語のバリエーションに対する寛容さ：公平な耳

PJ に求められるものの第一は、日本語のバリエーションに関するものである。次の引用を見ていただきたい。

（6）日本の大手自動車会社の工場長がタイからの技術研修生に会った時、「わたチ…じどうチャ…」などと話しているのを聞いて、引率の日本人に、この人達はほんとうに仕事ができるのか」と心配そうに言ったというが、これなどは、「わたチ」や「じどうチャ」などという発音の仕方が、日本語では幼児の話し方に似ているところから、勝手に人格や能力の判断にまで結び付けて出された反応であったとまずは解釈できよう。（土岐 1994）

この引用で問題になっているのは、タイ人日本語話者が「わたし」を「わたち」、「じどうしゃ」を「じどうちゃ」と発音したことがこのタイ人の人格の否定にまで

つながったことである。

　このタイ人が「わたち」「じどうちゃ」と発音してしまったのはタイ語には「し」と「ち」の区別がなく、両者を発音し分けるのが難しいためである。言語学的にはたかだかそれだけのことが（深刻な）差別につながっている[14]。

　こうした差別が愚かなことであるのは、その「逆」にあたるものが容易に見つかることからもいえる。「さしすせそ」（サ行）を普通のスピードで発音してみると、「し」のときだけ舌先の位置が異なることがわかる（「しゃししゅしぇしょ」（シャ行）の場合は舌先の位置は変わらない）。つまり、日本語にはサ行の「し」（[si]）は存在せず、サ行の「し」はシャ行の「し」（[ʃi]）で代替されており、日本語には [si][ʃi] の区別は存在しないのである。このことは、Disney Sea [dizniːsiː] を [dizniːʃiː] と発音しても違和感を覚えないことからもわかる[15]。[si] と [ʃi] が区別できない（英語の she と sea が区別できない）というのは「し」と「ち」が区別できないのとまったく同類の問題であり、外国語の発音の難しさという点で「お互いさま」というべき問題である。土岐（1994）は、外国人や方言話者の日本語もすべて「日本語のバリエーション」として聞ける「公平な耳」の育成が重要であると述べているが、PJ を音声として考える場合、こうした点に関する寛容性を持つことは極めて重要であるといえる。

1.5.2　日本語表現の評価基準の転換

　PJ に求められるものの 2 点目は、日本語表現に関する評価基準の転換である。

　1.4.2 項において、日本語母語話者の意識には「難しさへの信仰」と呼ぶべき意識が存在し、それが日本語のテキスト（文章や発話内容）を必要以上に難しくしている現状があることを指摘したが、これからの日本語表現を考えるうえで重要なのは「難しさへの信仰」を捨てることであると考えられる。

　たしかに、文学や伝統芸能などのように、言語表現自体に価値があるものについては、必ずしも「やさしさ」「わかりやすさ」を指標とする必要はない。しかし、一般の日本語母語話者に求められるのは、小説を書く能力ではなく、自らの考えを筋道立てて読み手（聞き手）に伝えられる能力である。そうした能力を高めるには、日本社会全体が、日本語による言語表現を評価する際に、「難しさへの信仰」を捨て、わかりやすさを基準にすることが必要である。

---

[14]　同様の差別は方言話者にも向けられてきた。「標準語」との関係で「方言」が迫害された戦前はいうまでもなく、戦後も同様の差別が東北出身者などに対して続いた（毎日新聞地方部情報版 1998 参照）。

[15]　"She sees a sea." を意識せずに発音すると、[ʃiːʃiːzəʃiː] になりやすい。

1.6　おわりに：「日本語の国際化」から「日本の国際化」へ

　以上、本章では「やさしい日本語」の理念から出発して、「日本語母語話者にとっての「やさしい日本語」」である「PJ」の必要性を指摘し、それをもとに、日本語表現の評価基準を「わかりやすさ」「論理性」に転換することが重要であることを述べた。本節では、日本語表現に関する価値観の「わかりやすさ」への転換が、「日本語の国際化」さらには「日本の国際化」につながることを指摘して、本章のまとめとしたい。

1.6.1　英語は母語話者のものではない：Globish

　「日本語の国際化」を考えるうえで格好の見本となるのが英語の事例である。

　現代英語は国際語としての不動の地位を築いている。その背景に、イギリス・アメリカの政治的、経済的、軍事的影響力があることはいうまでもないが、英語自体の特徴による部分も少なくないと思われる。

　世界の言語を広い視野から比較する、類型論（typology）の第一人者である角田太作は角田（2009）の中で、「日本語は特殊ではない。しかし、英語は特殊だ」と述べている。現代英語は近隣のヨーロッパ言語に比べて、文法的には（極めて）単純化されており[16]、そのことが、英語が国際語として普及するうえで重要な役割を果たしてきたと考えられる。

　もう1つの重要な要件は、「英語はもはや母語話者のものではない」ということである。図3は Nerrière and Hon（2009）に基づくが、これからも英語が母語話者のものではなくなっていることがわかる。Globish、Englishes などの言い方に

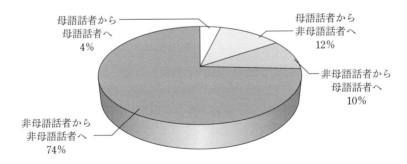

図3　英語の現在（Nerrière and Hon 2009）

---

[16]　例えば、現代英語は動詞の活用（inflection）もほぼ失っており、名詞の格変化（declension）も存在せず、名詞の性（gender）も失っている。

もこの点がよく現れている。

1.6.2 「日本語の国際化」から「日本の国際化へ」

　先の英語の事例は、「英語の国際化」が「英語は母語話者（だけ）のものではない」状況を作り出していることを示している。

　1.1 節で見たような将来の日本像を目指す場合、外国人（非日本語母語話者）が日本社会の中で活躍することによって、日本語自体が外国語との接触を経て変わっていくことが予想される（その際に起こり得る問題点の 1 つとして「公平な耳」の問題を取り上げた）。英語の場合に世界中で起こってきたことが、日本語の場合はそれが基本的には日本国内で起こるということである。

　本章では、こうした変化を今後の日本社会にとって必要なものとして肯定的に捉えるが、その理由を 2 点述べる。

　1 点目は、留学生などの高度人材の受け入れに関する問題である。

　現在、日本で就職活動をしている留学生は一定数存在するが、彼／彼女らが必ずしも希望する職に就けていない現状がある。母語に加えて上級レベル（日本能力試験 N1 合格レベル以上）の日本語能力を有し、かなりの場合、一定水準以上の英語力を持っているにもかかわらず、である。

　こうした現状の背景には、1.4 節で指摘した日本語表現に関する意識（「難しさへの信仰」）がかかわっているように思われる。例えば、留学生に求められる日本語能力の中にビジネスレターにおける時候の挨拶に代表されるような定型表現があるが、そうしたビジネスの本質に関係しない日本語能力が求められるべき能力であるかは非常に疑問である[17]。

　日本で働こうとする留学生の多くは、「わかりやすく／論理的に」日本語で書いたり話したりする能力を身につけている。それにもかかわらず、正当な評価が得られないとすれば、「難しさへの信仰」の弊害は大きく、こうした現状を続けていると、日本が有為な人材を取り逃がすことになるのは確実である。

　2 点目は、日本語表現の評価基準の転換が英語での発信力の向上につながるという点である。先般来の大学入試制度の「改革」に関しては多くの専門家が問題点を指摘している（鳥飼 2018 他）。指摘の可否を措くとしても、「改革」の目的が日本語母語話者の英語での発信力の向上であるとすれば、その目的にとって重要かつ効果的なのは、日本語での表現力の向上であると考えられる。

　それは、1 つには、母語でわかりやすく論理的に書いたり話したりできない人が外国語でそのようにできるとは考えにくいからである。さらに、より重要なこ

---

[17]　この点については、第 5 章の野副論文も参照されたい。

とは、日本語でわかりやすく論理的に書いたり話したりできることが、英語での発信力の向上に直接つながる可能性が高まっているということである。

　現在 DeepL に代表される翻訳ソフトの精度が向上している。もちろん、現状でも問題点は存在するが、そうした問題点を理解したうえで利用すれば、こうした翻訳ソフトは非常に有効だといえる。少なくとも、「英語での発信」のうち、「書く」という点においては、翻訳ソフトで仮訳を作り、それを推敲するという手法は、多くの日本語母語話者の発信力を同時に高め得る点において、大いに試してみる価値のある手法であると思われる[18]。ただし、この方法が効果を発揮するには、翻訳ソフトへのインプットとなる日本語文がわかりやすく論理的に書かれていることが必要である。逆にいえば、日本語表現の評価基準を転換して、わかりやすさや論理性を評価基準とすることで、日本語母語話者の英語での発信力を高めることが可能になっているということである。

　以上見てきたように、日本語表現の評価基準を「わかりやすさ」「論理性」に変えることをはじめとする「日本語の国際化」は、企業において留学生や海外にルーツを持つ子どもなどが活躍することや、翻訳ソフトを適切に利用することによって日本語母語話者の英語での発信力を高めることなどを通して、「日本（社会）の国際化」につながっていくと期待される。

　本章の最後に、約30年前にこうした「日本語の国際化」の重要性を説いていた田中克彦の文章を引用して、本章のまとめに代える。

(7) 人は誰でも、自分がよりよく受け入れられ、よりよく理解されようとして、まずしくとも知力のかぎりをつくしながらことばを使っている。この活動は人間の尊厳に属するものであって、決してあざけりの対象にしてはならない。（中略）真におぞましいのは、自らすすんで相手に理解させる手立てをもたず―したがって、おぞましきことばすら発することもできずに、―自らのせまい好みによって相手を裁こうとする傲慢な感性の方である。

(田中 1989：p. 43、下線庵)

［庵　功雄］

［引用・参考文献］

庵功雄（2009）「地域日本語教育と日本語教育文法：「やさしい日本語」という観点から」『人文・自然研究』3、pp. 126-141、『人文・自然研究』一橋大学全学共通教育センター

庵功雄（2016）『やさしい日本語―多文化共生社会へ』岩波新書

庵功雄編著（2020a）『「やさしい日本語」表現事典』丸善出版

18　この方法が有効に機能するには機械翻訳の結果の英文の問題点を推敲できる英語力の向上が不可欠であり、それには文法教育が重要であると考えられる。

庵功雄（2020b）「これからの日本社会と〈やさしい日本語〉(2)」『季刊行政相談』167、pp. 31-40、全国行政相談委員連合協議会

庵功雄（2021）「日本語教育、日本語学の社会貢献―ろう児に対する日本語教育を例に」『多元文化交流〈特集〉教育関係者の社会貢献』13、pp. 9-20、東海大学（台湾）

庵功雄（2023 近刊）「2 つの「やさしい日本語」」庵功雄編著『「やさしい日本語」の関連領域』ココ出版

庵功雄・イ・ヨンスク・森篤嗣編著（2013）『「やさしい日本語」は何を目指すか―多文化共生社会を実現するために』ココ出版

イ・ヨンスク（2013）「日本語教育が「外国人対策」の枠組みを脱するために―「外国人」が能動的に生きるための日本語教育」庵功雄・イ・ヨンスク・森篤嗣編著『「やさしい日本語」は何を目指すか―多文化共生社会を実現するために』pp. 259-278、ココ出版

岩田一成（2010）「言語サービスにおける英語志向―「生活のための日本語：全国調査」結果と広島の事例から」『社会言語科学』13-1、pp. 81-94

岩田一成（2013）「「やさしい日本語」の歴史」庵功雄・イ・ヨンスク・森篤嗣編著『「やさしい日本語」は何を目指すか―多文化共生社会を実現するために』pp. 15-30、ココ出版庵・イ・森編（2013）所収

岩田一成（2016）『読み手に伝わる公用文―〈やさしい日本語〉の視点から』大修館書店

打浪文子・岩田一成・熊野正・後藤功雄・田中英輝・大塚裕子（2017）「知的障害者向け「わかりやすい」情報提供と外国人向け「やさしい日本語」の相違―「ステージ」と「NEWSWEB EASY」の語彙に着目した比較分析から」『社会言語科学』20-1、pp. 29-41

小池陽慈（2021）『"深読み"の技法―世界と自分に近づくための 14 章』笠間書院

田中克彦（1989）「かわいい日本語に旅をさせよ」『国家語をこえて―国際化のなかの日本語』pp. 29-44、筑摩書房

角田太作（2009）『世界の言語と日本語（改訂版）―言語類型論から見た日本語』くろしお出版

土岐哲（1994）「聞き手の国際化」『日本語学』13-13、pp. 74-80、明治書院

鳥飼玖美子（2018）『英語教育の危機』ちくま新書

羽富文子（2023 近刊）「「見えない隣人」を可視化する試み」庵功雄編著『「やさしい日本語」の関連領域』ココ出版

毎日新聞地方部特報版（1998）『東北「方言」ものがたり』無明舎出版

IBS(2021a、2021b)「多文化共生社会に必要な学校教育における「やさしい日本語」〜一橋大学庵教授インタビュー（前編・後編）〜」ワールド・ファミリー バイリンガルサイエンス研究所

Nerrière, J.-P. and Hon, D.（2009）*Globish: The world over*. International Globish Institute.

謝辞
　　本章は科研費 21H00536 および 21H00552 の研究成果の一部である。

2 海外の動向
―プレイン・ランゲージをめぐって

2.1 いま、なぜプレイン・ランゲージが必要なのか？

　多様な歴史や文化・背景を持つ人々が集まるグローバルな社会では、スピーディーに、かつ正確に理解しやすい平易な表現で話す・書くというコミュニケーション能力が求められる。

　本章では、そのカギとなる国際共通言語、プレイン・ランゲージとプレイン・イングリッシュの成り立ちと定義、特徴について解説する。

2.1.1 速く、効率的で、理解しやすいコミュニケーションを

　インターネットの普及により、私たちは情報を簡単に得ることができるようになった。気づけば膨大な情報に囲まれ、それらを効率的に取捨選択しなければならない毎日である。そうした人間の負荷を補うために、AI によるビッグデータの解析や自動翻訳の技術が日進月歩で進化しているものの、情報量は増えこそすれ減ることはない。さらに、翻訳ツールの精度が高まることで、情報の流れるスピードも加速している。

　この情報化社会において、スピーディーで正確なコミュニケーション力と判断力が相互理解の重要なカギであり、プレイン・ランゲージ（プレイン・イングリッシュ、プレイン・ジャパニーズなど）はその必要不可欠なツールである。

2.1.2 世界 70 億人の共通目標 SDGs

　国連は、2015 年に SDGs を採択し「誰一人取り残さない」世界を実現するために、17 の目標と 169 項目のターゲットを定めた。当初、これらの目標とターゲットには難解な表現が使われていた。SDGs を世界共通の目標として、2030 年までに実現するために、子どもからお年寄りまでが理解でき、世界中の人々がその目標を明確にイメージし、行動に移すためのコミュニケーションが必要であった。

　いまでは世界に広まった SDGs のデザインとコミュニケーションを担当したのは、Apple や Google のデザインワークとブランディングを手掛け、数々の輝かしい賞の受賞歴を有する J. トロールバック氏である（図 1）。トロールバック氏は

図1　SDGs のアイコン【SDGs 17 のゴール】

To get ordinary people on board, SDGs should be communicated in plain language and in the context of everyday life.

$\left(\begin{array}{l} \text{SDGs が広く社会の支持を得て、実現されるために、その想いは生活者の視点に立ったプ} \\ \text{レイン・ランゲージで語られねばならない。}\end{array}\right)$

[出典：https://www.un.org/sustainabledevelopment/, The content of this publication has not been approved by the United Nations and does not reflect the views of the United Nations or its officials or Member States]

「世界の 70 億人の誰もが SDGs の内容を理解し、能動的に取り組めるよう、広く知ってもらうことが必要でした。それには視覚的にもわかりやすく、親しみのあるデザインのアイコンに加え、平易なことばでのコミュニケーションが不可欠でした。」と語った。

2.1.3　責任投資原則（PRI）と ESG 経営における対話

　ESG 経営とは、「Environmental」「Social」「Governance」の 3 語の頭文字を使った造語で、環境保全、社会貢献、企業統治を重視した経営活動のことを指している。

　ESG 経営の考え方は、国連が発表した「責任投資原則（PRI）」で、投資判断の新たな観点として紹介されたことをきっかけに、世界に広まっている。「長期的かつ持続的な ESG 価値の追求は、短期的な成果のみならずサステナブルな企業価値を生む」という考え方で、現在では投資判断の基準として ESG を重視する投資家や、それに応じて ESG 経営に積極的に取り組む企業も増えている。

　ESG 経営の活動報告を記す年次報告書では、投資家をはじめステークホルダーに対し、透明性のある公正でわかりやすい表現で報告することを定めている。ま

た、ヨーロッパでは環境報告をプレイン・ランゲージで記述することが義務づけられている。

　SDGs、ESG 経営は、持続可能なよりよい社会を目指す国際目標として、地球規模での実現に向け、国連により掲げられ、先進国を中心に世界に浸透している。

　経済大国であり、G7 のメンバー国である日本でも、積極的に SDGs と ESG 経営に取り組んでいる企業や団体、教育機関は非常に多く、誇らしい限りである。しかし、そうした活動を報告するホームページや冊子に記述される文章においては、プレイン・ジャパニーズやプレイン・イングリッシュでの記述がされている企業はまだわずかである。

2.1.4　持続可能な世界の実現にプレイン・ランゲージ

　国際標準化機構（ISO）は、世界のそうした動きに呼応し、2019 年 9 月に『プレイン・ランゲージの国際標準』（ISO/TC 37）に向けた規格化を採択し、プレイン・ランゲージの規格作りを進めている。

　日本もこの作業に参画し、世界の国々との円滑なコミュニケーションの実現に向けてプレイン・ジャパニーズの規格の基となるガイドライン作りを進めている。

　それは先に述べたように、持続可能な社会の実現に必要とされているためである。

　英語は伝えたいことを文脈や行間に頼らず、ことばで述べることに重きを置く「ローコンテクスト（低文脈）」な言語である。また、ビジネス文書では、伝えたい内容を PREP（Point（結論）→ Reason（理由）→ Example（例）→ Point（結論）の順に並べるスタイルが一般的である。

　一方、日本語は文脈や行間に頼る「ハイコンテクスト（高文脈）」な言語である。

　「ハイコンテクスト」な日本語の文の構成は「起承転結」のかたちで、文脈、背景の説明からはじまり、それらを伝えていく中で相手は"こちらが何をいいたいのか"を察し、大切なポイントや結論をいわずとも理解し合えるというものである。これは、属性や文化、価値観が同じであるという、共通認識の土台のうえにあって通じ合えるもので、国籍や文化、価値観が異なるグローバルな土俵では通用しない。

　外国人を含む多様な人々とスピーディーで正確なコミュニケーションを取る必要があるグローバルな社会経済の場面では、文脈に頼った日本語のハイコンテクストな言語感覚は機能しないのである。

　「速く、効率的に要点がつかめ、理解しやすいプレイン・ランゲージ」によるコ

ミュニケーションの重要性を理解し、活用することが、グローバルコミュニケーションの第一歩である。

2.1.5　ユーザーファーストの公正・公平なコミュニケーションが現代のスタンダード

　プレイン・ランゲージとは、実務的な場面で「より速く、効率的に要点がつかめ、理解しやすい」表現で伝達するためのガイドラインであり、文法を解説するものではない。

　またプレイン・ランゲージは、情報発信の際の心構えから設計までの実務的な側面までも網羅している。

　つまり、情報を発信する立場であれば、はじめに「情報の受け手を明確にイメージし、相手の必要性や目的を整理し、その情報を得た後、相手はどのような行動をとるために判断を下すか」までを想定し、原稿作成から発信までを行うといった心構えから、「その情報を見つけやすくするための視覚的デザインの工夫」「その情報はユーザーにとって有益であり、ユーザーが活用しやすいデータ形式である」といった総合的な観点からのガイドラインである。

　プレイン・ランゲージのガイドラインに沿って作成した文書は、一般的なことばを使用するために直感的に理解しやすく、冗長であいまい表現がないので、読者や聞き手は誤解や迷いもせず、ストレスなく受容できる。イメージとしては、ひと呼吸の長さでスムーズに読むことができるもので、内容がダイレクトに頭に入る表現である。

2.1.6　プレイン・ランゲージの原則と運用指針

【原則】
1. Usability：ユーザーファーストの情報発信、ユーザーのニーズに沿った有用性のある情報と情報量
2. Readability：明確で理解しやすいコミュニケーション
3. Accessibility：必要な情報が見つけやすく、利用しやすい

【運用指針】
1. Visually inviting：読んでみようと視覚的にも思わせるデザイン、見出しの活用
2. Logically organized：読者の必要情報を論理的に整理し、不要な情報は削除され、解釈は1つになる
3. Understandable on the first reading：一般的なことばで読みやすく、明確で、一読して理解できる

2.2　プレイン・ランゲージを使用することで期待できること

　プレイン・ランゲージは、ユーザーファーストの観点から情報が発信されるため、情報を受け取る相手は的確な判断が下せ、行動ができるため、その情報にひもづいた目的を達成することができる。また、プレイン・ランゲージで発信されたことで、閊（つか）えることなくスムーズに頭に入るので、相手はストレスなく情報を受け取ることができる。

　プレイン・ランゲージの1文の長さは、人のひと呼吸の長さである。実際に読んで呼吸が続かなければ、長い文と判断し、不必要な修飾語や2つ以上の要旨が含まれていないかを見直す。だらだらと長い文に、要旨をいくつも詰め込むのは得策ではない。また、一般的に使用されている表現を選び、相手をポジティブな気持ちで行動に促すことばを使うことで伝達の効果を高める。

【プレイン・ランゲージを使用することで、次の効果が期待できる】
① 　あなたが所属する組織に対して、相手の理解が深まる
② 　あなたの配信する情報に基づき、相手は的確な判断が速やかに下せる
③ 　相手とのコミュニケーションが良好になり、信頼関係が高まる
④ 　理解しやすい工夫をしているため、Webサイトや電子媒体、印刷物の効果が高まる

　プレイン・ランゲージを直訳すると、「平易な言語」という意味になるが、「文章の内容や情報量を削り、誰もが読める内容にする」というものではない。読み手をしっかり特定し、伝えたい情報、伝えなければならない内容を相手に理解してもらい正しい判断を下してもらうために、さらに行動に促すことを目的としている。組織であれば生産性の向上のために、行政であれば誰もが法規を理解し規律を守り、豊かな社会を目指すために考えられたコミュニケーション法である。

　本章で紹介するプレイン・ランゲージは、円滑なコミュニケーションの手助けとなるためのガイドラインである。文化的、芸術的、文学的な文章にはあてはまらない。

2.3　プレイン・ランゲージの前身であるプレイン・イングリッシュについて

　「お役所言葉」ということばがある。これは、公的立場にある人たちが、結論にあえて含みを持たせたり、逆に厳密さに万全を期すために、さまざまな付帯条件

や難しい専門・法律用語を盛り込んだ文章のことを揶揄したものである。このような文章は、複雑かつ冗長的、婉曲になりがちで一般の市民には理解しにくいものだが、そうした「お役所言葉」は日本の役所に限らず、どこの国にも存在していた。

　19 〜 20 世紀初頭にかけ、イギリスの公的書面による記述は、難しいことばと冗長的な表現が使われ、その公共サービスを受ける市民の問い合わせのための長蛇の列ができるという悪評が絶えなかった。行政機関の内部の職員同士でも意思疎通の齟齬が生じ、非効率な業務が繰り返されていた。

　そうした背景から、大蔵省の要請で上級公務員であった E. ガワーズ卿による *The Complete Plain Words* が 1954 年に職員向けの手引書として発行された。これが後にプレイン・イングリッシュの源流となった。

2.3.1　イギリスのプレイン・イングリッシュ推進運動

　1970 年代にイギリスで行政による公正な説明責任と、公共サービスの改善、行政改革を求め、プレイン・イングリッシュを求める市民運動が起こった。

　市民が政府からの書簡を持ち寄り、国会議事堂前の広場においてシュレッダーでその書簡を断裁するパフォーマンスが繰り広げられ、その映像はテレビカメラを通じ全国放送されると、プレイン・イングリッシュの必要性を訴える市民の声は瞬く間に全国に広まった（図 2）。

　1979 年に、M. サッチャー氏が首相に就任したことで、プレイン・イングリッシュの公的文書への利活用に、一気に弾みがついた。

　サッチャー氏は「小さな政府」を目指し、国営企業の民営化、公的支出のカット、規制緩和を推進し「行政改革」に取り組んだ。サッチャリズムと呼ばれる経済・社会政策である。「プレイン・イングリッシュ」推進のサポーターであることを大々的に公言し、公文書の平易化を訴える国民からの支持を取りつけることで、改革の後押しとした。

　1979 年、官邸に Efficiency Unit（効率化推進室）を創設し、民間から管理改革の経験者を迎え、1983 年までに 130 もの行政手続きの合理化を実施し、3 年間に 6 万 5000 の書式が点検され、うち 1 万 5700 が廃棄、2 万 1300 の文章が改訂された（Cutts and Maher 1986：p.20）。硬直的な規制と公務員の削減に効果があったと考えられている。国家監察局は、1983 年までに約 1 億 7000 ポンドの節約が行われたと計算しており、プレイン・イングリッシュの導入は、当初の期待をはるかに上回るものであった（Haddon 2012：p.6）。

図2　1979 年、イギリス国会議事堂前で行われた市民運動の様子
［出典：The voice of Plain English Campaign, Summer 2006 Issue 65］

2.3.2　アメリカでのプレイン・イングリッシュ推進運動

　アメリカでも 1970 年代に政府通達において、プレイン・イングリッシュの導入がはじまった。

　1978 年、当時の J. カーター大統領が、行政サービスの費用対効果（cost-effective）の改善と市民へのわかりやすい説明による問い合わせの削減を目的に、「プレイン・イングリッシュ」で政府規制を作成することを命じる「文書業務削減法」を発令した。さらに翌年には公文書を「プレイン・イングリッシュ」で記述せよ、という 2 つ目の大統領令を発令した。

　そうした政府の対応は市民からの支持を取りつけたが、逆に企業に対する不平不満は高まり、消費者契約における文の難解さや、サービス内容の説明責任が果たされていないことに対する苦情は訴訟に発展した。企業はその対応に多くの時間と費用を費やすことになり、そうした状況は全国規模で広がった。

　1975 年に大手銀行であるシティバンクは、契約書の書式と表記を「プレイン・イングリッシュ」のガイドラインに則り、わかりやすく改訂したことを発表する

Original Citibank Promissory Note

FIRST NATIONAL CITY BANK
PERSONAL FINANCE DEPARTMENT · NEW YORK
APPLICATION
NUMBER ______
ANNUAL PER-
CENTAGE RATE ______%
$______
TOTAL OF PAYMENTS (4) + (7)

PROCEEDS TO BORROWER	(1)	$______
PROPERTY INS. PREMIUM	(2)	$______
FILING FEE	(3)	$______
AMOUNT FINANCED (1) + (2) + (3)	(4)	$______
PREPAID FINANCE CHARGE	(5)	$______
GROUP CREDIT LIFE INS. PREMIUM	(6)	$______
FINANCE CHARGE (5) + (6)	(7)	$______

FOR VALUE RECEIVED, the undersigned (jointly and severally) hereby promise(s) to pay to FIRST NATIONAL CITY BANK (the "Bank") at its office at 399 Park Avenue, New York, New York 10022 THE SUM OF

______ ($ ______) (TOTAL OF PAYMENTS) ( ) IN ______ EQUAL CONSECUTIVE MONTHLY INSTALMENTS OF $ ______ EACH ON THE SAME DAY OF EACH MONTH, COMMENCING ______ DAYS FROM THE DATE THE LOAN IS MADE, OR ( ) IN ______ EQUAL CONSECUTIVE WEEKLY INSTALMENTS OF $______ EACH ON THE SAME DAY OF EACH WEEK, COMMENCING NOT EARLIER THAN 5 DAYS NOR LATER THAN 45 DAYS FROM THE DATE THE LOAN IS MADE OR ( ) IN ______ EQUAL CONSECUTIVE BI-WEEKLY INSTALMENTS OF $______ EACH, COMMENCING NOT EARLIER THAN 10 DAYS NOR LATER THAN 45 DAYS FROM THE DATE THE LOAN IS MADE AND ON THE SAME DAY OF EACH [illegible]

Note: This promissory note originally fit onto a single sheet of paper measuring 8½ by 14 inches. The document was procured with the assistance of Ann Moses and Cornell Franklin, both of Citibank. Reprinted by permission.

Revised Citibank Promissory Note

First National City Bank

Consumer Loan Note Date ______, 19____

(In this note, the words **I, me, mine** and **my** mean each and all of those who signed it. The words **you, your** and **yours** mean First National City Bank.)

Terms of Repayment To repay my loan, I promise to pay you ______ Dollars ($______). I'll pay this sum at one of your branches in ______ uninterrupted ______ installments of $______ each. Payments will be due ______, starting from the date the loan is made.

Here's the breakdown of my payments:

1. Amount of the Loan $______
2. Property Insurance Premium $______
3. Filing Fee for Security Interest $______
4. Amount Financed (1+2+3) $______
5. **Finance Charge** $______
6. Total of Payments (4+5) $______

Annual Percentage Rate ______%

Prepayment of Whole Note Even though I needn't pay more than the fixed installments, I have the right to prepay the whole outstanding amount of this note at any time. If I do, or if this loan is refinanced--that is, replaced by a new note--you will refund the unearned **finance charge**, figured by the rule of 78--a commonly used formula for figuring rebates on installment loans. However, you can charge a minimum **finance charge** of $10.

Late Charge If I fall more than 10 days behind in paying an installment, I promise to pay a late charge of 5% of the overdue installment, but no more than $5. However, the sum total of late charges on all installments can't be more than 2% of the total of payments or $25, whichever is less.

Security To protect you if I default on this or any other debt to you, I give you what is known as a security interest in my ○ Motor Vehicle and/or ______ (see the Security Agreement I have given you for a full description of this property), ○ Stocks, ○ Bonds, ○ Savings Account (more fully described in the receipt you gave me today) **and** any account or other property of mine coming into your possession.

Insurance I understand I must maintain property insurance on the property covered by the Security Agreement for its full insurable value, but I can buy this insurance through a person of my own choosing.

Default I'll be in default:
1. If I don't pay an installment on time; or
2. If any other creditor tries by legal process to take any money of mine in your possession.

You can then demand immediate payment of the balance of this note, minus the part of the **finance charge** which hasn't been earned figured by the rule of 78. You will also have other legal rights, for instance, the right to repossess, sell and apply security to the payments under this note and any other debts I may then owe you.

Irregular Payments You can accept late payments or partial payments, even though marked "payment in full", without losing any of your rights under this note.

Delay in Enforcement You can delay enforcing any of your rights under this note without losing them.

Collection Costs If I'm in default under this note and you demand full payment, I agree to pay you interest on the unpaid balance at the rate of 1% per month, after an allowance for the unearned **finance charge**. If you have to sue me, I also agree to pay your attorney's fees equal to 15% of the amount due, and court costs. But if I defend and the court decides I am right, I understand that you will pay my reasonable attorney's fees and the court costs.

Comakers If I'm signing this note as a comaker, I agree to be equally responsible with the borrower. You don't have to notify me that this note hasn't been paid. You can change the terms of payment and release any security without notifying or releasing me from responsibility on this note.

Copy Received The borrower acknowledges receipt of a completely filled-in copy of this note.

	Signatures	Addresses
Borrower:	______	______
Comaker:	______	______
Comaker:	______	______
Comaker:	______	______

Hot Line If something should happen and you can't pay on time, please call us immediately at (212) 559-3061.

Personal Finance Department
First National City Bank

Note: This promissory note originally fit onto a single sheet of paper measuring 8½ by 14 inches. The document was procured with the assistance of Ann Moses and Cornell Franklin, both of Citibank. Reprinted by per-

図３　シティバンクの契約書　左：改訂前、右：改訂後
［出典：original-citibank-promissory-note.pdf］

と、消費者から大きな反響とともに称賛を得た（図3）。それは、他の企業の文書改革への取り組みの追随を促すきっかけとなった。

　現在では、多くの行政機関が平易な言語を義務化する長期的な政策をとっており、2010 年には、「Plain Writing Act」（平易記載法）によって、連邦の必須事項となり、2011 年には「Plain Writing Act」の公式ガイドラインである Federal Plain Language Guidelines が公開された。

　プレイン・イングリッシュの記述法は、1933 年証券法に基づいて登録している証券会社と上場企業の法的義務のある報告書をプレイン・イングリッシュで記述することが義務であり、証券取引委員会（SEC）は、1998 年にその規則を採用し、プレイン・イングリッシュのガイドラインを公開した。

　現在では、イギリス、アメリカをはじめ、カナダ、オーストラリア、ニュージーランドなど、英語圏を中心に政府の公文書と企業のビジネス文書にプレイン・イングリッシュが広く浸透し、使用されている。特に、生命の危機に影響する情報、医薬、食の安全、消費者契約、消費者保護についての情報、税金や年金、その他、開示義務のある情報、市民が不利益を被る可能性のある情報に関しては、プレイン・イングリッシュで記述することが定められている。

2.4　行動を促すのに効果的な伝え方

　R. フレッシュ博士は、伝えたいテーマを相手に理解させ、記憶に留め、さらに相手の行動を促すのにプレイン・イングリッシュが効果的であることを著書 *The Art of Clear Thinking* で提唱した。さらに強調したいことばを繰り返し刷り込むこと、関連性のある絵や音を入れ伝えることで効果が高まるという理論を提唱し、ロングセラーとなった。

　この理論は現在でも教育分野はもとより、広告分野において広告制作に「確立された方法」として広く活用されている。

　なお、英語圏で使われている「読みやすさの指標（Flesch Reading Ease Formula）」（https://jpelc.org/readability/参照）を考案したのも同博士で、彼の名前の Flesch が指標名につけられている。

2.4.1　専門知識のある人にも好まれるプレイン・イングリッシュ

　アメリカのロースクールで法務ライティングを教える C. R. トルドー教授は、「法的文書におけることばの使い方」について、伝統的かつ古典的で難解な法律文章とプレイン・イングリッシュの 2 つの選択肢がある場合、80％の人がプレイン・イングリッシュを好み、なかでも専門知識のある人ほどプレイン・イング

リッシュを好む傾向があると述べている。

　アメリカでは、半世紀以上も前からこうした「効果的なことばと言語の研究」が行われてきた。次に各研究の概要を紹介する。

2.4.2　ことばとコミュニケーションの効果

　アメリカのカーネギー・メロン大学付属言語科学研究所では、長年にわたりことばとコミュニケーションの効果について研究が行われている。その報告の1つである、「2016年アメリカ大統領選挙での大統領候補者の選挙演説のリーダビリティー（読みやすさ）調査」を紹介する。

　同所の報告では、当時大統領選で勝利した D. トランプ氏の演説の文法のレベルは、他の候補者や歴代の大統領よりも2学年低い、小学校5年生レベル（現地の母語話者）であったことが報告された。

　例えば、歴代の大統領、A. リンカーン氏のゲティスバーグ演説、「人民の、人民による、人民のための政治」は、語彙のレベルで中学3年レベル、文法は高校2年生のレベルであった。

　それ以降の歴代大統領候補は、有権者層のいちばん幅の広い分布を想定し、語彙、文法レベルともにおおよそ中学2年生レベルに設定されている。

　文法レベルで見ると、R. レーガン氏、B. クリントン氏、B. オバマ氏は現地の中学2年生レベル（8年生）、2001年に就任した G. W. ブッシュ氏は小学校5年生レベルであった。

　しかし、トランプ氏は彼らより、さらに低い小学校4年生の語彙レベルと小学生5年の文法レベルで演説した。皆、他のどの候補もプレイン・イングリッシュを駆使して選挙演説に挑んだことはいうまでもないが、トランプ氏はより広い有権者層からの支持を得るために戦略的にレベルを5年生に設定したという興味深い報告がされている。

　上記のレベルについては、アメリカ、イギリスの英語を母語話者とする現地学生の英語習熟度に合わせたレベル指標である。スピーチ原稿作成の際に、あらかじめリーダビリティー（https://jpelc.org/readability/参照）のレベルを想定し、そのレベルに沿った単語（音節）の選択、文の長さの目安に合わせることで、対象となる有権者層の理解を深め、支持を得るためである。レベルの算出方法は、語彙の難易度と文法的特徴を考慮しながら、文中の単語の平均音節数による文書中の専門用語や難度の高い単語が使われている割合を測定し算出される。カーネギー・メロン大学の調査結果もそうした指標によって分析された結果である。

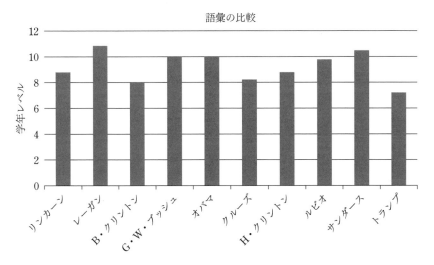

図4　各候補者と歴代大統領の「語彙」のレベル
［© 2016, Elliot Schumacher, Maxine Eskenazi］

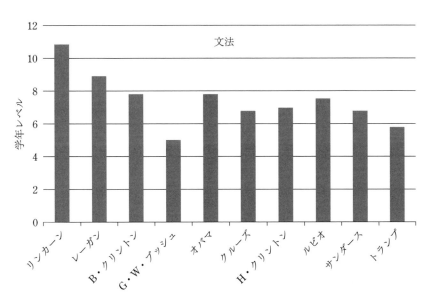

図5　各候補者と歴代大統領の「文法」のレベル
［© 2016, Elliot Schumacher, Maxine Eskenazi］

2.4.3　トランプ話法の特徴

　カーネギー・メロン大学の他にも、ジョージタウン大学やカリフォルニア大学バークレー校の言語学研究所でも同様の研究がされており、トランプ氏の話法には以下の4つの特徴があると述べられている。

【トランプ話法の4つの特徴】
① 　平易な言い回しを使う
② 　意図的に話しことば（口語体）を使う（有権者に語りかけているようにし、親近感を抱かせる効果）
③ 　反復を使う（刷り込み効果）
④ 　相手の感情に訴える

　端的にいうと、トランプ氏はより広い有権者層への訴えかけを意識した修辞法を巧みに使い、相手の心情に訴えかけるのが得意である、という報告内容である。
　また、ボストングローブ紙や他のメディア関係者の間では、ビジネスマン出身のトランプ氏は、演説内で頻繁にアドリブを入れるため、生きたことばで有権者に語りかけているような印象を与え、それを得意としているということである。さらにアドリブを入れても、本題の主張から外れることなくスピーチをうまくまとめる達人でもあるそうだ。それに比べ、他の候補者は台本どおりのスピーチのため、有権者はトランプ氏のほうがスピーチがうまいという印象を抱いてしまうということである。
　図4〜6の左側の目盛りは学年レベルを表し、「8」が中学2年生、「10」が高校1年生、「12」が高校3年生に相当する。
　2015年の大統領選のスピーチに対する読みやすさのレベルを比較しているのが、図6である。
　図6は1文あたりの平均単語数と語彙（単語）の平均音節数をもとに読みやすさのレベルを判断するFlesch-Kincaid Gradeが使用されている。
（Flesch-Kincaid Gradeの算出方法と解説は https://www.a-people.com/readability/barometer/参照）

　日本では、「プレイン・イングリッシュは稚拙な赤ちゃん英語」と誤解している人が多いが、アメリカの歴代大統領やその候補者たちの遊説に、また企業のトップがステークホルダーとの対話に、相手の共感を得るために入念に計算し、プレイン・イングリッシュの効果を活用していることをご理解いただけたと思う。
　私たちもグローバルな土俵でそうした彼らと肩を並べ、ビジネスをするうえで、

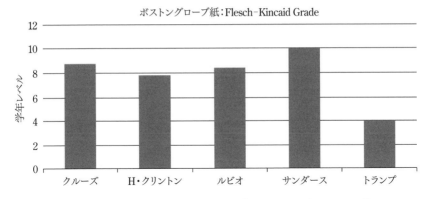

図6　2015年の大統領選のスピーチの「わかりやすさ/平易さ」比較
[出典：ボストン・グローブ紙より作成]

コミュニケーション戦略をどう織りなすかを考えることが成功への重要な要素ではないだろうか。

2.4.4　読みやすさの評価方法

　プレイン・イングリッシュでは理解度を学年レベルで段階に分け、読みやすさを示す指標がある。読みやすさの計算方法はいくつかあるが、ここでは代表的な指標のFRE（Flesch Reading Ease Formula）を解説する。FREは1単語の中の音節の数が少ないと、「平易な単語」を使っている、また1文あたりの単語数が少ないと「平易な構文」が使われていると評価する。英語の音節とは、母音を中心とした音のまとまりで、例えば、important（重要な）という単語なら、im・por・tantの3つのまとまりに分けられる。

読みやすさの指標FREの計算式：
$$206.835-1.015×(1文あたりの平均単語数)-84.6×(1単語あたりの平均音節数)$$

　英語の読みやすさの指標FREは、「点数（0〜100点）」を基準として評価し、点数が高いほど、読みやすく、理解しやすい英文であることを示す。一般に米国の官公庁では、文書作成時に本指標のターゲット値が指定される。例えばフロリダ州では、生命保険証書の内容は45点以上であることが義務づけられている。
　プレイン・イングリッシュのガイドラインに「情報の受け手となる対象者を想定する」という項目がある。情報発信者は発信する情報の用途に応じて、その対象者を想定し、どのレベルでライティングするのが適切かをあらかじめ想定し、

表 1　FRE スコアによる読みやすさのレベル

スコア	内容を理解するために必要な英語レベル 米国の **Grade** 表示（日本の相当学年）	説　明
100～90 点	Grade5（小学校 5 年生） （平均的な 11 才の小学生が簡単に理解できる）	非常に読みやすい
90～80 点	Grade6（小学校 6 年生）	読みやすい
80～70 点	Grade7（中学校 1 年生）	やや読みやすい
70～60 点	Grade8～9（中学 2～3 年生） （13～15 才の学生が簡単に理解できる）	プレイン・イングリッシュ ※雑誌『リーダーズ・ダイジェスト』は 65 点
60～50 点	Grade10～12（高校生）	やや難しい ※雑誌 *TIME* は 52 点
50～30 点	大学生	難しい
30～0 点	大学卒以上	非常に難しい（大学卒業レベルの知識が必要）

［出典：https://theatwatergroup.com/ReadablityStatsSample.pdf］

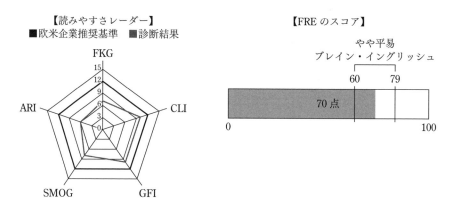

図 7　リーダビリティー・アナライザー（読みやすさを計る参考ツール）による診断サンプル
　　［出典：A & People］

そのレベルを決定する。対象が不特定多数で想定しにくい場合は、文章の用途や目的で決める。一般的なレポートやビジネス文書であれば、FRE スコア 60～70点の Grade8～9 が推奨レベルである（表 1）。
　読みやすさを計測するツール「リーダビリティー・アナライザー」（図 7）を使

表2　プレイン・ランゲージで書かれた文書と日本でよく見られる文書の比較

	項　目	プレイン・ランゲージ	日本語
1	構　成	PREP（結論、理由、例、結論）の順	起承転結の順
2	文脈への依存	ローコンテクスト／シンプル	ハイコンテクスト／行間で伝える／含みがある
3	主体（主語）の明記	行動の「主体（主語）」が明確	行動の「主体（主語）」は不明瞭

用すれば、英文の読みやすさのセルフチェックを行える。

2.4.5　プレイン・ランゲージで書かれたビジネス文書の特徴

　プレイン・イングリッシュのガイドラインを紹介する前に、プレイン・ランゲージの考え方に基づいて作成されるビジネス文書と日本のビジネスの現場でしばしば見られる文書を比較した結果を紹介する。
表2に示す3つの大きな違いを念頭に置いて、ガイドラインを身につけることが、より根本的なプレイン・ランゲージの原理原則に沿ったコミュニケーションの実践につながるだろう。

　プレイン・ランゲージで書かれた文書の特徴は下記のとおりである。

1. 構成：まず結論（要点）からはじめ、その理由を述べ、その後に例を提示し、最後に再び要点を述べ、念を押すPREP（結論、理由、例、結論）の順となっている。
2. 文脈への依存：明確に、言い切るスタイル。行間を読む必要のある、含みのある表現はしない。
3. 主体（主語）の明記：誰が主体で、責任の所在を略さず明確に記す。

　日本人がプレイン・ランゲージ（プレイン・ジャパニーズ）で効果的なコミュニケーションを実践するには、常にこれらの違いを意識する必要がある。
　上記の表2にあるように、おもなポイントがどこに書かれているのか見つけにくく、行動の主体（責任の所在）が不明瞭でハイコンテクストな表現を可とする文章観をいったんリセットすることが第一歩である。
　ローコンテクストのプレイン・ジャパニーズはAI翻訳ツールとも親和性がよい。AI翻訳ツールが間違いやすい原因として、表2の「2. 文脈への依存」と「3. 主体（主語）の明記」の要素が大きい。それらを明確にし、一文一義で文を短く

すれば翻訳のミス発生率は格段に下がるため、中国語やタイ語などへの多言語化にもスムーズなアウトプットが期待できる。

2.4.6　プレイン・イングリッシュのガイドライン

　プレイン・イングリッシュのおもな 10 のガイドラインを紹介する。このガイドラインはアメリカ政府が発行する行政機関向けのプレイン・ランゲージ・ガイドライン（Federal Plain Language Guidelines）とアメリカ証券取引委員会のプレイン・イングリッシュ・ハンドブック（A Plain English Handbook）をもとに、おもだった基本指標をわかりやすく株式会社エイアンドピープルで編集したものである。

1．情報の受け手となる対象者を想定する

情報の発信者は原稿作成の前に、情報の受け手となる対象者を想定する。相手が一般人であれば、専門用語は避け、一般的に使われている平易な言葉を選ぶ。

　文書の用途や種類、その目的に応じてプレイン・イングリッシュの読みやすさの対象レベルを設定する。（レベル設定は表 1 参照）

　一般的な報告書やレター、ビジネス文書であれば、読みやすさの指標 FRE スコア 60〜70 点が推奨レベルである。単語の選択と、ストレスなく読んでもらえる文章を書くことを心掛ける。

　発信者の持つ情報が読者にとって重要であり必要な情報であれば、読者はそれをいち早く入手するために、合理的に情報を入手したいと願っている。そのために、配信する側は読み手にとって関心の高い情報を容易に探せ、入手できるような提供方法を工夫することが求められる。

　さらにデータの分析をするために二次的に利活用できる形式であれば、相手の時間の節約とニーズを満たし、ありがたがられるだろう。

2．結論、主旨を先頭に置く

情報の受け手となる相手が一番必要とする情報、もしくは重要な情報は、すぐ目に入る先頭に配置する。「起承転結」ではなく、PREP（結論、理由、例、結論）の順で記す。

　英語では、重要なポイントや結論をまず示し、お互いの意識をすり合わせてから、理由や背景について説明する（プレゼンや商談では、念を押すために最後に再度ポイントをくり返し示す）。

　こうした英語の特徴は先に述べた「PREP」スタイルを使うことで、内容の意図や目的を相手に的確に理解してもらうことができる。

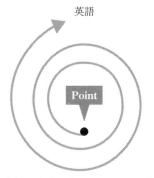
英語
英語は重要なポイントからはじまる

日本語
日本語は背景や理由からはじまる
結論を述べなくても理解し合える

図8　外国人には通じない、だらだらと述べるスタイル

　私たち日本人は、いきなり単刀直入に結論から切り出されると、仰天してしまいがちだが、「まず結論はAである」「なぜならB、C、Dという理由だからである」「それらを踏まえ、Aに至った」という文の構成は非常に明瞭で、英語に限らず日本語でもスムーズな意思疎通を図ることができる。

　結論を述べ、その後に理由や経緯をシンプルに伝える。結論に至る前に、理由や経緯をだらだら述べることで、主旨に対する関心の比重が薄れ、離脱されないためである（図8）。

3．文は短く、一文一義
　プレイン・イングリッシュが推奨する読みやすい英文の長さは、1文（センテンス）のワード数が17〜20ワードである。だいたい息継ぎができる長さがほどよい長さである。このワード数より長い場合は、文章を2つに分け、重要な論旨のある文を前に、理由や背景、補足説明となる文を後につなげる。

　回りくどい表現、形容詞や副詞などの過度な修飾語、過度な補足情報のフレーズは避け、簡潔な文章を心掛ける。事例や例外などを詰め込んだ文は、センテンスが長くなり本題を見失いがちになったり、混乱を招く傾向があるため注意する。

　「1文に要旨は1つ」と心掛けると、自分自身の伝えたい内容の整理にもなる。

　いくつかの条件や、事例、例外について説明する場合は、箇条書きにしたほうが相手も理解しやすくなる。

4．日常的な単語や表現を使う
音節の少ない短くシンプルな単語、一般的に使用される馴染みのある表現を使う

表3　音節の多いラテン語由来の語彙とシンプルな単語

音節の多い表現（ラテン語由来の単語）	◎　一般的でシンプルな単語（英語の本来語）
utilize	use
terminate	end
facilitate	help

ことで、脳への理解をスムーズに促すことができる。

　円滑なコミュニケーションを行うために、明確でわかりやすい単語の選択が重要である。単語選びのポイントは以下のとおりである（表3参照）。

・あまり使用されない単語よりも、一般的に使われる単語を使用する
・抽象的な単語よりも、直接的で具体的な単語を使用する
・回りくどい言い回しよりも、1つの単語を使用する
・長い単語よりも、短い単語を使用する

5．専門用語は必要最小限にする

相手が一般的な読者であれば、専門用語は必要最小限にし、専門用語を使わざるを得ない場合は用語集を資料の前か後ろに配置するとよいだろう。

　一般的に読み手からの問い合わせや苦情が1番多いケースは、専門用語に関する苦情である。専門用語は、読者が専門家の場合には役に立つが、一般の読者であれば、専門用語が羅列されていることで、理解ができない疎外感を覚え、読む気が失せるという状況を生む。

　専門用語をできるだけ日常的に使う用語や表現に置き換え、一般読者でも理解できる文章を作成することで、問い合わせが減るなど、生産性が高まり、読者のストレスを軽減することで先に読み進めてもらえる。

6．能動態を使う

能動態の表現は文に活力を与え、主体と動作が明確で理解しやすく好まれる。
逆に受動態は冗長であいまいな印象になり、文章の活気が失われる。

　私たちは普段あまり意識していないが、日本語は受身の表現（受動態）を多用し、主体となる主語をあいまいにしたり、主語を省略することが多い。そうした受身の日本語を素直に英語に翻訳すると、おのずと受動態になり、受動態を多用した英語は、淡々と事実だけが述べられているような無機質な印象になり、文章の活気が損なわれる。能動態を使うことで、より短い文で全体の流れがスムーズ

になり、情景がより鮮明に伝わる。また能動的表現は字のごとく、主体性のある印象を与え訴求力が高まる。

7. 強い動詞を使う

プレイン・イングリッシュでは、1 語で明確に動作を表すことができる動詞を「強い動詞」と呼ぶ。「強い動詞」は、相手にダイレクトに響く点で優れている。

相手の心に印象づけるために、効果的な動詞を選ぶことも重要である。動詞は文書を組み立てるのに動作や描写内容を伝える重要な要素であり、どの動詞を選ぶかによって文の力強さが左右される。

逆に「弱い動詞」とは、名詞化された動詞、すなわち「動詞から派生した名詞」と組み合わされる、それ自身では意味をなさない動詞である（表 4）。

表 4　弱い動詞と強い動詞

弱い動詞	◎　強い動詞
They came to the conclusion that... （彼らは～という結論に達した）	They concluded that... （彼らは～と結論づけた）
She provided assistance in... （彼女は～への支援を実施した）	She assisted in... （彼女は～を支援した）
They performed an assessment of... （彼らは～と評価を行った）	They assessed... （彼らは～と評価した）
This gives the indication that... （これは～という兆候を示している）	This indicates that... （これは～を示している）

8. 肯定形を使う

日本語は否定形の表現が多く使われるが、英語は肯定形が好まれる。肯定形にすることで ① 前向きな印象になる、② 短文で明瞭になる、③ すっきりスマートな印象になる（表 5）。

9. 主語（S）・動詞（V）・目的語（O）を近づける

英文の主語（S）＋動詞（V）＋目的語（O）の間に修飾語や長いフレーズが入らないようにし、近づける。これは、読者の思考が分断されて読みづらくなることを避けるためである。不必要な修飾語やフレーズは思い切って削除し、簡潔な文を心掛ける。

表5　否定形と肯定形

否定形	◎　肯定形
not honest （正直でない）	dishonest （不正直な）
Don't put anything here. （ここに何も置かないでください）	Keep here clear. （整理整頓、片付ける）
did not pay any attention to （注意を払わなかった）	ignored （無視した）
二重否定形	◎　肯定形
There is no one who doesn't know Ichiro. （イチローを知らない人はいない）	Everybody knows Ichiro. （みんなイチローを知っている）
no fewer than... （〜を下らない）	at least... （少なくとも〜）

10. 読みやすいデザイン

　簡潔な文章でも文字がぎっしり詰まっている文書は、読み手の意欲をそぎ、極端な場合は拒絶される。

　相手にポジティブな気持ちで読んでもらうためには、文章構成とデザインは大切な要素である。能動的な気持ちで読む文書は理解も容易で、好意的な気持ちで読み進められる。

　以下3項は、重要な情報の配置や強調を工夫し、それを読み手にしっかり届けるために、文書を読みやすくするためアメリカ政府で使われている指針である。

・1つの段落には1つのテーマを入れる。1つの段落は4〜5行を推奨
・リストや表を活用する
・リストの中にさらに他のリストを使用しない

2.5　文明の進歩とともに増える情報量に対し、短くなる文の長さ

　中世エリザベス朝以前、情報は一部の特権階級者のものであった。限られた情報の収集は困難であり、ようやく得られた情報を伝達するのには、出し惜しみするかのように直接的な表現を避け、相手を重んじ、回りくどい冗長的な表現が用いられていた。当時イギリスで使用されていた、英語の1センテンス（1文）内の平均ワード数は50ワードと、1文が長く作られていた。

　イギリスの産業革命以後、文明の進歩とともに情報量が急速に増えると、多く

の情報は産業資本家にゆだねられ、1 文の平均ワード数は 29 ワードと、1 文内の文字は半減した。

　彼らは、国をまたいで広範囲に情報を伝える必要があり、相手に誤解なく理解させるために、ダイレクトで短い文を用いた。

　そして現在の情報化社会では、人々は多くの情報に囲まれ、必要な情報を速やかに取捨選択し、判断し行動している。多忙を極める現代のビジネスで推奨される英文 1 文あたりのワード数は 20 ワード以下である。

　情報に修飾を施すことなく、ダイレクトで簡潔に、たった 20 ワード内で情報を効果的に伝達するかの工夫がされている。

　そうした表現の効果と効率を、ルールとしてまとめたものがプレイン・イングリッシュのガイドラインである。

　現在、プレイン・イングリッシュで書かれる代表的なものに、アメリカ大統領の就任演説原稿があり、ウォール・ストリート・ジャーナルや企業が発行するステークホルダーと投資家向け法的 IR 資料がある。

　いつの時代にも情報は戦いの勝敗を分ける重要なファクターである。情報の伝え方によって生きた情報にもなり、逆に捨てられる情報にもなり得る。いつの時代も情報を伝える側は、伝え方にも工夫を凝らしてきた。

　プレイン・イングリッシュの前身である *Plain Words, a guide to the use of English*、*The Complete Plain Words* の著者でイギリス高級官僚の E. ガワーズ氏はその書に次のように記している。

The final cause of speech is to get an idea as exactly as possible out of one mind into another. Its formal cause therefore is such choice and disposition of words as will achieve this end most economically.
「記述とは、1 つの頭脳から他の頭脳へとアイデアを伝えるための道具であり、記述する者の職務とは、容易にかつ正確に、伝えたいことを読み手に把握させることなのである」

　どんなにすぐれた考えや主張であっても、自分以外の人や相手に理解してもらえなければ、誰からも賛同を得ることはできない。コミュニケーションをはかるうえで最も気をつけるべき点である。　　　　　　　　　　　　　［浅井満知子］

[引用・参考文献]

浅井満知子（2020a）『伝わる短い英語―アメリカ、イギリス、カナダ、オーストラリア　政府公認　新しい世界基準 Plain English』東洋経済新報社

浅井満知子（2020b）「世界標準！伝わる英語」『多聴多読マガジン』81、コスモピア

沖部望（2003）英国における公務員を巡る議論と我が国への示唆「平和研レポート」世界平和研究所

角知行（2016）「イギリスにおける「やさしい英語（Plain English）」運動―その発展の経緯と要因」天理大学人権問題研究室紀要 19

谷藤悦史（2001）「英国における行政改革と公共サービス管理の変容―サッチャー政権からブレア政権の変革を中心に」『季刊行政管理研究』94、行政管理研究センター

マーク・ピーターセン（1988）『日本人の英語』岩波新書

"Avoid Hidden Verbs" An official website of the United States government.

Charrow, V.R., Erhardt, M.K. and Charrow, R.P. (2007) *Clear and Effective Legal Writing 4th edition*, Aspen Publishers.

Cutts, M., and Maher, C. (1986) *Plain English Story*. Plain English Campaign.

Flesch, R. (1951) *The Art of Clear Thinking*. Joanna Cotler Books.

Flesch, R. (1979) *How to Write in Plain English: A Book for Lawyers and Consumers*. Harper and Rowe.

Garner, B.A. (1995) *A Dictionary of Modern Legal Usage 2nd edition*, Oxford University Press.

Garner, B.A. (1996) *Guidelines for Drafting and Editing Court Rules*. Administrative Office of the US Courts.

Garner, B.A. (2001) *Legal Writing in Plain English: A Text with Exercises*. University of Chicago Press.

Garner, B.A. (2003) *Garner's Modern American Usage*. Oxford University Press.

Garner, B.A. (2016) *Garner's Modern English Usage*. Oxford University Press.

Haddon, C. (2012) *Reforming the Civil Service: The Efficiency Unit in the early 1980's and the 1987 Next Steps Report*. Institute for Government.

Kimble, J. (2005a) "Guiding Principles for Restyling the Federal Rules of Civil Procedure (Part 1)" *Michigan Bar Journal*, 56.

Kimble, J. (2005b) *Lifting the Fog of Legalese: Essays on Plain Language*. Carolina Academic Press.

Kimble, J. (2012) *Writing for Dollars, Writing to Please: The Case for Plain Language in Business, Government, and Law*. Carolina Academic Press.

Lauchman, R. (2009) *Plain Language: A Handbook for Writers in the US Federal Government*. Lauchman Group.

Nine Easy Steps to Longer Sentences: plainlanguage.gov/resources/humor/nine-easy-steps-to-longer-sentences/

Murawski, T.A. (1999) *Writing Readable Regulations*. Carolina Academic Press.

Office of the Federal Register (1998) "Document Drafting Handbook" *Monthly management review* 4〜6, National Archives and Records Administration.

Plain Language government (2011) *Federal Plain Language Guidelines*.

Redish, J.C. (1991) *How to Write Regulations and Other Legal Documents in Clear English*. American Institutes for Research.

Schriver, K.A. (1996) *Dynamics in Document Design: Creating Text for Readers*. John Wiley and Sons.

Schumacher, E., and Eskenazi, M. (2016) *A Readability Analysis of Campaign Speeches from the 2016 US Presidential Campaign*. Cornell University.

Securities and Exchange Commission (1998) *Plain English Handbook: How to create clear, SEC disclosure documents*. Securities and Exchange Commission.

Trudeau, C.R. (2012) "The Public Speaks: An Empirical Study of Legal Communication" *The Scribes Journal of Legal Writing,* 121.

Use simple words and phrases: plainlanguage.gov/guidelines/words/use-simple-words-phrases/

Wydick, R.C. (1978) "Plain English for Lawyers" *California Law Review*, 66, 727-765, California Law Review, Inc.

Wydick, R.C. (2005) *Plain English for Lawyers 5th edition*. Carolina Academic Press.

Zinsser, W. (2001) *On Writing Well: The Classic Guide To Writing Nonfiction, 25th Anniversary Edition 6th edition*. HarperCollins.

第II部

日本語母語話者の日本語の問題

3 現代文から見た日本語母語話者の日本語の問題

　日本が実質的に移民社会であることは、すでに多くの識者が指摘するところである。いかに政府が「移民」という表現を執拗に避けようとも、その事実は明白であり、多文化共生社会の実現がこの社会にとって喫緊の課題であることは疑いようがない。2006年3月に総務省により策定され、新型コロナウイルスの流行等を背景に2020年9月に改訂された「地域における多文化共生推進プラン」の「概要」にも、「改訂のポイント」として、「外国人住民を地域社会の一員として受け入れ、人の交流やつながり、助け合いを充実するための環境を整備し、多様性と包摂性のある社会を実現することにより、ポストコロナ時代の「新たな日常」を構築」するというプランがあげられている（自治行政局国際室 2020）。

　こうした理念を空理空論に終わらせないために、「地域社会の日本人住民と定住外国人の間の共通語」（庵 2015）の構築が急務であることは言を俟たない。しかし庵も指摘するように、英語は、「定住外国人」にとって「必ずしも扱いやすい言語ではない」。同時に、「地域社会の日本人住民にとっても得意な言語ではない」。ならば、「日本人側」が外国人の用いる「最低限の日本語」を理解し、「自らの日本語をその日本語に合わせて調整する訓練をする」過程の中で成立する「やさしい日本語」の普及は、真の多文化共生社会の構築に向け、不可欠の条件であることになる（庵 2015）。

　この社会のマジョリティである日本語母語話者にとって、「やさしい日本語」の使用は、自らの母語を対象化し、調整することを意味する。同じく、義務教育および高等学校で学ぶ現代文という教科もまた、母語を対象化し、リテラシーを涵養するための場としてある。である以上、この現代文という教科は、「やさしい日本語」の構築や普及において、大きな意義を持ち得るはずである。

　本章の筆者は、大学受験予備校で高校生、受験生を中心に、現代文の読解や文章の書き方を指導する人間である。本章では、筆者の経験や実際の生徒の答案を参照しながら、教科としての現代文、とりわけ記述・作文指導における母語の調整というテーマについて概括してみたい。

3.1　高校生の記述・作文指導から

　記述・作文指導の中で母語の調整という意識を涵養するためには、当然、どのように書けば他者に伝わるわかりやすい文章になるか、という観点が不可欠である。それは裏返せば、意図したところが他者に伝わりにくい表現、つまりは〈わかりにくい日本語〉の性質を知ることが肝要であるということでもあるだろう。

　筆者は、以前に出講していた塾で作文指導を担当していた。対象の生徒は高校1年生〜高卒生で、おもに、課題文（評論、小説、随筆、詩）を読ませ、それについての分析や感想を記述させる、という授業である。その中で、筆者は、生徒たちの作成した文章に多く認められる、〈わかりにくい日本語〉の典型的なパターンがあることに気がついた。もちろんそのすべてをここに紹介することはできないが、特に気になる事例を参照しながら、高校生に多く見られがちな〈わかりにくい日本語〉について考えてみたい。

3.1.1　わかりにくい日本語の例　〜読点について〜
［生徒A（高3）①］
本人がそうなることを望むことは例外として考えても家庭環境や経済的な問題によってそうならざるを得ないといった形で存在してしまっていることは確かだろう。

　家庭の事情や貧困などの理由で大学への進学を断念せざるを得ない人々について論じる文脈であり、「そうなる」「そうならざるを得ない」というのも、大学進学をしない、あるいは諦めるということを指している。
　一読してわかるように、読点が1度も使われていない。そのことによって、文意が非常に不明瞭になってしまっている。「……として考えても」までの逆接仮定条件の従属節、および「……存在してしまっていることは」というかなり長い主題部分については、それぞれその後に、読点を打つべきだろう。

（修正例）本人がそうなることを望むことは例外として考えても、家庭環境や経済的な問題によってそうならざるを得ないといった形で存在してしまっていることは、確かだろう。

　読点の活用はなかなか公式のようなものとして示しにくく、生徒への指導も難しいところではあるが、母語の調整の訓練としては、相当に重要なポイントとなるはずである。なお同答案については、指示詞「そう」の重用、「存在してしまっ

ている」という述部に対する主語の省略など、修正すべき点は他にもあげられるが、ここでは読点の問題を指摘するにとどめておく。

　ただし、読点は、打つことによって文意が不明瞭になることもある。

［生徒A（高3）②］
ソクラテスの言う「無知の知」はやはり、ポリスアテネにおける独特の政治体制が産み出した物だと痛感した。同時代にギリシアに存在していたスパルタとは違い民主制度を採用しており、弁論術の流行があった アテネ において「全てを知っている」とするそれ（＝ソフィストの教え…引用者注）に反するものが発生するのは想像に簡単である。

　二重下線を引いた「採用しており」および「あった」は、文脈に鑑みるに、双方とも枠で囲った「アテネ」という名詞を説明しているはずである。しかし、「採用しており」の後に読点を打ったことによって、〈民主制度を採用していた→アテネ〉というつながりが弱くなってしまっている。背景的な知識等を有していない読み手が読めば、「採用しており」の主体が「アテネ」以外にあると誤読してしまう可能性も、ないとはいえないだろう。よってここはまず、「採用しており」の後の読点を消去することが考えられる。ただそうすると、今度はこの1文に読点がなくなり、やはり文意が不明瞭になる。よって、以下のように修正することが必要となる。

（修正例）同時代にギリシアに存在していたスパルタとは違い、民主制度を採用しており弁論術の流行があったアテネにおいて、「全てを知っている」とするそれに反するものが発生するのは想像に簡単である。

3.1.2　わかりにくい日本語の例　〜文の構造〜
　野田（2016）によれば、日本語の表現をわかりにくくしてしまう要因の1つとして、特定の文の構造が指摘できるという。野田のあげる事例は、例えば以下のようなものである。

　　名詞が修飾される構造
　　　例：30歳の私の彼はまだ大学生です。
　　　　（30歳なのは私か、彼か？）

述語が修飾される構造
　　例：2人で無人島で暮らす映画を観た。
　　（2人で無人島で暮らすのか、2人で映画を観たのか？）

　この他にも「名詞が並列される構造」「述語が並列される構造」「格助詞が現れない構造」「格成分が現れない構造」などに由来する〈わかりにくい日本語〉の例をあげ、その修正案が示されている。その個々の事例はいずれも、現代文を指導する中で生徒の答案に幾度も目にしてきたものばかりであった。先にあげた［生徒A（高3）②］の答案も、読点の不適切な使用によって「アテネ」という名詞をめぐる修飾関係が見えにくくなってしまった事例といえるだろう。では、以下の答案はどうだろうか。

［生徒B（高3）①］
自身の情念を理性によって制御する人間だからこそ理性によって行き過ぎた近代合理主義を同様に抑えてきたからこそ、今があると私は考える。

　一読してわかるように、「からこそ」の重複によって、文字数はさして多くはないのに、非常に複雑な構造の文になってしまっている。ここはまず、以下のように修正する必要がある。

（修正例A）自身の情念を理性によって制御する人間だからこそ、理性によって行き過ぎた近代合理主義を同様に抑えることができた。その結果、今があると私は考える。

　ただしこのままでは、2つ目の「理性によって」が「行き過ぎた」と「抑えることができた」のどちらにかかるのかが不明瞭である。野田（2016）の指摘する、「述語が修飾される構造」に由来するわかりにくさの典型例といえる。以下のように修正することが求められる。

（修正例B）自身の情念を理性によって制御する人間だからこそ、行き過ぎた近代合理主義も、同様に理性によって抑えることができた。その結果、今があると私は考える。

　さて、ここまで高校生の答案に見られる〈わかりにくい日本語〉の典型として、読点の不適切な使用（不使用）によるもの、および文の構造に由来するものをあ

げてみた。かつ、［生徒A（高3）②］に顕著なように、文の構造に由来するわかりにくさと読点の不適切な使用（不使用）は、しばしば連動するものであることを確認した。例えば、以下の答案を参照されたい。

［生徒A（高3）③］
授業中に理解しきれなかった所をいつでも先生などに質問できるようにするなどといった体制を学校内で整えることによって生徒が分からないところが倍増する負のスパイラルを防ぎ、それが「中途半端な教育」の発生を防ぐことができるのではないだろうか。

　「中途半端な教育」という表現は、資料として配布した石川啄木「時代閉塞の現状（強権、純粋自然主義の最後および明日の考察）」中の言い回しを踏まえてのものである。
　100文字を超える長い文でありながら、この答案もまた読点の活用を意識できておらず、1度しか用いられていない。それにより、以下のような文の構造の不明瞭さが生じてしまっている。

　　・……体制を学校内で整えることによって、わからないところが倍増する？
　　・……体制を学校内で整えることによって、負のスパイラルを防ぐ？

　もちろん文意上、後者の意味であることは判断できる。しかし文の構造上は、「整えることによって」は、並列される述語である「倍増する」と「防ぎ」のどちらにもかかり得る。やはり、「述語が修飾される構造によるわかりにくさ」（野田2016）の1例であるといえる。後者の意味をより明確に示すには、読点を活用し、「……などといった体制を学校内で整えることによって、生徒が分からないところが倍増する負のスパイラルを防ぎ」などとしなくてはならない。
　また、「生徒が分からないところが倍増する」における「が」の重複や、あるいは指示詞「それ」の不用意な使用など、文の構造以外にも、修正すべきポイントはいくつも見出される。つまりはかなりの不注意が認められる書き方になってしまっているわけだが、では、その要因としてどのようなことが考えられるのか。

3.1.3　わかりにくい日本語の例　〜論理関係〜
　野田（2016）は、「一般に、長くて複雑な構造の文ほど、別の意味に解釈される可能性がある構造が含まれやすくなる。わかりにくい文にならないようにするためには、文をなるべく短くて単純なものにするのがよい」と説く。筆者の経験に

鑑みても、一般的な学力の高校生が明瞭な内容で記述できる1文の文字数は、長くて50〜60字程度であると感じている。それを超えると、文の細部に対しても、あるいは文の全体の構造に対しても、注意力が緩慢になってしまい、［生徒A（高3）③］のような書き方になる傾向が強い。となると、〈わかりにくい日本語〉を回避するためには、野田の指摘するとおり、「文をなるべく短くて単純なものにする」ことを心掛ける必要があるとわかる。

　では、［生徒A（高3）③］の答案についての、以下の修正例はどうだろうか。

（修正例A）授業中に理解しきれなかったところをいつでも先生などに質問できるようにするといった体制を、学校内で整える。生徒にとって分からないところが倍増するという負のスパイラルを防ぐことができる。「中途半端な教育」の発生も避けられるのではないだろうか。

　この（修正例A）は筆者が仮に作成したものだが、実は、短い文で書くことを指示すると、このタイプの答案を作成する生徒は、かなり多い。このタイプとは、文と文とのつながり方、すなわち論理関係が不明瞭な書き方である。たしかに短い文を重ねて書くことはできているが、その文と次の文との論理関係を示すことができておらず、結果、文章としてのまとまり、結束性が弱まってしまうことになるのだ。したがって、（修正例A）は、以下のようにさらに修正することが求められる。

（修正例B）授業中に理解しきれなかったところをいつでも先生などに質問できるようにするといった体制を、学校内で整える。すると、生徒にとって分からないところが倍増するという負のスパイラルを防ぐことができる。そうすれば、「中途半端な教育」の発生も避けられるのではないだろうか。

　「読みやすい文章の全体構造を支えるのは、接続詞」である（石黒2008）という意識を育むことが肝要となるだろう。

3.1.4　わかりにくい日本語の例　〜連用中止法〜
［生徒B（高3）②］
「肉体ガ恐ロシク膨脹シ」や「真黒焦ゲノ滅茶苦茶ノ」など人間を説明しているとは思えない表現で、「助ケテ下サイ」と言うか細い、静かな言葉を発さなければ人間だと思えないのだと感じた。

　原民喜「原爆小景」の「コレガ人間ナノデス」への感想文として書かせた答案の1節である。

　ここまで、高校生の答案にしばしば見られる〈わかりにくい日本語〉の典型として、

- 読点を活用できていない
- 文の構造が不明瞭
- 1文が長すぎる
- 論理関係が不明瞭

という点をあげた。それは裏返せば、高校生への記述・作文指導において、

- 読点を活用する
- 文の構造を明瞭にする
- 1文を短く記述する
- 論理関係を明示する

という点が重要になってくるということでもある。

　［生徒B（高3）②］については、そこそこに長い1文にはなっている。しかしながら引用が多く含まれるため、長さについては許容範囲であるといえる。かつ、読点についても的確に用いることができている。

　しかし当該の答案には、1つ、看過できない瑕疵がある。それは、「……など人間を説明しているとは思えない表現で、」という節が、どういった資格で後述の節へとつながっていくのかが不明瞭であるという点である。

　この「『肉体ガ恐ロシク膨脹シ』や『真黒焦ゲノ滅茶苦茶ノ』など人間を説明しているとは思えない表現で、『助ケテ下サイ』と言うか細い、静かな言葉を発さなければ人間だと思えない」という叙述は、以下のような論理関係で構成されているはずである。

　　［原因］「肉体ガ恐ロシク膨脹シ」や「真黒焦ゲノ滅茶苦茶ノ」など人間を説明
　　　　　　しているとは思えない表現
　　［結果］「助ケテ下サイ」と言うか細い、静かな言葉を発さなければ人間だと思
　　　　　　えない

　となると、「……など人間を説明しているとは思えない表現で」という箇所は、続く節に対する［原因］であることを明示すべく、次のように修正する必要があるだろう。

（修正案）「肉体ガ恐ロシク膨脹シ」や「真黒焦ゲノ滅茶苦茶ノ」など人間を説明

しているとは思えない表現であるために、「助ケテ下サイ」と言うか細い、静かな
言葉を発さなければ人間だと思えないのだと感じた。

　先ほど、短い文での記述を指示すると、文と文との論理関係を示さずに書く答
案がしばしば見られることを指摘した。が、この論理関係のあいまい化は、1文
内においても頻繁に発生する。[生徒B（高3）②] の答案がその典型例で、読点
を意識しながら書けてはいるが、連用中止法を安易に用いた結果、節と節との論
理関係を不明瞭にしてしまっている。こうしたケースには驚くほど多く遭遇する
のだが、それでは、なぜ生徒は、従属節の後に読点を打つ際、そこに連用中止法
を多用するのか。
　端的にいえば、それは、連用中止法の使い勝手のよさという理由によるだろう。
前後の論理関係をいちいち考え、それに見合った接続助詞等を選ぶ、という面倒
な思考を省くことができるなら、表現を苦手とする生徒であれば、つい多用して
しまうというのもわかる。指導者が留意せねばならないポイントといえるだろう。
　以上、本節では、実際の生徒の答案を参照しながら、高校生の表現にしばしば
認められる〈わかりにくい日本語〉の典型例をいくつかあげた。もちろんこれら
がすべてというわけではないが、少なくとも、母語の調整という観点から記述・
作文指導を試みる際には、〈短い文を心掛け、読点を活用する。文と文、節と節の
あいだの論理関係は、できるかぎり可視化する〉という点を意識する必要がある
と考えられる。

3.2　母語の調整と、現代文における文学教育

　一連の教育改革をめぐり、高等学校の国語の授業において文学を扱う時間が少
なくなる可能性が指摘されている。その要因に、「実用的な文章」の前景化という
点があげられる。限られた授業時間の中で「実用的な文章」を扱う時間を増やせ
ば、必然的に、「実用的な文章」のカテゴリーに入らない文章は、授業内で触れら
れる機会が減ることになる。では、文部科学省の想定する「実用的な文章」とは
どのようなものなのか。以下に学習指導要領「解説」による定義を引用しておく。

論理的な文章とは、現代の社会生活に必要とされる、説明文、論説文や解説文、
評論文、意見文や批評文などのことである。一方、実用的な文章とは、一般的に
は、具体的な何かの目的やねらいを達するために書かれた文章のことであり、新
聞や広報誌など報道や広報の文章、案内、紹介、連絡、依頼などの文章や手紙の
ほか、会議や裁判などの記録、報告書、説明書、企画書、提案書などの実務的な

文章、法令文、キャッチフレーズ、宣伝の文章などがある。また、インターネット上の様々な文章や電子メールの多くも、実務的な文章の一種と考えることができる。論理的な文章も実用的な文章も、小説、物語、詩、短歌、俳句などの文学的な文章を除いた文章である。　　　　　　　　　　　　　　（文部科学省 2018）

　五味渕（2021）は、「実用的な文章」の定義における「具体的な何かの目的やねらいを達するために書かれた文章」という規定に着眼し、そこから、その対概念として、「何ら『目的やねらい』を持たず、つまりは誰にも受けとめられることのない、自己自身を目的とした、ただ文字として書き記されるためだけに書かれた文章」という「可能的なイメージ」を仮設する。それはある意味で「前衛的な文学のビジョン」であるともいえ、「実用的な文章」の典型であるはずの学習指導要領「解説」からこうしたイメージを引き出すことを通じて、「実用的な文章」という概念について、見事に脱構築するのである[1]。

　文章における「実用」という概念は、決して自明のものではない。五味渕は「実用的な文章」から文学のイメージを抽象するが、その逆もまた想定できる。「解説」は「実用的な文章」なるカテゴリーから「小説、物語、詩、短歌、俳句などの文学的な文章」を排除するが、「文学的な文章」こそが、ある意味での実用性を担うことも、おおいにあり得ることなのである。以下、それについて考察してみたい。

3.2.1　文学テクストを読むということ

　そればかりに偏りすぎであるという批判は数多くあれ、現代文で文学作品、分けても小説を扱う際には、やはり、登場人物の［心情］の読み取りを中心に授業を組み立てることが多い。とりわけ入試を意識した授業ではそうなる。大山鳴動（たいざんめいどう）してはじめられた大学入学共通テストでも、2021 年の第 1・第 2 日程、および2022 年の本試のいずれにも小説が出題されたが、設問の多くは、旧センター試験同様、心情分析に直接間接にかかわる内容であった。

　大学受験予備校に限らず、高校受験、中学受験の塾などでも多くの講師が参照する心情分析の方法に、〈原因→心情→言動〉というフレームがある（文言は、微妙に異なる場合もある）。例えば、以下のように、登場人物の［心情］を整理していくということである。

---

[1]　「脱構築」は、当該の体系に則った思考を徹底していくことで、逆にその体系を機能不全に至らしめる方法である。ここで五味渕は、「学習指導要領『解説』」の定義する「実用的な文章」という概念から「非実用的な文章」というイメージを導き出すことを通じ、文章における〈実用的〉という概念、あるいは〈実用的／非実用的〉という二項対立を脱構築している。

［原因］第一志望の学校に、合格した。

　　　↓

［心情］嬉しい。

　　　↓

［言動］涙を流しながら、叫ぶ。

　もちろんすべてがこのフレームで整理できるわけではないが、実際、試験問題においては、この構造を利用した出題が極めて多い。より具体的には、［言動］に線を引き、そこから読み取れる行為者の［心情］を答えさせる問題である。そしてその際、［心情］は、本文には直接書かれていない場合が少なくない。すなわち、次のようなパターンである。

　【本文】Aは、第一志望の大学に合格した。Aは、<u>涙を流しながら、叫んだ</u>。
　【設問】傍線部「涙を流しながら、叫んだ」とあるが、このときのAの気持ち
　　　　　を答えなさい。

　この際、解答者は、「涙を流しながら、叫んだ」というAの［言動］のみでは［心情］を確定することができないから、その［原因］としての、「第一志望の大学に合格した」という記述を参照することになる。そのうえで、本文には直接書かれていない［心情］を、「嬉しい」などと類推するのである。

　これはすなわち、文学における［心情］の把握という営みには、しばしば、書かれていない内容を書かれている内容から類推する、という思考が要求されるということである。つまりは、文学には意味のつながりのうえでの飛躍が随所に見られるということであり、［心情］の分析は、まさにその飛躍した内容を可視化し、文字化する作業であるといえよう。

　［心情］を典型として、文学の書き手は、意味の正確な伝達のうえでは明確に言語化すべきものをあえて言葉にしない、といった書き方を好む。換言すれば、文学テクストの解釈とは、テクストに構造化された飛躍や空白に気づき、その内容を言語化する、という営みをいうことになるだろう。

3.2.2　物語の創作

　文学テクストに構造化された飛躍や空白に気づき、それを言語化するトレーニングとして筆者が近年試みていることに、ストーリーにおける空白を見つけ、その内容を自分なりに創作してみる、という方法がある。以下、その実践の報告を試みたい。課題文は、太宰治『I can speak』である。

　甲府の下宿で執筆を進める「私」は、2月の「寒いしずかな夜」、窓外から聞こえる「酔漢の荒い言葉」に「耳をすま」せる。「酔漢」は、工場で働く「女工」である姉に、酔いに任せて会いにきて、工場の窓に立つその姉に向け、以下のようにまくしたてるのである。

　　──ば、ばかにするなよ。何がおかしいんだ。たまに酒を呑んだからって、おらあ笑われるような覚えは無え。I can speak English. おれは、夜学へ行ってんだよ。姉さん知ってるかい？　知らねえだろう。おふくろにも内緒で、こっそり夜学へかよっているんだ。偉くならなければ、いけないからな。姉さん、何がおかしいんだ。何を、そんなに笑うんだ。こう、姉さん。おらあな、いまに出征するんだ。そのときは、おどろくなよ。のんだくれの弟だって、人なみの働きはできるさ。嘘だよ、まだ出征とは、きまってねえのだ。だけども、さ、I can speak English. Can you speak English? Yes, I can. いいなあ、英語って奴は。姉さん、はっきり言って呉れ、おらあ、いい子だな、な、いい子だろう？　おふくろなんて、なんにも判りゃしないのだ。……　　　　　　　　　　（太宰 1939）

　生徒に与えた課題は、「弟のこのセリフを参照し、この場面に至るまでに弟の身に生じた出来事を、弟の視点に寄り添って物語りなさい」という内容である。以下、生徒の作成した物語の1例を紹介する。

[生徒C（高1）]
　おらあ夜学が終わってからおふくろの家に帰ってみた。ここ最近帰ってなかったから、たまにはおふくろに顔を見せ、夜学に通っていることや英語が話せることを伝えたいと思った。
「ただいま。おらあだ。」
「おまえ、昼も夜も外へ出ていったいいつも何をしているんだい。こないだおまえの家に訪ねたって夜だってのにいなかったじゃないかい。外国語の教科書もあったけど、おまえにあんなもの読めるわけないだろう。おまえはいい年になっても親を困らせる子だね。もう少しお姉ちゃんみたいに…」
　おらあは最後まで聞かずにおふくろのいえをとび出した。おふくろに怒られ、呆れ笑われ、それを忘れるために酒を呑み、目的もなく歩いた。
　いくらか歩いていると姉さんのいる製糸工場に着き、姉さんに見つかってしまった。仕方なくあったことを話した。

　筆者は、この答案を非常に高く評価する。上記に引用した弟のセリフを客観的

な根拠とし、そこから推察される出来事を、具体的に活写できているからだ。

　しかしながら、この答案には飛躍もある。それは、創作した物語を、「仕方なくあったことを話した」という叙述で閉じてしまっている点に認められる。このままだと、原作における弟のセリフの冒頭、「ば、ばかにするなよ。何がおかしいんだ」に、スムーズに着地することはできない。創作した物語の最後には、〈仕方なくあったことを話す→姉に笑われる〉という要素を加える必要があったはずだ。例えば、「するとどうだ。姉さんはけらけら笑うじゃないか」などと。

3.2.3　文学テクストと、母語の調整

　我々の日常的な対話において、しばしば「話が飛びすぎ」という指摘が為されることがある。これはすなわち、発話の組み立てにおいて、看過できない飛躍や空白が認められるということである。同様の現象は、記述された文章においても頻繁に見出される。当然、そのような発話やディスクールは、聴き手や読み手にとって〈わかりにくい日本語〉となる。それならば、メッセージに織り込まれた飛躍や空白を敏感に察知し、それを言語化するという作業は、母語の調整という観点から、相当に重要なものとなるだろう。である以上、意図的に飛躍や空白の構造化された文学テクストは、そうした訓練をするための教材としてふさわしいものであるといえるのではないだろうか。

3.3　プレイン・ジャパニーズへの現代文学習

　以上、高校生が作成した実際の答案を参照しながら、「現代文から見た日本語母語話者の日本語の問題」について考察してみた。ここにあげたその具体例は、読点を活用できていない、文の構造が不明瞭、1文が長すぎる、論理関係が不明瞭、情報の飛躍、などであるが、もちろん「問題」はそれに尽きるわけではない。しかしながら、母語を調整し、〈わかりにくい日本語〉を克服するうえで、いずれも重要な観点であることは間違いないはずである。

　ここで、庵（2021）の説く、「プレイン・ジャパニーズ（Plain Japanese：PJ）」について言及したい。

　本章の冒頭にも述べたように、真の多文化共生社会を実現するうえで、「やさしい日本語」の普及は必須の条件である。しかし庵（2021）はさらに、その前段階としての「PJ」すなわち「中間言語としての『やさしい日本語』」の必要性を訴える。これは、「日本語母語話者は理解可能」な「わかりやすい日本語」であり、「日本語能力が不十分な外国人が日本語で理解できなくても可」とするレベルの日本語である。難解な日本語を、日本語母語話者であれば非専門家でも理解できるよ

うに調整することの重要性を主張するのである。そのメリットは、例えば、日本語を他言語へと翻訳しなければならない現場において顕著に認められる。「難解な原文」を「そのまま翻訳」すると、「誤解が生じる可能性が高くなる」。ならば「第1段階」として、「難解な原文」を「PJ」へと「言い換え（書き換え）」る。そのうえで、対象言語へと翻訳する。こうすることで「誤解」を防ぐことができ、あるいは、「翻訳（通訳）に携われる人の数が大きく増えることが期待」できる。もちろんここでいう「対象言語」とは、「やさしい日本語」をも含めたそれである。

　本章の筆者もまた、「やさしい日本語」の前段階となる「PJ」について、その理念、意義に、全面的に同意するところのものである。そして、そうした意識を市民皆で共有するためにも、義務教育や高等学校での現代文学習において、母語の調整の訓練を自覚的に実践していくことの必要性を、強く訴えたい。本章において参照したいくつかの事例がその一助となるならば、幸いである。　　［小池陽慈］

［引用・参考文献］
庵功雄（2015）「「やさしい日本語」研究が日本語母語話者にとって持つ意義―「やさしい日本語」は外国人のためだけのものではない」『一橋大学国際教育センター紀要』6
庵功雄（2021）「日本語表現にとって「やさしい日本語」が持つ意味」『一橋日本語教育研究』9
石黒圭（2008）『文章は接続詞で決まる』光文社新書
五味渕典嗣（2021）『「国語の時間」と対話する―教室から考える』青土社
自治行政局国際室（2020）「「地域における多文化共生推進プラン」改訂のポイント」総務省
　https://www.soumu.go.jp/main_content/000718716.pdf
太宰治（1939）『I can speak』青空文庫
野田尚史（2016）「日本語の文の構造とわかりにくさ」野村雅昭・木村義之編『わかりやすい日本語』くろしお出版
文部科学省（2018）「【国語編】高等学校学習指導要領（平成30年告示）解説」https://www.mext.go.jp/content/20210909-mxt_kyoiku01-100002620_02.pdf

4 ビジネスにおけることばの問題

4.1 本章の目的

　医療、介護、法律、行政、学術などと比べて、ビジネスのことばは相対的にわかりやすい傾向にある。もちろん、ビジネスといっても幅が広く、業種ごとの専門用語にはかなり難解なものも含まれるが、業種を超えて通用するビジネスのことばはさほど難しくない。その理由は、BtoB と BtoC によって異なると考えられる。

　Business to Business の略である BtoB、すなわち企業間取引には、メーカーとサプライヤー、卸売業者と小売業者、元請け業者と下請け業者など、さまざまなものが含まれるが、そこでは知識の共有がかなり進んでおり、かつ、多忙なもの同士がスピーディーに取り引きを行う必要がある。法律や学術など、正確さを重視したコミュニケーションではことばが難しくなる傾向があるが、ビジネスのようなスピード感のあるコミュニケーションでは要は伝わればよく、簡潔さを重視した日本語でやり取りが通常行われている。

　一方、Business to Consumer の略である BtoC、すなわち企業と消費者との取り引きでは、消費者である顧客を相手にしたコミュニケーションであるため、わかりやすさが優先される。専門家でない顧客を相手にした場合、難しい日本語では理解してもらえないし、商品の購入にも結びつかないからである。

　そう考えると、ビジネスにおけることばの問題は、他分野とくらべて小さく思えるが、実際には固有の問題を抱えている。1 つは、多忙な発信者がスピード感を重視するあまり、受信者の理解を考えずに文書を作成し発信してしまい、受信者が理解できなくなる問題であり、BtoB でよく見られる。もう 1 つは、人間同士の直接的なやり取りが行われるビジネス・コミュニケーションで、専門知識が豊富な者が乏しい者を無意識に下に見る傾向があり、その結果、受信者が不快な思いをする問題であり、BtoC でよく見られる。本章ではこの 2 つの問題にかかわる事例を紹介し、それを解消する提案を行うことにしたい。

4.2　ビジネスにおける資料収集の難しさ

　ビジネスにおけることばの問題を考える場合、最も高いハードルとなるのは資料収集である。ビジネス・コミュニケーションは、それ自体が高い付加価値を生むものであり、そこで取り交わされる情報は部外秘になることが多い。そのため、現実のビジネス・コミュニケーションを対象に研究しようとしても、資料の入手に際してビジネス関係者の許可を得ることは困難を極める。

　話しことばのビジネス・コミュニケーション資料としては、現代日本語研究会編（1997）と現代日本語研究会編（2002）がよく知られている（現代日本語研究会編 2011）。職場の談話を収集した画期的な資料であり、「現日研・職場談話コーパス」として国立国語研究所のオンラインコーパス検索アプリケーション『中納言』にも収録されている。ただし、休憩時間の雑談など、公開しても問題のないインフォーマルな内容が中心であるという限界がある。現実のビジネス談話を扱ったものはごく少数で（近藤 2007 他）、それ以外は、ロールプレイ（喬 2015他）、談話完成テスト（蒙 2010 他）、さらには経済ドラマやビジネス会話の教科書（叶 2018 他）など、疑似的な資料を用いることによって、現実の資料の不足を補って研究が進められている。

　本章で扱う書きことばのビジネス・コミュニケーション資料、すなわちビジネス文書においても状況は同じである。ビジネス文書は守秘義務を伴うものが多く、研究の資料として使うことは困難である。そのため、ビジネス文書の指南書や文例集がよく用いられる（諸星 2012 他）。

　しかし、Web 時代においては、公開されているビジネス文書が資料として使える可能性がある。1 つの有力な資料としては、企業の年次報告書（アニュアルレポート）が考えられる。アニュアルレポートは、ステークホルダーに公開されるために作成されており、就活生の就職活動にも使われているように、入手が容易である。佐野（2019）はアニュアルレポートをコーパスとして用いた研究であり、「業界特徴語」を「ビジネス共通語」「業界一般語」「業界専門語」の 3 つに分けて分析を行っている。このうち「業界専門語」は専門性の高い用語であり、銀行業界、情報通信業界、医薬品業界、商社業界、電機業界を対象に、外来語の特徴語を調査している。

　もう 1 つの有力な資料は、クラウドソーシングの発注文書である。クラウドソーシングとは、不特定多数のワーカーが登録するサイトに業務受注者の募集を行い、応募者の中から条件に合うワーカーに業務を発注するプロセスである。発注文書は応募者を広く募る必要があるため、登録者なら誰でも自由に見られる。すなわち、業務のコスト削減を目指した業務の外部委託の風潮の中で、現実のビジネス

文書をコーパスとして分析できる土壌が整ったわけである。石黒編（2020）は、株式会社クラウドワークスから提供を受けたクラウドソーシングの発注文書 10 万件について、国立国語研究所と富士通研究所が共同で分析を行ったものであり、本章はこの研究成果に基づいた内容となる。

　このように、ビジネス・コミュニケーション研究は、入手困難な資料をいかに収集するかが課題であったが、クラウドソーシングの普及によってビジネス文書研究は急速な進展が期待されている。一方、話しことばでも、Zoom や Teams などのビデオ会議システム、Slack や Chatwork のようなビジネスチャットツールの使用の一般化により、話しことばの研究手法が大きく変わる可能性もあろう。

4.3　分析の枠組み

　4.2 節で述べたとおり、本章はクラウドソーシングのビジネス文書を対象とする。本章においてビジネス文書の特徴として注目したいのは、ビジネス文書の背後には人がいる点である。どのような文章にも、その背後には書き手と読み手がいるわけであるが、ビジネス文書の場合、書き手は読み手の存在を、読み手は書き手の存在を、とりわけ強く意識する。クラウドソーシングの発注文書において、発注者である書き手は、読み手の知識や経験を想定して、どのような読み手に自分の書く発注情報を届けたいかを設計する。また、受注候補者である読み手は、書き手の書く発注文書を読み、自分に合った発注か、発注者と良好な関係を構築できそうか検討する。発注者と受注者が顔を合わせることなく文書のみでやり取りを行うため、文書から垣間見える人柄が業務上の人間関係を大きく左右するからである。このように、文書を通して背後にいる人を見るところにビジネス文書の特徴があると考えられ、ビジネス文書は言語コミュニケーションとして分析するのが適切である。

　そこで、以降では、言語コミュニケーションという観点からビジネス文書の分析を行うことにしたい。そのときに用いる枠組みは、文化庁（2018）である。文化庁（2018）は、言語コミュニケーションにおいて、互いの理解にかかわる「正確さ」と「わかりやすさ」、および互いの感情にかかわる「ふさわしさ」「敬意と親しさ」の 4 つの要素を、目的に応じてバランスよく活かしていくことが重要であると提案したものである。本章もこの 4 つの要素に分けてクラウドソーシングのビジネス文書の問題点を検討していくことにしたい。

4.4　ビジネス文書の「正確さ」

4.4.1　表現の「正確さ」

　表現の正確さを欠くと、読み手の理解が困難になることがある。誤字脱字が問題にされるのは、誤った表現によって読み手の理解が阻害されるからである。(1a)は表記における不正確な表現である（以下、下線石黒）。

（1a）特徴、おすすめポイント、口コミなどを踏まえて、<u>商品の紹介分</u>を書いてください。

　(1a) の「商品の紹介分」は（1b）のように「商品の紹介文」でなければならない。こうした変換ミスは日本語変換ソフトではしばしば起こる。見直すという過程をおろそかにすると、誤った表現がそのまま読み手に届いてしまう。「商品の紹介分」はそのままでもそれなりに意味が通じてしまうため、誤解を生むおそれがある。また、たとえ読み手が変換ミスに気づいて自分で理解を修正できたとしても、そうしたミスを見逃してしまう依頼者に対し、粗雑な依頼者であるという印象を抱かせてしまいかねない。

（1b）特徴、おすすめポイント、口コミなどを踏まえて、<u>商品の紹介文</u>を書いてください。

また、（2a）は文法における不正確な表現である。

（2a）<u>今回お願いする記事</u>はお渡しするライティングマニュアルに沿って 7000 文字のレビュー記事を<u>作成いただきたい内容です</u>。

　(2a) はいわゆる主語と述語のねじれと称される現象である。主語と述語のねじれは古くから指摘される代表的な現象であり（松崎 2014）、現在でも、推敲が不十分な文章でしばしば見受けられるものである。「今回お願いする記事」は「7000文字のレビュー記事」と対応しているはずである。そこから考えると、（2b）のようにすれば平易な表現になると思われる。

（2b）<u>今回お願いする記事</u>は、お渡しするライティングマニュアルに沿って作成する <u>7000 文字のレビュー記事です</u>。

さらに、（3a）と（4a）は語彙における不正確な表現である。

（3a）大変申し訳ありませんが、その場合は<u>非認証</u>にさせていただきます。

（4a）オリジナリティのある内容を重視し、「実際に通っていなくても書ける」

と判断されるような、ありきたりな内容につきましては<u>否認の対象としま</u>
<u>す</u>。

　（3a）と（4a）はいずれも記事の作成を依頼する発注文書の中に出てきたもので
ある。記事作成を受注者に依頼した結果、受注者から提出されるものすべてが発
注者の考える条件を満たすものとは限らない。条件を満たしたものをこの業界の
専門語で「承認」、条件を満たさず給与の支払いに該当しないものを「非承認」と
呼ぶが、発注者がそうした専門語を正確に覚えておらず、（3a）では「非認証」、
（4a）では「否認」となってしまっている。

　（3b）大変申し訳ありませんが、その場合は<u>非承認</u>にさせていただきます。

　（4b）オリジナリティのある内容を重視し、「実際に通っていなくても書ける」
　　　　と判断されるような、ありきたりな内容につきましては<u>承認の対象とは</u>
　　　　<u>なりません</u>。

　このように、ビジネス文書における「正確さ」は、表記、文法、語彙という 3
つの観点から自分の書いたものを注意して確認すれば、容易に担保できる。読み
手の立場から注意深く推敲することで表現が正確になり、誤解を避けることにも
つながると考えられる。

4.4.2　情報の「正確さ」

　文化庁（2018）では、表現の「正確さ」だけでなく、情報の「正確さ」も求め
ている。具体的には、情報に誤りがないことと、情報量が目的に対して適切であ
ることをあげている。次の（5a）は、情報の「正確さ」の例である。人気 YouTu-
ber がアップロードしている動画についての記事作成の仕事で、対象となる動画
選択の基準の 1 つとして示されたものである。

　（5a）<u>日本国内の YouTuber</u>（日本語でしたら外国でも OK）

　「日本国内の YouTuber」は通常「日本国内から発信する YouTuber」を意味す
る。しかし、「日本語でしたら外国でも OK」とあるので、直前の内容と矛盾する。
したがって、次の（5b）のようにすれば、紛れがなくなる。

　（5b）<u>日本語で発信する YouTuber の動画</u>

　一方、（6a）は、過剰な情報の例である。

　（6a）専属で月 20 記事以上を書ける在宅のライターさんを募集します！
　　　　<u>担当者がしっかりフォローもします</u>！

　　　文章作成に慣れていなくても大丈夫！
　　　最初の研修段階から担当者がしっかりサポートします。
　　　疑問にはメールできちんとお答えします。
　　　悩んだらいつでもご相談くださいね！
　　　「ここの書き方どうすればいいかな？」「この操作がわからない」
　　　どんなに小さい疑問にもきちんと対応させていただきます！

　初心者対応に力を入れていることは伝わるが、あくまで仕事の募集であること
を考えると、「担当者がしっかりフォローもします」と「担当者がしっかりサポー
トします」、「疑問にはメールできちんとお答えします」と「どんなに小さい疑問
にもきちんと対応させていただきます」は似たような内容の繰り返しであり、冗
長になっている。次の（6b）のように重複した情報は削るほうが、受注希望者に
初心者歓迎という要点がより明確に伝わると思われる。

（6b）専属で月20記事以上を書ける在宅のライターさんを募集します。
　　　文章作成に慣れていなくても大丈夫！
　　　最初の研修段階から担当者がしっかりサポートします。
　　　疑問にはメールできちんとお答えします。
　　　悩んだらいつでもご相談くださいね！

　情報の不足については次の4.5節で取り上げるが、誤りと過不足のない情報の
「正確さ」もまた、平易な日本語にとって欠かせない要件だと思われる。

4.5　ビジネス文書の「わかりやすさ」

4.5.1　表現の「わかりやすさ」

　ビジネス文書の「わかりやすさ」についても、表現の「わかりやすさ」と情報
の「わかりやすさ」に分けて考えることができる。
　表現の「わかりやすさ」を妨げるのは、表現自体が難解であるものと表現の構
造が複雑であるものの2つに分けて考えることができる。表現自体が難解である
ものとは、（7a）のようなものである。

（7a）口唇ヘルペスについて記事にまとめて下さい。

　医療関係者ではない多くのクラウドソーシング登録者にとって「口唇ヘルペス」
という専門語は見慣れないため意味が想像しにくく、難解であると思われる。も
し「口唇ヘルペス（体調が悪くなると口のまわりにできる小さな水ぶくれ）」と書

いてあれば、自分にも書けそうだと思い、応募者も増えるのではないだろうか。事実、(7b) のような別の募集も存在し、受注希望者が思うように集まらなかった発注者が表現の改善を行った可能性も考えられる。

(7b) 『口周りニキビ』についての詳しく説明的な記事をお願いします。

　表現の構造が複雑であるものとは、(8a) のようなものである。(8a) は、記事執筆の業務依頼に出てくるものである。

(8a) <u>内容はそれほど難しくありませんので提案して頂きましたら以下の内容に反していない限り基本的に承認させて頂きますので</u>どしどしご応募ください。

　(8a) では「〜ので」という節が 2 つあることに加え、2 つ目の「〜ので」節の内部構造が「提案して頂きましたら」「以下の内容に反していない限り」「基本的に承認させて頂きますので」という 3 つの節からなるため、理解がより困難になる。(8b) のように短くすることで読みにくさを軽減できそうである。

(8b) <u>業務内容はそれほど難しくなく、ご提案頂いた内容は基本的に承認いたしますので</u>どしどしご応募ください。

　表現自体が難解であるものも、表現の構造が複雑であるものも、いずれも読み手の立場に立ってはじめて気づくものなので、できれば第三者に発信する前段階でチェックしてもらうように心掛けたい。

4.5.2　情報の「わかりやすさ」

　一方、情報の「わかりやすさ」を妨げる原因は、書き手の表現姿勢のあいまいさに由来することが多い。話しことばであれば、目の前に聞き手がいるため、聞き手の反応を見ながら自分の伝えたいことを調整できるが、書きことばの場合、そうした表現の調整が不可能であるため、一貫した姿勢で伝えないと、読み手が理解に窮することがある。(9a) を見ていただきたい。

(9a) ■記事のボリュームについて
・基本的には <u>3000 文字前後</u>を狙って書いて頂きたいのですが、その記事内容に必ずしも <u>3000 文字必要とは限りません</u>。
・重要なのは、読み手が満足する情報を提供する事ですので、結果的に <u>2000 文字になっても結構です</u>。
・だからと言って、<u>1000 文字程度</u>で読み手の満足する情報を

提供できるとは思っておりません。

（9a）を読むと、当初は 3000 文字書く必要があるように読めるが、必ずしも 3000 文字必要なわけではなく、内容によっては 2000 文字でもよいとされている。しかし、1000 文字だと少ないとされており、いったい何文字書けばよいか、書き手は判断に迷うだろう。

何文字必要かという分量の問題は、分量の問題としてのみ書いたほうがよく、内容にかかわらず、2500 文字以上 3500 文字以内などと明確にしておいたほうがよい。また、読み手が満足するかという内容の問題は、それとは別に読み手が必要とする情報を提供するように指示すればよい。（9b）のように 2 つの条件を分けて書くことを勧めたい。

（9b）■記事の分量と情報の質について
・記事は、2500 文字以上 3500 文字以内で作成してください。
・記事作成の際には、読み手の満足する情報提供に努めてください。

おそらく対面の話しことばで調整ができる場合はこうした問題は生じにくいと思われるが、不特定多数の読み手を対象にした書きことばの場合は条件を明確にすることが書き手の側により強く求められる。

こうしたあいまいさの背景には、書き手が自分自身のさじ加減で業務を依頼しようとする意識がある。しかし、こうした書き手のさじ加減はときとして読み手の大きな負担になる。（10a）では「大体」という副詞が問題になっている。

（10a）中国語の翻訳について記載があれば大体承認させていただきます。

受注者にとっては自分の作業が発注者に承認されてはじめて収入となるため、承認の基準が不明確なものは死活問題である。そのため、クラウドワーカーは、よほどの好条件ではない限り、こうした発注への応募はできるだけ避けるだろうし、納品した成果物をめぐって発注者と受注者の間でトラブルを引き起こす原因となりかねない。

（10b）中国語の翻訳について記載があれば承認させていただきます。

書き手のさじ加減というのは、不特定多数の読み手を対象にした文書ではまず通用しない。「だいたい」「ほぼ」「たいてい」「ある程度」のような程度を表す副詞的語句や、「当然」「とにかく」「かならず」「絶対に」という一方的な押しつけを示す副詞的語句の使用は控えるようにしたい。

4.6　ビジネス文書の「ふさわしさ」

4.6.1　表現の「ふさわしさ」

　ビジネス文書は、ビジネスという場の制約を受ける。クラウドソーシングの発注文書の場合、あまりに堅苦しい文章だと受注希望者を遠ざけてしまうため、比較的親しい雰囲気作りが好まれるが、友人関係ではないので、相手に失礼にならないよう、一定のフォーマルさが求められる。

（11a）マジメで仕事の丁寧な方

　（11a）の「マジメで」は、片仮名で書いてしまうと必要以上にくだけた感じが出てしまうため、「まじめで」「真面目で」とすることで落ち着いた雰囲気を出すほうが一般的である。

（11b）まじめで仕事の丁寧な方
（11c）真面目で仕事の丁寧な方

　一方、漢字を多くしたからといって、文書がフォーマルになり、ビジネス文書らしくなるとは限らない。

（12a）大手エステ店でエステ体験をして頂きます。
　　　　取り扱いエステサロンは複数御座います。
　　　　大変申し訳御座いませんが業務として行って頂きますので、エステサロンをお選び頂くことは出来ません。

　（12a）のように漢字を増やしすぎると、実質語と機能語の区別が一見して難しくなり、文章として読みにくくなる。そうした文章はかえってフォーマルさを失うことになりかねない。そこで、実質的な意味を担う語句を選んで漢字にし、読みやすくすることで、フォーマルさが保たれる。

（12b）大手エステ店でエステ体験をしていただきます。
　　　　取り扱いエステサロンは複数ございます。
　　　　たいへん申し訳ございませんが業務として行っていただきますので、エステサロンをお選びいただくことはできません。

　また、文の中でのバランスも重要である。（13a）はきちんと書かれているように見えるが、文全体として落ち着いた語彙選択がなされている中で、冒頭の「いろんな」だけがくだけている。

(13a) いろんな悩みに関する解決策などをわかりやすく説明する趣旨なので、
　　　　堅い説明文ではなく、親しみやすい文章を希望します。

　「いろんな」よりも「いろいろな」、さらには「さまざまな」のほうがより文体
的に硬い印象があるため、この文に合っている。(13b)では、冒頭の「いろんな
悩みに関する解決策などを」を「さまざまな悩みに対する解決策を」と引き締まっ
た表現にすることで、文全体の持つ語彙選択のレベルに合わせている。

(13b) さまざまな悩みに対する解決策をわかりやすく説明する趣旨なので、堅
　　　　い説明文ではなく、親しみやすい文章を希望します。

　このように、相対的にくだけた文字遣いや語彙選択はビジネス文書にふさわし
いフォーマルさを欠く要因となりうる。

4.6.2　情報の「ふさわしさ」

　情報の「ふさわしさ」は、コミュニケーションの目的や場面、相手との関係や
感情などによって多岐にわたるが、ここでは発注文書としての「ふさわしさ」に
限定する。発注文書は発注者が受注者に業務を発注し、受注者が作業を終えて提
出する成果と引き換えに報酬を手にする仕組みである。そこには、基本的に業務
上の契約が存在するだけであり、それを超えるやり取りは発注文書の「ふさわし
さ」から逸脱することになる。

(14) 独立したら、だれも助けてくれません。
　　　自分で売り上げを作るしかありません。
　　　練習になると思います。

　発注者は受注者のプラスになると考えて(14)のように書いたのだろうが、受
注者は報酬を手にすることが目的であり、独立のための練習として受注するわけ
ではない。結果として受注が独立のよい研修の機会になる可能性はあろうが、発
注文書に入れるのにふさわしい内容とは思われない。(15)も同様である。

(15) 当方の案件は、ただ記事を書いて頂くというだけでなく、稼ぐ為の記事の
　　　書き方なども段階的にお伝えしていますので、最低3ヶ月以上専属ライ
　　　ターとして契約出来るという方のみご参加下さい。
　　　これは何故かと言いますと、この位でないとノウハウは伝えきれません
　　　し、双方にメリットが無いからです。

　クラウドソーシングは、継続的な業務に向いたシステムではないし、教育の場

でもない。長期の業務継続を受注者の採用条件とすること自体は可能であり、発注者にとってもメリットはあろうが、受注者のメリットを発注者が想像し、それを押しつけることはできない。それを双方のメリットとして主張することには、やや無理があるように思われる。

4.7　ビジネス文書の「敬意と親しさ」

4.7.1　表現の「敬意と親しさ」

「敬意と親しさ」というのは、ポライトネスにおける書き手と読み手の距離感に基づくものである。ここまでと同様、表現と情報に分けて示す。

表現の「敬意と親しさ」は、典型的には敬語として表れる。したがって、表現の「敬意と親しさ」が損なわれるときは敬語の誤りとして表れやすい。

（16a）以前に作業をして頂いた方も、日々検索結果の順位は変わりますので、必ず<u>お調べする</u>ようお願い致します。

（16a）で問題になるのは「お調べする」である。調べるのは発注者ではなく受注者であるため、「お調べする」という謙譲語は発注者を尊敬することになり、失礼になる。（16b）のように「お調べになる」とする必要がある。

（16b）以前に作業をして頂いた方も、日々検索結果の順位は変わりますので、必ず<u>お調べになる</u>ようお願い致します。

また、（17a）は「ご安心して執筆して頂ければ」は敬語としてはやや落ち着きが悪い。

（17a）個人が特定されることはありませんので<u>ご安心して執筆して頂ければ</u>幸いです。

この場合、（17b）のように「安心する」よりも「執筆する」に尊敬語を用いたほうが自然である。

（17b）個人が特定されることはありませんので<u>安心してご執筆頂ければ</u>幸いです。

敬語についての誤りがなくても、書き手と読み手とのあいだに大きな隔たりをつくってしまうような過剰な敬意表現の使用は不必要な改まりを生んでしまい、望ましくはない。（18a）はそうした例にあたる。

（18a）これまで、こうした事務作業では毎回非常に多くのご応募いただき<u>大変感謝しております</u>。ただ、50件前後のご応募をいただくため<u>全てに返すことが出来かねますので、</u>採用者にのみご連絡させていただきます<u>ことご了承のうえご応募いただければ幸いでございます</u>。

　前回までの応募者と今回の応募者が重ならない可能性もある。（18b）のような簡素で平易な表現で伝えて十分であると思われる。

（18b）これまで、こうした事務作業の募集に毎回多くのご応募をいただき、感謝しております。ただ、多数のご応募をいただくため、採用者にのみご連絡させていただきます。

　また、近年よく指摘されるものに「させていただく」の過剰使用がある。適切な文脈での適度な使用は必要であるが、過剰な使用は読み手に違和感を与えかねない。

（19a）仕事依頼の前にスケジュールの<u>相談をさせていただき</u>、都合が合えば<u>ご依頼させていただく</u>ことになります。

　（19a）は「させていただく」が複数使われており、全体としてやや冗長な文なので、適度に間引くと（19b）のようになる。

（19b）事前にスケジュールの<u>ご相談を行い</u>、ご都合が合えば<u>依頼させていただきます</u>。

4.7.2　情報の「敬意と親しさ」

　敬語使用の背後には書き手という人間が存在し、読み手という人間をどのように捉えているかが伝わる。（20）のような文を読んで、読み手はどのような印象を抱くだろうか。

（20）・コピペは専用ソフトで毎回チェックしますので、すぐに調べればわかっちゃいますので、やめてくださいね。
　　　・ごく稀に音信不通になる方がおられます。結構困りますのでその辺は常識として御配慮願います（笑）

　書き手である発注者は、これまで不誠実な受注者の不快な対応に悩まされてきたことが容易に想像できる。しかし、この文書を目にする受注希望者の大半はそうした不誠実さとは無縁であり、最初からこうした目で見られることに抵抗を感じるワーカーも多いのではないだろうか。こうした記述は不誠実なワーカーを撃

退する効果はあるものの、それ以上に誠実なワーカーを遠ざける恐れもある。(20)はそもそも書かないという選択肢を検討する必要もあろう。

　また、（21a）のようなものも散見される。

(21a) ■重要視する点
　・嘘をつかない方
　・コミュニケーションがとれる方
　・納期を守れる誠実な方

　（21a）の内容はいずれも人として大事なことであるが、「嘘をつかない方」「コミュニケーションがとれる方」という内容は基準が不明確なだけでなく、受注者を頭から疑ってかかっているような印象を受ける。業務パートナーとしてこうした発注者と一緒に仕事をする自信を持てないワーカーも多いのではないだろうか。「納期を守れる誠実な方」というのは首肯できる内容なので、こちらを拡大したものを条件にすると、次の（21b）のようになる。

(21b) ■重要視する点
　・作業に誠実に取り組んでくださる方
　・納期をきちんと守れる方

4.8　本章のまとめ

　以上、クラウドソーシングの発注文に見られるビジネス文書の問題点について、読み手の理解にかかわる「正確さ」「わかりやすさ」という2つ、読み手の感情にかかわる「ふさわしさ」「敬意と親しさ」の2つ、計4つの要素から、表現の面と情報の面に分けて論じてきた。

　ビジネス文書における表現の「正確さ」では、表記、文法、語彙という3つの観点から推敲することで誤解を避けられる。情報の「正確さ」では、誤りのない情報、過不足のない情報という2つが重要になる。

　ビジネス文書における表現の「わかりやすさ」を妨げる要因は、表現自体が難解であるものと表現の構造が複雑であるものに大別され、情報の「わかりやすさ」では、書き手の裁量によるさじ加減がわかりにくさの要因となる。

　ビジネス文書における表現の「ふさわしさ」では、相対的にくだけた文字遣いや語彙選択がビジネス文書にふさわしいフォーマルさを欠く要因となり、情報の「ふさわしさ」では、本来の目的に反する内容を持ちこむことがビジネス文書らしいふさわしさを損ねることにつながる。

　ビジネス文書における表現の「敬意と親しさ」では、敬語や敬意表現の適切な使用が求められ、情報の「敬意と親しさ」では、書き手と読み手の関係の捉え方を反映する情報選択に細心の注意が求められる。

　ビジネス文書の改善を考える場合、自分の書いた文章を読み手がどのように捉えるか、それを理解・感情の両面から検討し、それを推敲という過程で修正することが肝要である。本章の記述がその一助となれば幸いである。　　　［石黒　圭］

［引用・参考文献］

石黒圭編（2020）『ビジネス文書の応用言語学的研究―クラウドソーシングを用いたビジネス日本語の多角的分析』ひつじ書房

現代日本語研究会編（1997）『女性のことば・職場編』ひつじ書房

現代日本語研究会編（2002）『男性のことば・職場編』ひつじ書房

現代日本語研究会編（2011）『合本　女性のことば・男性のことば（職場編）』ひつじ書房

近藤彩（2007）『日本人と外国人のビジネス・コミュニケーションに関する実証研究』ひつじ書房

喬曉筠（2015）「ビジネス・コミュニケーションにおける依頼と断り―日本語母語話者と台湾人日本語学習者との比較から」一橋大学博士学位論文

佐野彩子（2019）『ビジネス分野における外来語の諸相―企業の年次報告書（アニュアル・レポート）に着目して』一橋大学博士学位論文

文化庁（2018）『「分かり合うための言語コミュニケーション（報告）」について』https：//www.bunka.go.jp/koho_hodo_oshirase/hodohappyo/1401904.html　2022年5月31日取得

松崎史周（2014）「戦後作文・文法指導における「文法的誤り」の扱い―昭和30年前後を中心に」『目白大学人文学研究』10、pp.301-317

蒙韞（2010）『中国人日本語上級学習者の語用論的能力の習得について―依頼に対する「断り」行為において』名古屋大学博士学位論文

諸星美智直（2012）「日本語ビジネス文書学の構想―研究分野と研究法」『国語研究』75、pp.1-17、國學院大學国語研究会

叶希（2018）『ビジネス日本語における条件表現―日本語教育の観点から』郵研社

謝辞

　データの提供に協力してくださった株式会社クラウドワークスに感謝申し上げる。本研究はJSPS科研費JP17K18504、国立国語研究所基幹型共同研究プロジェクト「言語運用」の研究成果である。

5 企業社内文書における「わかりにくさ」の背景—企業におけるプレイン・ジャパニーズの課題

　文書作成は企業の実務の基本である。本章で取り上げる社内の会議報告書や提案書等の会議資料は、多くの場合、上司や関係者に事前に相談し、修正を重ねたうえで提出され、議論や判断の材料となる。筆者も30年ほど企業に勤務したが、文書作成には時間を取られることが多かった。作成にあたり、複数の関係者の意見を調整して文書に反映しようと腐心し、いざ提出すると本来いいたかった主旨が不明確になり「何を言いたいのかわからない」といわれることもあった。このような「わかりにくさ」には、書き手のいわゆる作文技術以外の要因が何か背景にあるのではないか。このような社内文書の「わかりにくさ」の背景要因を探るため、企業勤務の母語話者20名を対象に、会議資料の作成に関して調査用紙を用いたアンケート調査を行った。調査協力者は、おもに資料を読んで判断する立場と資料を作成する立場とでは異なる意識を持つと想定し、前者を上位者、後者を下位者と呼ぶ。

　　上位者：経営者、役員、部門長　10名（MG01〜MG10）
　　下位者：中堅管理職、一般社員　10名（ST01〜ST10）

調査協力者の年齢は、ある程度の実務経験を経た30代以上とし、上位者は40〜60代、下位者は30〜50代であった。20名の勤務先は、製造、建設、小売り、コンサルタント、銀行などの業種の16社であった。本章で取り上げる調査内容は次のとおりである。
1) 会議資料の作成にあたって文書をわかりにくくする要因はどのようなことと考えるか。（自由記述）
2) 企業で実際に用いられた会議資料から、長くわかりにくいと筆者が想定した文例と、比較対象としてそれを筆者が書き換えた文例を読み、「わかりやすさ」と会議資料としての「ふさわしさ」を1〜4点の4段階で評価。

　なお、2)の会議資料の文例は株式会社日比谷アメニスより提供を受けた社内文書データ（総計 4143 文、総形態素数 5 万 1828）の一部を抜粋した。株式会社日比谷アメニスは、公園緑地の建設および運営を主事業とし、2022 年 4 月現在の従業員数約 500 名に加え、グループ全体で 16 の関連会社からなる企業グループの中核企業である。

5.1　会議資料をわかりにくくする要因（アンケート結果・自由記述）

5.1.1　上位者の意識

　「会議資料をわかりにくくする要因」について、すべての上位者の回答を「情報過多」と「情報不足」の観点で表 1 に整理した。「わかりにくさ」は「情報不足」だけでなく「情報過多」によっても感じられているのが見て取れる。

　一般に、会議資料は書き手が下位者で読み手が上位者となる場合が多い。さまざまな案件にかかわり、時間のない上位者にとって、会議資料は 1 度読めば内容

表 1　上位者が考える「会議資料をわかりにくくする要因」回答

1-1 情報過多
文章が長く、目的・意図していることが明確でないこと。
説明が長すぎる。
書く目的以外の、もしくは間接的な内容が多いこと。
下書きを（上司等から言われて）修正していく作業で文章が長くなる。
結論が後回し。
多くの参加者の立場に配慮しすぎて、表現があいまいになること。
文書作成にあたって読み手を意識していないことによる弊害。婉曲表現は排除し、読み手に文書の要点を確実に届けることを意識し書かれていないことが、わかりにくくする最大の原因。
1-2 情報不足
主語がわかりにくくなる。
主語がない文章が多く、内容が曖昧になることがある。
意思決定プロセスが明確に示されず、誰がどう決めるのかが書かれないこと。
目的が不明な文章は、意味が分かりにくいです。
箇条書きが体言止めになり、発表者の意思があいまいになること。
文書作成者に、自分が伝えたいことを伝えるのではなく、読んだ人に「何を受け取って、どうアクションしてほしいか」という視点を持たせることが重要と思います。
読み手（上位者）の立場を理解する必要があると思います。

が正しく理解でき、適切な判断ができるのが好ましい。そのため、判断に必要な情報の不足や、情報が多すぎて1度読んだだけでは要点が把握しにくく、判断を誤ったり、時間がかかったりするような文書を「わかりにくい」としている。また、このような要因の背景として、「多くの参加者の立場に配慮しすぎて表現があいまいになる」「下書きを（上司等から言われて）修正していく作業で文章が長くなる」のように、文書の作成過程で立場の異なる会議出席者や上司の意向などを気にする対人配慮を指摘する回答が見られた。

5.1.2　下位者の意識

おもに会議資料の書き手となる下位者の回答についても、「情報過多」と「情報不足」の観点から表2に整理した。

表2　下位者が考える「会議資料をわかりにくくする要因」回答

2-1 情報過多
長い文章。
1文が長い文書。
です・ます調、過度な敬語、悪く受けとめられることを恐れての大量の補足や婉曲表現。
すべての参加者に理解されるように背景やバックグラウンドなど内容を多く記載しすぎる点。
誰の心証も害してはいけないという行き過ぎた配慮や忖度。
長い文章で難しい言葉を使うことが良しとされているビジネス文書の固定概念。
社内の人間に向けて作成しているのに必要以上に丁寧に書かれて要点が伝わりにくい。
社外の人に通じない独自の言葉遣い。（新入社員に不親切）
専門用語等が多く使われる文書は分かりづらい。
「貴殿」「女史」など普通は選ばない言葉を使う。

2-2 情報不足
結論がよくわからない。
体言止め（「の検討」など）は何をやるのか、やる予定なのか、やったのか分からない。
主語が無い（省略している）文書、目的語が無い（省略している）文書。
曖昧な表現により、どちらとも解釈できる文が多い（責任の問題）。
はっきりと自分の意見を言うと損をするという思い込みと、そのような企業文化。
文字だけの資料。
論点が整理されていない（書き手の理解の問題）。
自分の理解度のみで作成すると全く伝わらないため関係者に全体像が見えるようにすべきだが、そこが欠落している場合。

　下位者では「情報過多」「情報不足」の具体的な背景にまで言及した回答が上位者より多く見られた。これらは、実際に文書を作成する機会が多い下位者の具体的な経験からくる思いが表れている。「悪く受けとめられることを恐れての大量の補足や婉曲表現」「すべての参加者に理解されるように背景やバックグラウンドなど内容を多く記載しすぎる点」など、情報を並べ立てることで結果的に情報の取捨選択を読み手に委ねてしまう姿勢や、「曖昧な表現により、どちらとも解釈できる文が多い（責任の問題）」といった責任回避の姿勢、「誰の心証も害してはいけないという行き過ぎた配慮や忖度」のように意見の衝突を避けるため、あえて要点を明確化しないことがあるという背景の指摘も見られた。これに加え、「長い文章で難しい言葉を使うことが良しとされているビジネス文書の固定概念」が問題という意見もあった。

　このように、会議資料の「わかりにくさ」の背景が過度の対人配慮にもあるとする回答が上位者にも下位者にも見られた。このことから、社内文書の「わかりにくさ」には、文書の書き手（下位者）と読み手（上位者）の上下関係や利害関係者への配慮が反映され、それが文を長くしたりあいまいにしたりしている場合があるといえないか。もし、このような配慮が重視されている場合、必ずしも「直接的であいまいさがないほど会議資料としてふさわしい」とは見なされていない可能性がある。そこで、調査協力者 20 名に実際の会議資料の原文と、それを書き換えた作例を読んでもらい、「わかりやすさ」と会議資料としての「ふさわしさ」の 2 つの観点での評価を依頼した。

5.2　ビジネス社内文書実例の「わかりやすさ」と「ふさわしさ」評価

5.2.1　評価方法と結果

　「わかりやすさ」と「ふさわしさ」の評価のため、本項では、5.1 節の「会議資料をわかりにくくする要因」のうち「情報過多」の観点に注目し、1 文あたりの形態素数と節数が提供データの中で特に多かった原文 2 例と、それらを書き換えた作例を 2 例、合計 4 文例に対する回答内容について述べる。書き換えの具体的な方法については、多くの研究・検討がされているが、ここでは〈やさしい日本語〉の観点から、横浜市（2017）や庵編著（2020）を参照して「箇条書き」と「1文を短く／1 文＝一義」の考え方を目安とした。文中の用語や内容はできるだけ変更せず、上記の書き換えの目安以外の影響が最小限になるように配慮した。形態素解析には UniDic-MeCab（Ver.2.1.2）を用いた。

●文例ペア 1（原文 A、作例 B）

　原文 A は 1 文あたり形態素数 82、節数 8 であった。作例 B は、原文 A の内容

を箇条書きに改め、1文あたりの形態素数と節数を減らすとともに文中の情報の明確化を試みた。

▲文例ペア2（原文C、作例D）

　原文Cは1文あたり形態素数133、節数14と、提供データ中最も長い文であった。作例Dは箇条書きにせず、文中の節の内容ごとに句点で文を切り1文あたりの形態素数、節数を減らした。

それぞれの文例の「わかりやすさ」と「ふさわしさ」について、そう思う（4点）わりとそう思う（3点）、あまりそう思わない（2点）、そう思わない（1点）の4段階で評価を依頼した。なお、書き換え意図を強調しないよう、調査用紙には同一ペアの文例は続けて並べず、他の調査用の文例と混在させて提示した。

●文例ペア1〈原文A〉

「工・管連携チーム（仮）」は、「設計〜施工〜維持管理運営を通じたノウハウと情報の共有化を図り、ニーズを先取りし、フローとストックの両立を目指すこと」を目標とし、工・管連携のプラットフォームとなることを目指すとともに、「施工系」などの一つ以上のツール商品化を目指す。

●文例ペア1〈作例B〉

「工・管連携チーム（仮）」の目標
・設計〜施工〜維持管理運営を通じたノウハウと情報の共有化を図る。
・それにより、ニーズを先取りし、フローとストックの両立を目指す。
・工・管連携のプラットフォームとなることを目指す。
・「施工系」などの一つ以上のツールリリースを目指す。

▲文例ペア2〈原文C〉[1]

　20XX年に帝国大学とのコラボレーションを進めるために発足した産学共同プロジェクトですが、当初の目的である学生とグループ会社若手の交流機会の設定というテーマは、現実的に実現が困難であることが分かったため、20XX年X月をもって終了し、今後は、研究成果を事業に反映しやすい本社事業本部、新商品開発を目指すABCシステム、に、技術的なアドバイス等を期待できる環境技術研究室の協力を得る事で、業務ベースによる取り組みに変更することにしたいと考えます。

[1]　文例中の日時や組織名他の固有名詞は特定できないように伏字あるいは書き換えを行った。

▲文例ペア2〈作例D〉[2]

> 　20XX年に帝国大学とのコラボレーションを進めるために、産学共同プロジェクトが発足しました。当初の目的は学生とグループ会社若手の交流機会の設定でした。しかし、このテーマは現実的に実現が困難であることが分かったため、20XX年X月をもって終了したいと考えます。今後は、本社事業本部とABCシステムを中心に、業務ベースで取り組みます。本社事業本部は研究成果を事業に反映し、ABCシステムは新商品開発を目指します。また環境技術研究室からは技術的なアドバイス等の協力を得たいと考えます。

[2]　文例中の日時や組織名他の固有名詞は特定できないように伏字あるいは書き換えを行った。

5.2.2　原文と作例の「わかりやすさ」「ふさわしさ」平均点比較

　「わかりやすさ」と「ふさわしさ」について各文例の評価の平均点、標準偏差を算出し、同一ペア内の原文と作例間（例えば原文Aと作例B間）の平均点の有意差分析を行った（表3、4）。原文と作例間の評価に有意差があれば、調査協力者が原文と作例の差異を強く感じたといえる。

　文例ペア1では原文Aの「わかりやすさ」平均点は1.8であったのに対し、箇条書きに書き換えた作例Bの平均点は3.3と「わりとそう思う（3点）」のレベルを上回るプラス評価となった。また文例AB間には「わかりやすさ」に1%水準で有意差が認められた。

　「ふさわしさ」については、原文Aの平均点は2.1、作例Bは3.3であり、文例AB間に1%水準の有意差が認められた。原文Aを箇条書きに書き換えたことで、全体として「わかりやすさ」も「ふさわしさ」も作例の評価が高くなった。

　一方、文例ペア2の「わかりやすさ」を見ると、作例Dは2.8と原文Cの2.1

表3　各文例ペアの「わかりやすさ」点数の平均点、標準偏差、有意差検定[3]（N＝20）

原文：平均点（標準偏差）	作例：平均点（標準偏差）	有意差検定
原文A：1.8（0.60）	作例B：3.3（0.78）	$t(19) = 6.111, p \leq .01$
原文C：2.1（0.83）	作例D：2.7（0.91）	$t(19) = 1.933, .05 \leq p \leq .10$

[3]　以降、有意差検定はウェルチのt検定を用いた。

表4　各文例ペアの「ふさわしさ」点数の平均点、標準偏差、有意差検定（N＝20）

原文：平均点（標準偏差）	作例：平均点（標準偏差）	有意差検定
原文A：2.1（0.74）	作例B：3.3（0.83）	$t(19) = 4.670, p \leq .01$
原文C：2.5（0.87）	作例D：2.8（0.77）	$t(19) = 1.415, .10 \leq p$

から増加したものの、プラス評価の 3 点レベルには至らず、文例 CD 間の平均点の有意差もほとんど認められなかった。同様に「ふさわしさ」も原文 C の 2.5 点から作例 D は 2.8 点と、3 点に至らず、文例 CD 間の有意差も認められなかった。作例 D は書き換えに箇条書きを用いず、原文 C を短い 6 つの文に区切ったが、全体として「わかりやすさ」も「ふさわしさ」も評価は有意に上がらなかった。

　次に、「わかりやすさ」と「ふさわしさ」評価の相互の関係に注目して、「わかりやすいほど会議資料としてふさわしい」と感じられているのかどうかを確認した。作例 B は「わかりやすさ」と「ふさわしさ」平均点がともに 3.3 であり、作例 D は「わかりやすさ」2.7、「ふさわしさ」2.8 と、作例は B、D どちらも「わかりやすさ」と「ふさわしさ」評価が同水準であった。一方、原文 A、C は、どちらも「わかりやすさ」に比べ「ふさわしさ」平均点が高く見える。原文 A と C について「わかりやすさ」と「ふさわしさ」の平均点の有意差検定を行ったところ、原文 A では有意差が認められなかったが、原文 C では 5% 水準の有意差が認められた（表 5）。このことから一部の調査協力者が特に原文 C を「わかりにくいが、会議資料としてふさわしい」と評価している可能性が考えられた。これを詳しく確認するため、調査協力者の個別の回答内容を見直した。

表 5　原文 A、C における「ふさわしさ」と「わかりやすさ」平均点の差異

文　例	「ふさわしさ」	「わかりやすさ」	有意差検定
原文 A	2.1	1.8	$t(19) = 1.758, .05 \leq p \leq .10$
原文 C	2.5	2.1	$t(19) = 2.179, p \leq .05$

5.2.3　評価のゆれ—「わかりにくいが、ふさわしい」

　調査協力者全体としては、わかりやすい文書が会議資料としてもふさわしいとする傾向が認められたが、調査協力者の評価を個別に見ると、全体とは異なる「ゆれ」を示す回答が見られた。原文 C では「わかりやすさ」がマイナス評価（1 点または 2 点）かつ「ふさわしさ」がプラス評価（3 点または 4 点）の回答が 4 名と、調査対象者の 2 割が原文 C を「わかりにくいが、ふさわしい」と評価していた。上位者・下位者の別では、該当する対象者数が少なく、これをもって上位者と下位者の評価の傾向を論ずることは難しいが、下記のとおり上位者が 3 名、下位者が 1 名であった。

〈原文 C：わかりにくいが、ふさわしい〉
上位者　 <u>MG02、MG06、MG07</u>　（計 3 名）
下位者　 <u>ST06</u>　　　　　　　　　（計 1 名）

　また、原文Ａについても同様に確認してみたところ、こちらも３名が「わかりにくいが、ふさわしい」という評価であった。上位者・下位者の別では、上位者が１名、下位者が２名であった。なお、このうち原文Ａ、Ｃともに「わかりにくいが、ふさわしい」と評価をしたものはMG02、ST06の２名（下線）であった。

〈原文Ａ：わかりにくいが、ふさわしい〉
上位者　<u>MG02</u>　　　　　（計１名）
下位者　ST03、<u>ST06</u>　　（計２名）

上記の原文Ａ、Ｃの評価を合わせた調査協力者の内訳は以下のとおりであり、個人や上位者・下位者に極端な偏りはなく、勤務先も重複していなかった。

上位者　MG02：２件、MG06：１件、MG07：１件　（計３名、４件）
下位者　ST06：２件、ST03：１件　　　　　　　　　（計２名、３件）

　一方、筆者が書き換えた作例については、作例Ｂが「わかりやすさ」プラス評価かつ「ふさわしさ」マイナス評価が２名（ST06、MG07）、作例Ｄでも同様の評価が１名（MG01）あった。これは「わかりやすいが、会議資料としてはふさわしくない」という評価といえる。この３名のうち２名（ST06、MG07）が、原文Ａを「わかりにくいが、ふさわしい」とした調査協力者と重なっていた。そこで、この２名の「会議資料をわかりにくくする要因」の自由記述の回答を確認したが、いずれも長い文や婉曲表現には否定的な意見を述べていた。また、この２名の「わかりやすさ」評価は、いずれも原文Ａ、Ｃより作例Ｂ、Ｄのほうをわかりやすい、または同等と評価していた。これらのことから、調査協力者20名のうち６名（MG01、MG02、MG06、MG07、ST03、ST06）は必ずしも「わかりやすいほど会議資料としてふさわしい」とは判断していないということがうかがわれる。

　さらに、同一ペア中で原文を作例に書き換えた際の、それぞれの調査協力者の評価の変化を見る。箇条書きに書き換えた作例Ｂは原文に比べて「わかりやすさ」評価が下がった例はなかったが、「ふさわしさ」評価だけが下がった例が２名（ST06、ST07）あった。一方、原文を句点で短く区切った作例Ｄで「わかりやすさ」評価が下がったのは３名（ST03、MG01、MG08）、「ふさわしさ」評価が下がったのが３名（ST03、ST06、MG06）であった。このうち、「わかりやすさ」と「ふさわしさ」がともに下がったのは１名（ST03）であった。特に作例Ｄで「わかりやすさ」評価が下がったのは、長い文を単純に句点で区切ることで文の流れ

が止まり、それぞれの文の相互の関係が読み取りにくくなったという理由も考えられる。本アンケート調査では、その点まで踏み込んで質問をしていないため、「わかりやすさ」評価の低下の理由については今後のさらなる検討課題としたい。

　今回、調査協力者それぞれの「ふさわしさ」の評価基準については尋ねていないため明言はできないが、箇条書きに書き換えた作例 B のような例は、「わかりやすさ」が増したとしても、一部の調査協力者にとっては直接的で内容を決めつけるような印象を与え、配慮が足りないと感じられて「ふさわしさ」の評価が下がっているとも考えられる。また、作例 D については、句点で文を短く区切っただけでは、かえってくどい印象を与えてしまった可能性もある。また、短い文を重ねることが稚拙な印象を与えてしまっているとも考えられる。作例 B、D に対するこのような評価は、本アンケート調査の「会議資料をわかりにくくする要因」の問いへの回答「長い文章で難しい言葉を使うことが良しとされているビジネス文書の固定概念」を思い起こさせる。一部の調査協力者は、意識的に、あるいは無意識のうちに「わかりやすさ」より会議という場を考慮した対人配慮に重きを置いているのではないか。その結果、1 文が長く続く原文 C の「ふさわしさ」評価が、短い文を重ねた作例 D を上回ったのではないかと推測する。

　全体として、わかりやすい資料ほど会議資料としてふさわしいと考えられる傾向があるものの、各人が実際の文書に接したときに、上位者、下位者にかかわらず個人により上記のような評価の「ゆれ」が生じている。職場内で、この「ゆれ」が大きければ、職場の上下関係などに配慮する意識が高まり、「わかりにくいが、ふさわしい」文書がよしとされる雰囲気が作られやすくなってしまうのではないだろうか。特に日本語母語話者が大多数を占める多くの日本の職場では、それが当然という認識が容易に受け入れられてしまってもおかしくない。しかし、今後、日本語母語話者とともに働く非母語話者の比率が高まり、場合によっては上司が非母語話者で部下が母語話者というケースも珍しくなくなるであろう。そうなったときに、従来型の対人配慮を伴う「わかりにくいが、ふさわしい」文書をよしとする雰囲気が残っていくのか、それとも「わかりやすく、ふさわしい」を評価するようなコンセンサスが作られていくのか。これが今後のわかりやすい社内文書作成のための課題の 1 つであると考える。

5.3　わかりやすい社内文書作成のための課題

　社内文書は企業の実務の基本であり、会議資料は議論や判断のための重要な材料である。石黒（2020）は、クラウドソーシングの発注文書の分析にあたり「以前とは比較にならないぐらい、文書作成能力が重要な時代になってきている。」と

述べている。本項は、石黒（2020）のいうクラウドソーシング等の「顔の見えない未知の相手」だけではなく、社内の見知った相手との関係性が文書の「わかりにくさ」の背景となっている可能性を示唆した。

　近年のリモートワークの拡がりの影響もあり、社内でも直接顔を合わせずに文書に基づき業務を進める機会が以前より増え、文書作成の重要性はさらに高まっていくであろう。このような環境の中で、関係者の立場や人間関係への配慮、会議の場を意識した言い回しや婉曲表現などは、いわゆるビジネスマナーとして一定程度必要とされ続けるであろう。しかし、行きすぎた配慮や忖度などを優先し、本来の意図が正確に伝わらずに、ビジネスの本質の議論になかなかたどり着けないというのでは本末転倒である。『分かり合うための言語コミュニケーション（報告）』（文化審議会国語分科会 2018）は、言語コミュニケーションの 4 つの要素として、「正確さ」「分かりやすさ」「ふさわしさ」「敬意と親しさ」をあげている。本稿で概観したのは「正確さ」「分かりやすさ」に対する「ふさわしさ」「敬意と親しさ」のバランスの偏重であるとも考える。

　今後、日本の職場内に日本語非母語話者の構成メンバーも増えていくことが予想される。社内文書の作成を通じて、内容の伝達よりも伝統的な対人配慮・忖度を重視するような職場の風土を保っていくのがよいのか、論点を明確にして自由闊達な議論ができるような職場を目指すのか。社内文書の在り方を見直すことが企業風土を変えていく 1 つのきっかけとなるのではないか。　　　　　　　［野副友彦］

［引用・参考文献］

庵功雄編著・志賀玲子・志村ゆかり・宮部真由美・岡典栄（2020）『「やさしい日本語」表現事典』丸善出版

石黒圭編（2020）『ビジネス文書の応用言語学的研究―クラウドソーシングを用いたビジネス日本語の多角的分析』ひつじ書房

文化審議会国語分科会（2018）「分かり合うための言語コミュニケーション（報告）」文化庁

横浜市「やさしい日本語検討会」（2017）「「やさしい日本語」で伝える―分かりやすく伝わりやすい日本語を目指して」第 4 版、横浜市

6 韓国における公共言語と公共言語政策

6.1 公共言語という用語と公共言語政策の登場

　韓国では「公共言語」という用語は 2006 年から使われはじめたが（黄 2011：pp.26-27）、公共言語という名のもとで行われた言語政策は、2009 年 5 月、国立国語院に現在の「公共言語科」の前身である「公共言語振興課」が設置されてから本格化した。言語政策を総括する文化体育観光部と国立国語院が主導した公共言語政策は、公共機関とマスメディアで使われる言語を正しく、使いやすく改善する事業を中心に進められた。この諸事業は大きく 2 つの類型に、つまり公共言語使用のための手引書の発刊や配布、教育プログラム開設および運営などの間接的事業と、公共言語使用に関する電話またはオンライン質疑・応答窓口開設および運営、個別公共機関で生産する公共言語に対する診断・評価および監修支援などの直接的事業に分けられる（趙他 2014）。

　まず、間接的な公共言語改善事業の例をあげると、2009 年と 2011 年に公共言語使用の手引書である『一目でわかる公共言語の正しい使い方』の改訂版が製作され、中央行政機関および広域地方団体など全国の公共機関に数万部が配布された。さらに 2014 年にも『公共言語の正しい使い方』という新たな名のもとに改編された手引書が発刊され、配布された。また、すでに 1992 年から公務員を対象として運営されてきた「国語文化学校」プログラムが、学習の接近性強化のために「オンライン国語文化学校」と「訪ねてゆく国語文化学校」に拡張され、2013 年からは「公共言語特別過程」も開設・運営されている。

　直接的な公共言語改善事業も持続的に拡大されてきたわけだが、国語（韓国語）に関する質疑・応答窓口の役割を担ってきたそれまでの「가나다（カナダ）電話」が「国語生活相談室」へと拡大改組され、公共言語関連の専担カウンセラーが配置された。国立国語院ホームページにおいても「公共言語支援」というオンライン特別サービスが運営されているが、このサービスは 2010 年 3 月の開設以来多くの公共機関からよい評価を得ている。また、中央行政機関と広域地方自治団体の報道資料などを中心として、公共言語使用実態を診断・評価し、優秀機関を表彰し、問題点を改善することを勧告する事業も持続的に展開されている。

　しかし韓国では、依然として公共言語の問題点に対する指摘と批判が相次いでおり、公共言語を改善するための政策の方式と体系においても、さまざまな限界が現れてきている。したがって、現時点においても国民生活と直結する公共言語の改善を持続的に推進する必要があり、このための効率的な言語政策とはいかなるものであるかについての根本的な考察と検討が新たに求められている。もちろん公文書や公共機関において使われる難しいことばのために、国民が行政、司法などの公共領域における言語生活において、大いに困っているという認識がかなり以前から経験的にあったことは事実である。しかし、このような問題意識が「公共言語」という用語を通して公論化されたのは、ごく最近のことである。

6.2　公共言語の概念

　公共言語の概念と範囲に対する論議は、2009 年以来本格的に進められてきた。南（2009）は公共言語の概念を「政府機関が使用する言葉を含めて、一般人を対象に使う言葉」と定義しており、許（2009）は公共言語が「政府及び自治体、公共機関の言語だけでなく出版と教育及び商品名、説明書などに使われる言葉」をすべて含むものとみなしている。金（2010）は公共言語を「大衆に向けて使われることば」と包括的に定義した後に、その中には国家が使用することば、言論機関が使用することば、教育と出版物におけることばおよび公共の場で使われることばが含まれると分類している。

　以上の議論を参考にすると、広い意味での公共言語は「公的領域と私的領域を問わず不特定多数の社会構成員が対象となることのできる状況において使われることば」と定義できる。その中でも最も公的な類型に属するものは、まさに公共機関で使われることばである（趙 2010：pp.383-384）。したがって、公共言語を最も狭く見るならば「公共機関での該当業務者が社会構成員（一般国民）を対象として公共の目的のために生産する文章語テクスト」という定義が可能である（関他 2010：p.5）。また、言語政策の一環として公共言語の問題に対する直接的介入が可能な部門が公共機関の言語でもある。本章は何よりもまず公共機関の言語使用が公共言語政策の一次的な対象とならなければならないという点から、公共言語を公共機関の言語という狭い意味に限定して論じることにする。

6.3　公共言語の要件

　公共言語政策は、問題がある公共言語と理想的な公共言語を区別する一定の診断および評価基準に基づき、この基準を通して理想的な公共言語が整えるべき要

表1　公共言語診断基準案（閔他 2010：p.279）

領　域	要　素	項　目
正確性	表記の正確性	韓国語の綴字法および標準語規定を守っているか？
		分かち書きを正しく行っているか？
		外来語およびローマ字表記法を守っているか？
	表現の正確性	語彙を意味に合わせて使用しているか？
		文章を語法に合わせて使用しているか？
		文章を韓国語（ウリマル）らしく表現しているか？
疎通性	公共性	公共言語としての品格が備わっているか？
		高圧的・権威的表現を差し控えているか？
		差別的表現を差し控えているか？
	情報性	情報の形式が適切であるか？
		情報の量が適切であるか？
		情報の構成が適切であるか？
	容易性	文章を適切な長さで作成しているか？
		簡単で見慣れた用語と語調を使用しているか？
		視覚的便宜を考慮して作成しているか？

件を整理することと考えることができる（Cho2015）。閔他（2010）は、公共機関と国民の間のコミュニケーションを重視する観点から総体的な公共言語の診断基準を設けているが、その内容は表1のようである。

　表1の研究は公共言語の要件に対する先駆的研究として、その後の公共言語政策に非常に重要な影響を及ぼしているが、いくつかの項目は客観的で効率的な診断基準としては機能し難いという点から問題を指摘できる。例えば、「文章を韓国語らしく表現しているか」という項目では、韓国語（ウリマル：直訳は「我々のことば」）らしい文章に対する考え方について、一般人はもちろん学者の間でもさまざまな意見が存在する。さらに、「公共言語としての品格を備えているか？」という項目では、いかなるものが品格あるものであるかを判断しにくい。ただ俗語を使わないという程度から、とても高尚で格式ばった表現を使う程度まで、その基準が多様たり得るためである（趙 2021：p.107）。

　近頃は、公共機関と国民との間のコミュニケーションが強調されることから「公文書を媒介に行われるコミュニケーションの文脈で、コミュニケーションの主体がその意味を正確に理解して表現できる能力」を意味する「公共リテラシー」に対する関心と研究が活発になりつつある。その代表的研究である徐他（2014）で、

公共リテラシーを高めるために提示している「公文書分析基準案」は、公共言語全般を改善するための客観的基準としても十分活用可能である。

　この基準案では、表１の基準案とは違って正確性と疎通性以外に「実行性」という範ちゅうをもう１つ設けたが、実行性とは実際的実行可能性を重視するものである。細部の基準として「文書内容を読んで関連する手順（検索、作成、提出など）を実際に容易に実行することができる」、「実行するにあたって必要となる十分な情報や書式を提供している」、「実際に実行する段階で直面する留意事項を提示している」などを設けている。ただ、ここで新たに設定した範ちゅうである実行性は、疎通性内の小範ちゅうの１つとして設定しても十分ではないかという疑問が残る。

　また、この基準案は疎通性の小範ちゅうの中でも既存の公共性、（わかりやすさ）容易性、情報（伝達）性以外に「視覚的便宜性」を１つつけ加えて、より多様な側面を考慮に入れ、具体化する面を見せてくれる。視覚的便宜性の細部基準としては「適切な文字の大きさと字間で作成されている」、「重要な内容を強調する表現を適切に使っている」、「内容理解に必要な資格資料が適切に使われている」などを設けている。

　以上のような諸研究は、韓国政府が公共言語政策の基本的方向を樹立する際に大きな影響を及ぼしたが、特に上述した閔他（2010）において提示された公共言語診断基準は、国立国語院が2011年に発刊した手引書『一目でわかる公共言語の正しい使い方』の公共言語の要件にほぼそのまま反映された。閔他（2010）と国立国語院（2011）の差は、いくつかの表現が修正され、表現の正確性の１項目であった「文章を韓国語（ウリマル）らしく表現しているか？」が「段落構成が筋の通った構成になっているか（단락구성을 짜임새있게 하였는가）?」に変わっている程度だ。このような公共言語の要件は文化体育観光部と国立国語院が2014年に共同発刊した『簡単な公共言語使いのための道しるべ』にも大きな修正点なく反映されているが、１つ興味深い点は個別の要件の提示順序が以前とは異なっているという点である。

　表１と表２を比べると、まず要件領域において正確性と疎通性の提示順序が入れ替わっている。また、正確性に属する要素においても表記の正確性が表現の正確性の次に提示され、疎通性の最後の要素であった容易性が最初に提示されるなど目立った差を確認できる。このような差は２つの手引書のタイトルにも現れているように、公共言語政策の焦点が「正しい」公共言語から「簡単な」公共言語へ、つまり正確性から疎通性へと変化しているものと解釈できる。しかし国立国語院が2014年以降続けて補完しながら発刊した公共言語関連の手引書（国立国語院2014、2016、2019）では、また公共言語の要件として正確性を掲げるような姿

表2　公共言語の要件（文化体育観光部・国立国語院 2014：p. 9）

領　域	要　素	項　目
疎通性	容易性	文章を適切な長さで作成しているか？
		簡単で見慣れた用語と語調を使っているか？
		読む人にとって見やすく作成されているか？
	情報性	情報を適切な形式で提示しているか？
		情報の量を適切に提示しているか？
		情報の配列が適切に行われているか？
	公共性	公共言語としての品格を備えているか？
		高圧的・権威的表現を使っていないか？
		差別的表現（性、地域、人種、障害など）を使っていないか？
正確性	表現の正確性	語彙を適切に選んでいるか？
		文章を文法に合わせて表現しているか？
		段落を筋が通った構成にしているか？
	表記の正確性	韓国語綴字法および標準語規定を守っているか？
		分かち書きを正確にしているか？
		外来語表記法と国語のローマ字表記法を遵守しているか？

勢へと後戻りした点は残念である。

6.4　公共言語手引きを通して見た公共言語政策方向

　いままで探ってきた公共言語の要件は、実際的な公共言語の手引きとして具体化されたときにこそ意味を見出せるだろう。しかし 2011 年に発刊された『一目でわかる公共言語の正しい使い方』を分析してみると、自ら提示した要件が手引きから充分具体化され得なかった様子がうかがえる。

　表3 の手引きからは、公共言語の要件の中でも正確性に該当する諸項目はすべて反映されるが、疎通性の公共性に該当する項目は1つも反映されておらず、情報性や容易性に該当する項目も一部しか反映されていない。これは公共言語において疎通性より正確性をより重視する認識が指針にもそのまま反映されたのだと解釈することができる。一方、2014 年に発刊された『簡単な公共言語使いのための道しるべ』の手引きでは、自ら提示した要件と同じく、正確性より疎通性を重視する認識をよく確認することができる。

　表4 の手引きからは、それまで中心的要素の1つであった表記の正確性問題が

表3　公共言語の手引き（国立国語院 2011：pp.12-17）

範ちゅう	詳細の手引き
単語を正しく使う	正確な用語選択
	純化されたことばの使用
	ことばと文章に関する規範遵守
文章を正しく書く	完結かつ明瞭な文章の使用
	外国語翻訳調の止揚
段落を正しく書く	内容の骨組みを立てて階層的に説明
	論理的構成

表4　公共言語の指針（文化体育観光部・国立国語院 2014：pp.12-23）

範ちゅう	細部の手引き
国民の立場から表現する	権威的な表現を使わない
	差別的な表現を使わない
簡単なことばで書く	省略語と専門用語はわかりやすく書く
	外国語を乱用しない
	外国の文字や漢字は避ける
明瞭な文章で書く	文脈にふさわしい単語を使う
	文章構成要素同士がうまく噛み合わなければいけない
	文章構成要素をあまり多く省略してはいけない
	文章を短く書き、自然な語順で書く
	助詞を正確に使わなければいけない
	翻訳調を避ける
	名詞の羅列を避ける
	意味が不分明なことばは避ける
	義務、禁止、裁量、例外事項などを明らかにする
一目でわかるように構成する	形式に合わせて主題が明確に表れるように書く
	文章の内容を一貫して展開する
	できれば結論をまず書き、その後、その理由、あるいは説明を書く
	項目別に情報を羅列し提示する
	視覚的便宜を考慮し編集する

まったく言及されることなく、「正しい」あるいは「正しく」という表現自体が消された一方、疎通性を強化するための手引きははるかに多様になり詳細になった。特に「国民の立場から表現する」という範ちゅうが独立的に設けられたことは注目に値することであり、「明瞭な文章で書く」と「一目でわかるように構成する」で提示している多様な細部の手引きは疎通性を重視する特性をよく見せてくれる。

　ここで、表記の正確性と関連する指針がまったく提示されていないことは、その問題を看過したためではなく公共言語政策の次元ではあえて言及する必要がないとの判断が反映されたためと解釈することができる。実際の言語規範の遵守をはじめとする正確性の問題は、社会的言語使用の最も基本的な要素であるためである。しかし、表3、表4両方の手引きに共通して表れる残念な点の1つとしては、公共言語に接する読者（聞き手）が感じる使用や理解の容易性だけを考慮するだけで、読者（聞き手）の多様性と差は考慮できていないという点である。

6.5　外国における公共言語政策の方向性

　外国では公共言語という用語の使用は一般的ではないが、これと似た用語として「わかりやすいことば（Plain Language）」が使われていることが確認できる。外国でもわかりやすいことばの問題が提起される領域は基本的に公共機関の言語使用であるためである。また公共言語やわかりやすいことばのような抽象的概念の用語を使わず、具体的に公文書作成のための言語使用の手引きを提示したりもした。したがって、韓国の公共言語政策に該当する外国の事例はわかりやすいことばや公文書作成のための言語使用に関する政策を参考にする必要がある。

　外国の公共言語政策に関連してまず参考すべき資料は、アメリカ政府が2011年に発刊した『連邦わかりやすい言語の手引き（Federal Plain Language Guidelines）』である。この手引きでは、韓国で発刊された公共言語関連の手引書とは違って「読者について考える」を最初の範ちゅうとして提示している点に注目する必要がある。

　表5の手引きにおいて最初に提示している「読者（聞き手）について考える」は、表4の「国民の立場から表現する」と類似した範ちゅうのように見えるが、各々に属する細部の手引きを比較してみると、一定の差を確認できる。後者の「権威的な表現を使わない」や「差別的な表現を使わない」が同じ話者の立場からの注意を強調する態度であるならば、前者は「読者を確認して文章を書く」や「各々の聞き手をお互い違うものとして扱う」と同じように、読者そのものに対する理解と読者の立場を重視する態度である。表5の指針にも「正しい」または「正し

表5　アメリカ政府の『連邦わかりやすい言語の手引き』の範ちゅうと詳細指針（PLAIN 2011
から抜粋、再構成）

範ちゅう			細部の手引き
読者（聞き手）について考える			読者を確認して文章を書く
			各々の聞き手をお互い違うものとして扱う
構成する			独自の要求に合わせて構成する
			集団ではなく一人の人と向き合う
			（内容理解に）有用なタイトルを多く使う
			短く分けて書く
あなたの文章を書く	単語	動詞	能動態を使う
			最も単純な形態（現在時制）の動詞を使う
			隠れた動詞（動詞の名詞型）を避ける
			要求を明示するときは「〜でなければいけない」を使う
			縮約型は適切なときだけ使う
		名詞と代名詞	動詞を名詞に変えない
			読者に直接話しかけるような代名詞（あなた、我々）を使う
			略語（略字）使用を最小化する
		単語関連その他の諸問題	短く、簡単な単語を使う
			必要のない単語を省略する
			定義は（必要なときだけ慎重に）下す
			特定の考えや対象について一貫して同一の用語を使う
			法律語、外国語、記述専門語を避ける
			斜線を使わない
	文章		文章を短く書く
			主語、動詞、目的語を近くに置く
			二重否定と例外に対する例外を避ける
			主要内容を例外と条件の前に置く
			単語の位置を慎重に決める
	段落		主題文章を作る
			（指示詞、接続詞等）転換表現単語を使う
			段落を短く書く
			書く段落では1つのテーマのみを扱う
	その他明瞭性に助けとなる諸方法		例を示す
			目録を示す
			複雑な資料は理解しやすく表で示す
			挿話の使用を考慮する
			重要な概念が浮き彫りになるように強調する
			（厄介な）相互参照を最小化する
			あなたの文章が読まれやすいようにデザインする

く」という表現はまったく使われておらず、焦点が徹底的に読者（聞き手）の立場で疎通性に置かれていることを確認することができる。

　このように読者（聞き手）の立場を重視する態度は、わかりやすいことば使用の問題をはじめて公論化した、イギリスのわかりやすい英語運動（Plain English Campaign）で政策・配布している手引書である『わかりやすい英語で書く方法（How to write in plain English）』でも類似した様相で現れている。イギリスのわかりやすい英語運動は民間においてはじまり、民間が主導する言語運動である点で政府主体の言語政策とは差があり、公共機関の言語使用に大きな影響を及ぼしている。この運動で強調される使いやすく明瞭に書く方法は以下のようである。

（1）　より簡単で明瞭な文章を書くための主要な方法（Plain English Campaign 2019）
① 文章を短くする
② できるだけ能動態の動詞を使う
③「あなた」と「我々」を使う
④ 読者にとって適切な単語を使う
⑤ 指示事項を明らかにすることを恐れない
⑥ 動詞の名詞化を避ける
⑦ 索引を適切に使う

　上記の手引きで注目すべき点は公文書に要求される明瞭な作文の焦点が、徹底的に読者がその内容を簡単で明瞭に理解できるかどうかに置かれているという点である。ここにおいてもアメリカの『連邦わかりやすい言語の手引き』では同じく正確性より疎通性を重視していることを確認することができる。

　最後に、フランスの「公共言語単純化のための方向性委員会（COSLA）」が提示する『公文書作成のための実用指針（Guide Pratique de la rédaction administrative）』（COSLA/CLA 2005）も参考に値する。この手引きは、まず文書の編集方法と理想的な書式形態、つまり、公文書の外的な形式の簡潔明瞭さについて詳しく述べており、続いて利用者といかにして真正な意思疎通を構築できるかを扱っている。またこの手引書は公共機関がいかに利用者にその立場を明確に伝達するか、文書をいかにして論理的に構成するか、いかにして利用者に向かって理解可能な語彙を使うかなどの問題を扱うとともに、最後には指針に従い書き直した10個の公文書例を収録している（李 2020：329）。ここでも手引きの主要な内容はすべて、利用者が公文書を簡単かつ明確に理解するようにする問題に重きを置いているという点から、疎通性の強調を確認することができる。

6.6　公共言語政策の発展の方向

　本章ではここまで公共言語の概念と要件に対する既存の議論を整理し、韓国と外国の公共言語関連の手引きを検討してきた。本章を通して、公共言語の概念と要件に対する認識が公共言語政策にも重要な影響を及ぼし得ることを確認した。このような影響は、特に韓国と外国の公共言語関連の手引きを比較する過程を通してより明確になった。

　韓国と外国の公共言語関連の手引きの間には明確な相違点が示されているが、韓国とは正反対に外国の手引きはすべて正確性より疎通性を重視しており、規範的正確性や品格性の問題には言及しない。もちろん以上のような外国の事例が、韓国においても公共言語の要件または基準として、正確性や品格性の問題を設けなくてもよいということの必要十分条件とはなり得ないだろう。しかし、このような外国の事例を通して、正確性と品格性の問題が公共言語において、必須の条件として強調されなければならない最も重要な問題であるかについて、批判的に検討してみる必要があるように思える。

　公共言語の要件や基準は民主主義が発展し、人権意識が成熟した韓国社会で徐々に重要な問題になりつつある。このような時代的変化は公共言語についてもより高く厳格な基準を要求する。しかし、規範的正確性の問題は公共言語だけの要件であったり基準であったりするというよりも、言語生活全般において基本的に必要とされるものであり、公共言語政策の次元ではなく国語教育または国語教育政策の次元で扱われなければならないだろう。また、現代社会で公共言語に期待する革新的徳目は、品格の問題（公共言語としての品格を備えているか？）ではなく態度の問題（高圧的・権威的表現を使っていないか？）であろう（趙 2011：pp.118-119）。

　したがって、本項では規範的正確性を公共言語の要件または基準から最も重要で優先的な項目として強調してきた既存の政策基調を、疎通性をより重視する方向へと転換することが必要であることを強調したいと思う。また、いままで品格性と関連するものとしてみなされてきた諸要素や諸項目、すなわち、低俗的表現、刺激的表現、差別的表現、暴力的表現などを「公正性」と「健全性」要素で区分して再設定し、この２つをより強化することを提案する。このときの「『公正性』の問題は人種、性別、障害などに関連する差別的表現、特定階層や集団に対して友好的、または敵対的である偏った表現、誇張され、または極端であるために非客観的になっている表現などに関するものであり、「健全性」の問題は性的差恥心を誘発したり、性的場面を連想させる扇情的表現、相手を見下したり威嚇する暴力的表現、普遍的価値観や文化的慣習などの社会的規範に相応しくない表現など

と関連」する（趙 2017：pp.185-186）。

　もちろん、インターネットや放送と同じく、民間領域とは異なり、公共機関のような公的領域では公正性や健全性の問題の現れ方が相対的に少ないことは事実である。しかし、公共機関の言語使用においても関連する問題がまったく発生しないわけでもない。また意図的ではないにせよ、不注意や無知によりそのような問題が発生するとすれば、その否定的効果は民間領域よりもはるかに大きいことが予想される。したがって、公共機関の言語使用を対象とする公共言語政策でも、公正性と健全性の問題に対する持続的強調と教育が必ず伴われなければならないだろう。

　このようにして、公共言語の要件または基準としての正確性と規範性の問題を、疎通性と公正性及び健全性の問題として転換することは、公共言語の評価と改善が形式的な側面においてのみ行われるのではなく、内容的側面からも実質的に行われることに寄与することができるであろう。　　　　　　　　　［趙　兌麟］

［翻訳：文　熙喆］

［引用・参考文献］
國立國語院（2014）『2014 년 한눈에 알아보는 공공언어 바로 쓰기』국립국어원（國立國語院（2014）『2014 年一目でわかる公共言語の正しい使い方』国立国語院）

國立國語院（2016）『2016 년 한눈에 알아보는 공공언어 바로 쓰기』국립국어원（國立國語院（2016）『2016 年一目でわかる公共言語の正しい使い方』国立国語院）

國立國語院（2019）『개정 한눈에 알아보는 공공언어 바로 쓰기』국립국어원（國立國語院（2019）『改正一目でわかる公共言語の正しい使い方』国立国語院）

金世中（2010）「공공언어 정책의 방향과 계획」『공공언어 개선을 위한 정책토론회 자료집』전국국어문화원연합회（金世中（2010）「公共言語政策の方向と計画」『公共言語改善のための政策討論会資料集』全国国語文化院連合会）

南瑛信（2010）「공공언어의 오늘과 내일」『나라사랑』119、pp.371-399、외솔회（南瑛信（2010）「公共言語の今日と明日」『ナラサラン』119、pp.371-399、ウェソルフェ）

文化體育觀光部・國立國語院（2014）『쉬운 공공언어 쓰기 길잡이』문화체육관광부・국립국어원（文化体育観光部・国立国語院（2014）『簡単な公共言語使いのための道しるべ』文化体育観光部・国立国語院）

閔賢植 외（2010）『공공언어 요건 정립 및 진단 기준 개발 연구』국립국어원（閔賢植他（2010）『公共言語要件定立および診断基準開発研究』国立国語院）

徐赫 외（2014）「공공 문식성 제고를 위한 공문서 텍스트의 평가와 분석」『새국어교육』98、pp.119-152, 한국국어교육학회（徐赫他（2014）「公共リテラシー引上げのための公文書テキストの評価と分析」『新しい国語教育』98、pp.119-152、韓国国語教育学会）

李玹周（2020）「프랑스의 공공언어 정책：시민성과 언어권을 향하여」『인문언어』22（2）、pp.305-338、국제언어인문학회（李玹周（2020）「フランスの公共言語政策：市民性と言語権に

向かって」『人文言語』22（2）、pp.305-338、国際言語人文学会）

趙兌麟（2010）「공공언어 문제에 대한 정책적 개입 방식」『한말연구』27、pp.379-405、한말연구학회（趙兌麟（2010）「公共言語問題に対する政策的介入方式」『ハンマル研究』27、pp.379-405、ハンマル研究学会）

趙兌麟 외（2014）『공공언어 지원 체계 개선 방안 연구』국립국어원（趙兌麟他（2014）『公共言語支援体系改善法案研究』国立国語院）

趙兌麟（2017）「방송언어 개선 연구의 현황과 발전 방향」『한국어학』74、pp.169-197、한국어학회（趙兌麟（2017）「放送言語改善研究の現況と発展方向」『韓国語学』74、pp.169-197、韓国語学会）

趙兌麟（2021）「언어의 품격과 공공언어의 품격（성）문제에 대한 비판적 고찰」『문법 교육』41、pp.97-124、한국문법교육학회（趙兌麟（2021）「言語の品格と公共言語の品格（性）問題に関する批判的考察」『文法教育』41、pp.97-124、韓国文法教育学会）

許喆九（2009）「공공언어를 위한 정부의 역할」『공공언어 관련 학술대회 발표 자료집 공공언어、어떻게 할 것인가』pp.85-93、국립국어원（許喆九（2009）「公共言語のための政府の役割」『公共言語関連学術大会発表資料集"公共言語、いかにするか"』pp.85-93、国立国語院）

黃容珠（2011）「한국의 언어 관리 정책 - 공공언어 개선 정책을 중심으로」『국어문학』50、pp.23-45、국어문학회（黃容珠（2011）「韓国の言語管理政策―公共言語改善政策を中心に」『国語文学』50、pp.23-45、国語文学会）

Cho, T.R.（2015）"On the Direction of Public Language Policy in Korea-Focused on Requirements and Guidelines of Public Language" 언어 40（2）, pp.271-286, 한국어언어학회

COSLA/CLA（2005）*Guide pratique de la rédaction administrative*. Ministère de la fonction publique et de la réforme d'État.

Plain English Campaign（2019）*How to write in plain English*.

PLAIN（Plain Language Action and Information Network）（2011）*Federal Plain Language Guidelines*. Federal Government of the United States.

第Ⅲ部

専門家―非専門家のコミュニケーション
わかりやすいことばと社会

7 　医療におけることばの問題

7.1 　医者の話はなぜ "難しい" のか

　最近「医者の話は "難しい"」という声を耳にするようになった。ひと昔前は "偉そうだ" とか "何も説明がなかった" という意見が多かったように思う。たしかに、「説明」に関する医療業界の流れは変わった。最近の医者、特にいま臨床現場で中心的に活躍している年代の医師は「丁寧に」説明をしている。だが、残念ながらその丁寧な説明が「難しい」というのだ。よくわからない内容を、長い時間をかけて丁寧に "聞かされる"。そして突然、「あなたは、どのようにしたいですか」と決断を迫られる。中身がよくわからないので「えっと、ちょっと難しいので、先生が決めてください」となる。医者は「時間をかけて説明したのに伝わらなくて残念」と感じ、患者は「一生懸命説明してくれたけど、難しくてよくわからなかった」と感じる。お互いにもやっとしながら、何となく方針が決まる。全国の診察室で日常的に見られる光景だろう。

　実は「医者の話は "難しい"」という声は患者に限った話ではない。なんと、専門家であるはずの医療従事者からも頻繁に聞こえてくるのだ。高齢化や疾患の多様化に伴い、1人の患者の診療過程には「さまざまな診療科の医師」、「さまざまな職種」がかかわるようになった。「チーム医療」の考えが浸透し、連携しながら仕事をするようになった。当然、コミュニケーションの機会が増える。そうすると、他の科の医師からも、看護師からも、薬剤師・栄養士・リハビリスタッフや介護・福祉のスタッフからも、「あの医者の話は "難しい"」という声が出てくるようになる。こういった「医師を起点としたコミュニケーション上の問題」が生じるのは、なぜだろうか。

　その1つの原因として、「社会構造の変化に伴うコミュニケーションの増加」があるだろう。かつては「方針は医者が決めます（父権主義）」という時代だった。その後、臨床研究や日常臨床における「安全性」を求める流れができ、医療業界における「患者の権利」が重視されるようになった。「いまから何を行うかを説明し、患者の同意を得ましょう（インフォームド・コンセント）」という流れが生まれた。これにより、患者の選択権が保障された。「感染症・ケガ・がん」などの病

気に対する治療は、限られた選択肢しかなかった。また、次々に開発される新しい検査法・治療法を実施するかといった状況では、型通りの説明を行い「はい/いいえ」で答えればよかった。

　しかし、時代が進み「病気の種類が変わった」ことによって不都合が生じてきた。高齢化とともに「生活習慣病」が増え、1人の患者が複数の疾患を同時に抱えるようになった。また、医学の進歩によって「まだ病気かどうかはわからないが、検査では異常が見つかった」という"不確実性の高い状況"が生まれた。がんにもさまざまな治療法が開発され、生活の質を目指すのか、命の長さを目指すのかという倫理的な問題も出てきた。「はい/いいえ」で答えられない問いが増えたのだ。その一方で、患者の権利保障はさらに強調された。その副作用として「情報は提供します、最後は患者が自己責任で決めてください（消費者主義）」という考えまで生まれつつあった。

　その中で、患者と医師の"よりよい関係性"を模索する動きが出てきた。患者と医療者が、話し合いをとおして"一緒に"悩み、考え、方向性を決めていく「シェアード・ディシジョン・メイキング」という姿が目指されるようになった。この変化は、まさにこの10年ほどのことだ。いまは"過渡期"である。医師は、患者・他職種とともに意思決定していこうと真摯に奮闘し、積極的に情報を提供しようとコミュニケーションの機会を増やしている。ただ、その結果が「医者の話は"難しい"」なのだ。なぜ医者の話が難しいのか。事例をもとに「論理」と「感情」の両面で振り返ってみたい。そして、それに対してどのような改善策が検討されているかを紹介したい。

　なお、筆者は臨床の最前線で働く総合診療医である。家庭医療専門医（後述）として「病状説明の方法」を専門的に探究しているが、学者として学術研究を行っているわけではない。統計学に基づいた定量的なデータは扱っていないが、定性的な「現場の肌感覚」を伝えられるよう執筆した。また、本章ではおもに「医師」に関するコミュニケーションに焦点をあてている。これはひとえに「筆者が医師であるから」というだけであり、決して医療現場における他職種を軽視しているわけではないことを申し添えてから、次節に移りたい。

7.2　「伝え方」の問題

　まずは下記の□で囲まれた説明を読んでいただきたい。おなかの痛みで病院を受診した患者に対する説明だ。あえて"難しい（しかし現場で遭遇し得る）説明"を記載したので、疲れたら途中で読み飛ばして構わない。

> 　CT の結果、虫垂の炎症を認めました。あなたの腹痛の原因疾患は虫垂穿孔に伴う汎発性腹膜炎と判明しました。つまり、いわゆる盲腸ですね。この盲腸は大腸のはじまりの部分、右下腹部の部分にぶら下がるように存在しています。ここに炎症が生じたため、急性の腹痛が生じています。多くは良性の疾患で、まれに腫瘍が原因の場合もありますが、現時点では否定的です。ただ、血圧も下がり、ショックです。細菌が出す物質のせいで全身状態が増悪しており、血小板の減少も認められ、DIC という状態も併発しています。外科医にもコンサルトしましたが、手術による急変の可能性も否定はできないので、まず抗菌薬と昇圧剤で治療を開始し、状態が安定してから手術できるかを改めて検討する方針がよいかと思います。ここまでで、何か質問はありますでしょうか？

　「質問は？」と聞かれても、説明を聞くのに精いっぱいで、質問どころではないだろう。驚くかもしれないが、おそらくこの主治医は、わかりやすく説明するためかなり配慮した"つもり"だと思われる。この説明が難しい理由を、まずは「論理」の面から「ことば」に注目して解説する。

7.2.1　医学用語の特殊性
① 明らかな医学単語を使用している
　まず目につくのは「虫垂穿孔」「汎発性腹膜炎」といった漢字だらけの単語だろう。おそらく「状況を正確に伝えたい」という思いの表れであるが、理解を難しくしている。また、「DIC」という英語略語も登場している。たしかに、紙に書いて説明する場合には病名も記すことが多い。最近は「スマホで検索したい」という人も多く、正式名称を伝える機会も増えている。ただ、口頭説明において、このタイミングで医学用語を頻発する必要はないだろう。後に詳説するが、「本当にその情報を伝える必要があるか」の検討が必要だ。
② 無意識に医学単語を使用している
　次に、この主治医が「配慮した"つもり"の単語」に注目したい。「いわゆる盲腸」「炎症が生じた」などが相当する。主治医は難解な医学用語をかみ砕いたつもりだが、一般的な感覚からすれば『むずかしい医学用語』であることに変わりない。例えば"炎症"のイメージが医師と患者とで共有できているかはかなり怪しい。もし炎症ということばを使いたければ、「皮膚が荒れてしまう"皮膚炎"というのはイメージできますでしょうか。赤く腫れあがって、痛みがある、あれです。あの状態を炎症と呼びますが、そのとってもひどい状態が、おなかの中で起きているのです」など、炎症を具体的に説明してから使う必要があるだろう。

　さらに、この主治医は無意識に医学用語を使ってしまっている。例えば「盲腸」「腫瘍」「ショック」などが該当する。これらの単語は非医療者でもわかると判断したのかもしれないが、「医療者と非医療者で、用語に対して抱くイメージが異なっている」ことに気づいていない。例えば主治医はよかれと思って「盲腸」と言い換えたが、一般的には「手術や薬で簡単に治る」ような病気としてイメージされるだろう。人によっては、具体的なイメージすらない場合もある。「腫瘍」は、良性か悪性かは関係なく、単なる"イボ"ということだけを意味する医学用語だが、おそらく「がん」をイメージする人が多いだろう。「ショック」に関しては、医学的には「血圧低下などにより、酸素が体の端々にいきわたらず、命の危険がある状態」を指すが、非医療者が聞いたら「この医者は心理的にショックをうけているのか」と捉えかねない。

③ 動詞や形容詞まで医学用語を使っている

　名詞に対して医学用語を頻用してしまっていることは解説した。加えて、この主治医は、「コンサルトしました」「急変の」「増悪して」などの行為や様子を示すことばまで無意識に医学用語を使用している。何となくイメージできるかもしれないが、実際に何をしてくれたのか、何が起きるのか、どう変わるのか、具体的なイメージが思い浮かばないだろう。こうなってくると、「いや、先生のいうとおり、先生が決めてください…」といってしまうのも無理はない。

④ 言い回しにも業界用語がちりばめられている

　「否定的です」「認めます」「可能性は否定できません」などの表現が使われているが、これらも非常に回りくどく、直観的に理解できないことばだ。なぜこのような言い回しが好まれているか、本当のところはわからない。ただ、不確実性の高い医療現場で「言い切る」ことが難しいことは事実だ。ならばせめて、検査結果のうち白黒はっきりしている部分については「ありません/ありました」と明示したい。また、「絶対ないとは言い切れませんが、可能性は低いでしょう」など、「可能性が高いのか、低いのか」という結論の部分まで述べ、ことばのニュアンスが伝わるようにしたい。

　さて、ここまでのことを踏まえて、先ほどの例の言い換えをしてみたい。また、変換される前の状態として「医師がどのようなことばを使って考えているのか」を体感していただくため、あえて「医師のことばを用いてカルテに記載される生情報」と「現場でよくありがちな、やさしく言い換えた説明」とを、ここに併記したい。

【医師がカルテに記載する生情報】

> 　造影 CT で虫垂穿孔に伴う汎発性腹膜炎と診断。炎症進展による穿孔を疑う
> が腫瘍性病変も除外できない。外科コンサルも敗血症性ショックと DIC のた
> め、抗菌薬と昇圧剤で全身状態の安定化を優先させ、改めてオペの可否を判断
> する方針となった。本人・家族に説明。

　医師は頭の中で専門用語を用いてこのように思考している。ここから考えると、
はじめに提示した説明内容は "かみ砕かれて" いるものの、まだ誰にとっても "や
さしい説明" とはいいがたい。

【単語と言い回しの難しさを言い換えた、臨床現場でよくある説明】

> 　画像の検査を行ったところ、腸の一部がかなり痛んで、穴が開いてしまい、
> 中身がおなかの中に漏れ出て、おなかの全体で炎症が起きてしまったと判明し
> ました。専門用語では虫垂と呼ばれる部分で、皆さんがいわゆる盲腸と呼んで
> いる病気です。この虫垂は大腸のはじまりの部分、おなかの右下の部分にぶら
> 下がるように存在しています。ここが痛んでしまい、急におなかが痛くなった
> のだと考えています。多くの場合は細菌のせいなのですが、まれに腫瘍といっ
> て何らかのデキモノが原因の場合もありますが、いまのところはそれらしい状
> 況ではないので可能性は低いと考えています。細菌が出す物質のせいで全身状
> 態が悪く、血を固めるための成分である血小板が低くなっており、専門用語で
> DIC と呼ばれる危険な状態です。外科医にも相談しましたが、手術によって状
> 態がさらに悪化する可能性もあるため、まずは抗菌薬と血圧を上げる薬で治療
> を開始し、状態が安定してから手術できるかを改めて検討する方針がよいかと
> 思います。ここまでで、何か質問はありますでしょうか？

　先ほどの例と比較すると、たしかに少しわかりやすくはなった。だが、これで
もやっぱり "難しい" のではないだろうか。もっと「やさしく」するには何が足
りないのか。難しさの原因を、「伝える内容」の面からも掘り下げてみたい。

7.3　「伝える内容」の問題

7.3.1　医者は基本的に「病気マニア」である
　筆者は医学生とかかわる機会も多い。医学生たちに医師を目指した動機を尋ね

てみると、「人の役に立ちたい、命を救いたい、地域に貢献したい」など、純粋な気持ちと高い志で目指す人が非常に多い。そんな医学生たちは6年間の医学部生活と2年間の臨床研修の中で、多種多様な「病気」を学ぶ。そして、その中で自分が興味を持った分野を「専門」とし、その分野だけを徹底的に学び深める「専門医」になっていくのである。

　この"興味を持った"という点が、実は"難しさ"につながっている可能性がある。医師はその領域が好きで、それに関する知識を深めて治療に貢献すべく、純粋さと志の高さも相まって、とことん学んでいくのである。専門家である以上、もちろんそれぐらいの気概を持って深く極めていくべきではあるのだが、結果的に、どんどん「病気マニア」になっていくのである。

　あなたには"推し"のタレントやアイドルはいるだろうか。好きな音楽、釣りや車、ファッション、ラーメンなど何でもよい。自分の興味のあることを友人に「軽く」話したつもりが、友人に引かれてしまった経験はないだろうか。医師は患者のことを思い、親切心から病気のことを説明するのだが、専門領域になるとつい「話しすぎて」しまうのである。例えば、先ほどの説明例で、「虫垂が大腸のはじまりの部分にある」という情報は「話しすぎ」だろう。「細菌の成分のせいで血小板が下がっており、DICと呼ばれる状態になっている」という情報は、治療方針を決めるうえでは大切だ。しかし、本質は「DICである」ことよりも「重症である」ことであろう。「DICの原因が何か、血小板がなぜ低下するか」といった情報も、やはり「話しすぎ」であろう。

7.3.2　医者にもわからないことがある　〜医療の不確実性〜

　さらに重要なことは、多くの国民からの「病院に行けば何でもわかる」という期待が、やや高すぎるのも難点だ。たしかに現代の医学は進歩した。過去に診断できなかった病気も血液検査だけで判断できるようになり、治療できなかった病気が治せるようになった。しかし、まだまだ「医者にもわからないこと」は沢山あるのだ。いや、残念ながら今後も臨床現場における「不確実性」から逃れることは不可能だ。医療における不確実性とは、「いま何が起きているのか、これから何が起きるのかがうまく説明できない状況」のことだ。おもに、3つの原因がある（Hillen 他 2017）。

① 情報が「あいまい」であること

　問診や検査で情報が集まれば、治療の方向性も見える。しかし、重要な情報が手に入らなかったり、検査結果の解釈が難しかったりすることは現実世界では日常茶飯事だ。さらに仮に診断がついても、「最も効果的な治療が何か」という情報がないこともある。2019年からの新型コロナウイルス感染症は、読者もこの「あ

いまいさ」を肌で感じているだろう。当初は「どのように感染するのか、どれくらいの毒性があるのか」も不明だった。PCR で診断できるようになっても「どの治療法が効果的か」が不確実だった。徐々に情報が判明し、治療薬ができ、ワクチンも誕生した。しかし 2022 年現在、いまだに制圧の兆しはない。医者もこの「あいまいさ」の中、手探りで対応を続けている。

② 状態が「複雑」であること

　高齢化に伴い、1 人の患者が複数の病気を同時に抱えるようになった。それぞれの病気は独立しているわけではなく、何かの変化があればドミノ倒しのように他に影響が及ぶ。「心臓病、脳梗塞、腎臓病、腰痛、皮膚炎、認知症、肺がん」を抱える患者を想像してほしい。薬も 15 種類以上は飲んでいるだろう。この患者が不調を訴えたとき、「これからどうなるか、何から手をつけたらうまくいくか」を正確に説明できないことは、容易に想像していただけるであろう。

③ 未来がどうなるかは「確率」であること

　仮に、状態が単純で、すべての情報がわかっていても、現実世界には「確率」という不確実性が必ず残る。例えば、「ある病気に対し、この薬を使えば 90% の確率で命が助かります」という研究結果があるとしよう。もしあなたがこの病気にかかっていて、この薬を何のハードルもなく使用できるとしたら、あなたはこの薬を使用するだろうか。ここで私たちがわかっていることは「10 人中 9 人は助かる」という事実だけだ。あなたが 9 割に入るか、1 割のほうに運悪く入ってしまうかは、「わからない」のだ。

　自分が「わかっている」ことを、やさしく説明することは可能だろう。しかし、自分が「よくわからない」ことを「やさしく」伝えることは極めて難しい。そうすると、医師は「自分がわかっている」専門分野は詳しく説明しすぎてしまい、本当は大切なはずの「よくわかっておらず、これからともに意思決定していかなければいけない部分」は、お茶を濁すような言い回しになってしまう。これが「医者の話が“難しい”」ことの 1 つの理由だと筆者は考えている。では、どうするか。ここで改めて原点にもどりたい。

7.4　なぜ医師は説明をするのか

　それは、意思決定を“患者と一緒に行う”ためである。医師のみが決めるのではなく、患者に押しつけるのでもない。ともに未来をつくり上げるために病状説明を行うのである（天野 2020）。

　その観点に立って先ほどの説明例を見ると、やはり“やさしくない”説明だ。この病状説明の目的は、治療方針を決めることだ。そのために、現状を伝える必

要がある。その基本構成は「腸に穴が開き、感染症になった。原因は不明。治療法は点滴と手術がある。現状では手術に耐えられなさそうなので、点滴での治療を提案したいが、どうか」ということだ。多少の肉づけは行うが、論理の面から説明を構成しなおすと、このような具合になる。

> 診察の結果、腸に穴が開いていることがわかりました。腸の中のバイキンがおなかの中にばらまかれ、重い感染症になっています。穴は「虫垂」と呼ばれる腸の一部分に開いています。よく「盲腸」と呼ばれる病気ではありますが、今回は命の危険があるほど、その中で最も重症な状態です。なぜ穴が開いたか。バイキンのせいか、他の病気があるのか。いまのところわかりませんが、まずは、治療を優先しようと考えています。治療方法は「点滴」と「手術」があり、外科の医者と相談しましたが、いまの体では手術に耐えられないだろうとのお返事でした。そこで、まずは「命の危機を脱する」ことを目指して点滴で治療をはじめ、そのうえで手術の必要性を改めて考える、という方法をご提案したいのですが、いかがでしょうか？

まったく同じ内容を伝えているのだが、これまでの説明とはかなり差があるだろう。たとえ返事が「先生のいうとおりでお願いします」であっても、状況を共有したうえで、チームとして意思決定ができる。もし仮にこの患者が102歳で、元々の体力がほとんどないような状況であれば、「いやぁ、先生、状況はよくわかりました。点滴でできる範囲の治療で結構です、もう手術はやめておいてください」というような意見も出てくるかもしれない。実際どうするかは対話の結果で決まることだが、この意見が出てくるのも「状況を理解したから」こそであろう。

　単語を言い換えたり、文章を短くしたり、言い回しを簡単にすることはもちろん大切だ。それと同時に、「説明の目的」に沿った説明ができることも、"やさしい説明"には必要不可欠であろう。その領域の「エキスパート」として自らが語りたいことを語るのではなく、健康問題に関する「プロフェッショナル」として説明内容を"編集"し、ことばを選びぬいて相手にとって必要なことを語る態度が重要だ。

7.5　聞き手はどのように話を聞くか

　さて、ここまでは「論理の面」に焦点をあて、おもに説明者側の問題を紹介し

てきた。しかし、コミュニケーションは2人以上で行うものだ。ここからは説明の「聞き手側」について、おもに「感情の面」を中心に紹介していきたい。

7.5.1　説明の「聞き取りやすさ」

　皆さんも YouTube の動画をご覧になったことがあるだろう。ある人が字幕なしで、ただひたすら語っている 15 分の動画を見たとき、どれほどの内容が頭に残っているだろうか。不慣れな領域の動画であれば、ほとんど思い出せないかもしれない。字幕があれば多少は理解が進むだろう。入力が耳と目の両方になるからだ。

　多くの場合、医師は口頭で説明する。患者は耳だけで聞く。これでは"難しく"感じられるのも当然だ。特に頭の中で漢字変換を要することばは脳に負荷がかかる。1 度わからない単語が出てくると、そこで焦ってしまう。そこから先の説明が頭に入ってこなくなる。例えば「サイキン」は「細菌」と目で見ればわかるが「最近」と変換してしまうかもしれない。「腹部」という医学用語も目で見ればわかるが「フクブ」といわれただけでは意味が伝わらないだろう。「今回はキセイチュウでしたね」という言葉が「寄生虫」なのか「帰省中」なのか勘違いした、というような笑えないエピソードもある。

　また、話すスピードや音の大きさ・高さも重要だ。年齢とともに耳が聞こえにくくなる。どうしても周りの騒音がある中で説明しなければいけない場面もあるだろう。せっかく準備した"やさしい説明"も、相手に受け取ってもらえなければ意味がない。大事な説明は文字に書いたり、絵を描いたり、あらかじめ準備したパンフレットなどを併用したりしよう。口頭のみで説明する場合は、「耳だけで聞いても誤解が少ない単語や言い回し」「聞き取りやすい発音やスピード」を選び、ジェスチャーなども交える必要があるだろう。

7.5.2　説明をうける環境

　皆さんも 1 度は診療所や病院の外来を受診した経験をお持ちだと思う。そんなに快適な空間ではないだろう。白衣を着た気難しそうな医師と、せわしなく動く看護師とともに密閉空間に押し込められる。事務スタッフもいるかもしれない。皆、こちらを見ている。緊張するのも当然だ。自分の身に生じた不具合を指摘され、場合によっては生活習慣の改善を言い渡される。そのような環境で説明されても、なかなか頭に入ってこないだろう。入院の大部屋はさらに環境が悪い。カーテン 1 枚で隣の人と仕切られているため、ベッドサイドの説明内容は丸聞こえだ。何をいわれるか気になって、話に集中できないかもしれない。

　このように、説明の空間的な環境は聞き手の心理に多大な影響を与える。余裕がないと、同じ説明を聞いても理解できないかもしれない。患者へのプライバシー

配慮を含めた「説明環境」の調整があって、はじめて「やさしい説明」が頭に入ってくる。

7.5.3　説明の受け取られ方

　D. カーネマンらのノーベル経済学賞受賞により、行動経済学が一気に有名になった。その中で、人間の脳は「同じ事実を見てもさまざまな"思い込み"によって異なる解釈をする」ということがわかった。この思い込みのことを「バイアス（Bias）」と呼ぶ。

　例えば、人間は物事の判断に際して何らかの"基準（参照点）"を心の中に持っており、「それよりも増える」ことよりも「そこから減ること」に強い苦痛を生じることがわかっている（プロスペクト理論）。また、同じ事実を伝えても、「80%の確率で助かります」と「20% の確率で助かりません」では受け取る印象が異なる（フレーミング効果）。

　これらの事実から、どれだけ論理的にただしく、伝わりやすいことばを選んだとしても、相手によっては"伝わらない"ことがあると判明してきた。ましてや、価値観が多様化した現代においては、1 人ひとりがよって立つ信念も千差万別である。相手と「何でも話し合える信頼関係」を築き、「対話」を繰り返し、相手にどのように伝わったかを確認しながら意思決定を進めていかなければ、せっかくの"ことば"も台無しである。

7.5.4　説明を聞く際の心情や距離感

　さらには、相手がこちらの話を"聞きたくない"と思っていることすらある。重篤な状態であることを告げた後は、拒否感が出るのも当然だ。まったく禁煙するつもりがないのに頭ごなしに「禁煙」を勧められれば反発したくなるだろう。自分より年下の医師から敬語も使わずに話し掛けられたり、自分のプライバシーに土足でぐいぐい入り込まれたりすれば、「心理的距離感」が近すぎて居心地が悪いと感じるだろう。

　診察の現場は、幾度となく感情が揺さぶられる非常に居心地の悪い場だろう。その中で"ことば"を届けるためには、相手がそれを受け取れる状況にあるかを慎重に見極め、適度な距離感から無理なくそっと手渡したい。

　このように、聞き手の特性によって説明の効果が異なることは、医学部の授業では学ばない。まだまだ、気づいた医師だけが実践している状況だ。論理の面からも、感情の面からも、改善が必要だ。この状況に、医師をはじめとした医療者もただ傍観しているわけではない。次々に対策を打っており、徐々に効果も見えはじめている。本章の最後に、最新の話題や筆者の取り組みを紹介しておきたい。

7.6　患者と医師の共創に向けた取り組み

7.6.1　ヘルスリテラシー（Health Literacy）

　さまざまな定義があるが、「健康に関する情報を集め、処理し、意思決定につなげる力」という理解が最もわかりやすいだろう。相手のヘルスリテラシーを見積もり、もし目の前の健康問題を処理するには"相対的に不足している"と思われたならば、医療者自身がヘルスリテラシーを発揮して「情報をかみ砕く」必要がある。この概念も少しずつではあるが、現場に広がりはじめている。

　また、ヘルスリテラシーはちょっとした心掛けで高めることができる。一般市民にヘルスリテラシーの向上を呼び掛ける試みも全国各地で起きている。日本国民の意識改革として、「自分の健康のことは、医療者と話し合いながら"自分たちが主体的に決めるのだ"」という動きが大きくなることを期待したい。

7.6.2　不確実性への耐性（Uncertainty Tolerance）

　医療の不確実性はますます高まっていく。その際、「不確実性に向き合ったとき、どのような反応を示すか」は「不確実性への耐性」によって決まるとされている（Hillen 他 2017）。この分野はまだコンセプトが発表されたばかりで、なぜ反応が異なるのか、その反応を変化させるためにはどうしたらよいかはわかっていない。しかし、「国民性や言語の特性、言葉のチョイス」が関与しているであろうことは想像に難くない。医療における日本語の問題を考える際、外せないコンセプトになると考えている。

7.6.3　シェアード・ディシジョン・メイキング（Shared Decision Making）

　冒頭で紹介した「患者と医師が対話をとおして決めていく」手法のことだ。ここ10年ほどで発表論文の数も爆発的に増え、注目を浴びている。シェアード・ディシジョン・メイキングの手法に関しても、Three Talk Model（Elwyn 他 2017）などの「型」の開発が進んでいる。これまでは「治療法」に関する適応が多かったが、徐々に「診断過程」にも適応されるようになり、より一層の広がりを見せている。筆者も、医師と患者の共創を支える CUP/SOUP model（天野 2020）や医療従事者同士の共創を促す CUP/PASTA model（天野 2021）を発表している。型ができれば「標準化された教育」ができ、臨床現場の改善が進むだろう。

7.6.4　総合診療/家庭医療学

　2018年、新たな専門医として「総合診療専門医」が誕生した。ある臓器に特化するのではなく、その人が置かれた状況の全体像を把握したうえで、ともに意思

決定を行っていく専門医だ。その学問的基盤の1つに「家庭医療学（Family Medicine）」がある。家庭医療学は比較的新しい学問だが、患者と医師の関係を含め、説明や意思決定に関する知見が蓄積されてきた。適切な教育と訓練を受けた総合診療医がたくさん世に出て、不確実性の多いプライマリケア分野で活躍するようになれば、医療における日本語の問題は随分と減るのではないだろうか。

　また、総合診療医は医学教育とも相性がよい。医学教育分野でも、従来のペーパーテストのみで評価されていた時代から、模擬患者を相手にした実技も重視されるように変化してきた。その中で、徐々に病状説明も扱われるようになってきている。こういったコミュニケーション教育に関しても総合診療/家庭医療学の知見が活かされることを期待している。

　本章では医療におけるコミュニケーション分野の問題を語ってきた。医師の説明が"難しい"理由を、論理の面と感情の面から解きほぐした。医師と患者がともに意思決定していくためには、医師にはことばを編集する力が、聞き手には不確実性への耐性とヘルスリテラシーの向上が必要であろう。現場の現状に対し批判めいた発言もあったかもしれないが、皆さんにご安心いただきたいのは、「医師をはじめ、医療業界は本気で皆さんの健康を大切に考え、医療に貢献できるように日々、真摯に汗を流している」ということ、そして「コミュニケーション分野に関しても日々、新たな知見が得られ、業界全体として進歩を遂げている」という事実があることだ。

　医療における"ことば"の問題/コミュニケーションの問題は、医療者が頑張るだけでは解決しない。皆さんとともに、一緒に協力しながら、よりよい日本の未来を共創したい。　　　　　　　　　　　　　　　　　　　　　　　　　　［天野雅之］

［引用・参考文献］

天野雅之（2020）『病状説明　ケースで学ぶハートとスキル』医学書院

天野雅之（2021）「"コミュ力"増強！「医療文書」書きカタログ」『総合診療』31 (12)、医学書院（総合診療内にて連載）

石川ひろの（2020）「Shared Decision Making の可能性と課題―がん医療における患者・医療者の新たなコミュニケーション」『医療と社会』30 (1)、pp.77-90

Hillen, M.A., Gutheil, C.M.,...and Han, P.J.K. (2017) "Tolerance of uncertainty: Conceptual analysis, integrative model, and implications for healthcare" *Soc Sci Med*, 180, pp.62-75.

Elwyn, G., Durand, M.A., Song, J., Aarts, J., Barr P.J., Berger, Z.,...Weijden, T.V.der (2017) "A three-talk model for shared decision making: multistage consultation process" *BMJ*, 359, j4891.

8 介護におけることばの問題

8.1 はじめに―介護とは

　本章では、介護におけることばの問題、特に介護分野のことばに関する取り組みにどのようなものがあるかを見てみたい。

　この問題を考えるに先立って、介護とは何かが問題になる。というのは、多くの人にとって介護とは、病人、高齢者を世話するというイメージが強いと思われるからである。しかし、介護の対象には障害者も含まれている。介護福祉士法第2条の2項には次のように記されている。

　この法律において「介護福祉士」とは、第四十二条第一項の登録を受け、介護福祉士の名称を用いて、専門的知識及び技術をもつて、<u>身体上又は精神上の障害があることにより日常生活を営むのに支障がある者</u>につき心身の状況に応じた介護(喀痰<ruby>喀痰<rt>かくたん</rt></ruby>吸引その他のその者が日常生活を営むのに必要な行為であつて、医師の指示の下に行われるもの（厚生労働省令で定めるものに限る。以下「喀痰吸引等」という。）を含む。）を行い、並びにその者及びその介護者に対して介護に関する指導を行うこと（以下「介護等」という。）を業とする者をいう。

（1987 年法律第三十号社会福祉士及び介護福祉士法、下線三枝）

介護福祉士国家試験の筆記試験の「こころとからだのしくみ」の領域には、「発達と老化の理解、認知症の理解、<u>障害の理解</u>、こころとからだのしくみ」が含まれ、ここからも障害を持つ人が介護の対象であることがわかる。そこで本章では介護の対象として障害者も取り上げる。

　8.2 節では呼称の差別の問題を取り上げる。これは、痴呆症を認知症に言い換えるといった問題である。ことばづかいにおいて、そのことばが差別的か否かというのは重要な使用基準である。8.3 節では従来日本語教育の側からは触れられることの少なかった、障害者のことばの問題を取り上げたい。しかし、障害者の場合にはことばの問題は、その障害の種類、程度によってさまざまであり、また、サ

ポートする機器の問題も大きくかかわっている。障害者が生活していくうえで、情報のやり取りにおいてどんな問題があるか、実情の一端を見てみる。8.4 節では、外国人にとっての介護のことばの問題を扱う。経済連携協定（EPA）によって、多くの外国人候補者が来日するようになった。それが介護のことばが世間で大きく取り上げられるようになった 1 つのきっかけとなっているからである。あわせて国家試験のことばの問題にもふれる。8.5 節で、認知症介護のことばの問題を取り上げる。最後に 8.6 節で全体をまとめる。

8.2　差別感のある呼称

　障害者という表記について、「害」という字は差別感があるということで「障碍者」「障がい者」といった書き方がされることがある。内閣府が自治体の使用例を一覧にしている[1] が、それによると「がい」を使う自治体が増えている。この表記については 2010 年「障がい者制度改革推進会議」で議論されているが、結論は出ていない。しかし、会議での議論は公開され、また渡辺（2018：pp.186-202）には要点がわかりやすくまとめられている。この議論の中で障害者団体の特定非営利活動法人 DPI 日本会議は、障害者自身は、「差し障り」や「害悪」をもたらす存在ではなく、社会にある多くの障害物や障壁こそが「障害者」を作り出してきたとして、「建物や公共交通機関を利用できない、公衆浴場から入浴拒否されるといった状況は、障害者の表記を変えれば無くなるものではなく、これらの社会参加の障壁は社会の側にその責任がある、ということを明確にしなければ、これらの障壁を無くす事は原理的に不可能である」と述べている。障害の捉え方については、近年医療モデル、社会モデルという言い方がなされる。医療モデルとは、障害を個人の心身機能に帰すもので、一方社会モデルとは社会環境が整備されていないために障害が生じているとする考え方である。先の DPI 日本会議の考え方は社会モデルの立場に立っている。「社会モデル」の考え方は、2006 年に国際連合で採択された「障害者権利条約」、2011 年に改正された「障害者基本法」にも採用されるようになった[2]。

---

[1]　内閣府「「障害」に係る「がい」の字に対する取扱いについて（表記を改めている都道府県・指定都市）」
https://www8.cao.go.jp/shougai/suishin/h19jigyo/toriatukai.html

[2]　外務省「障害者の権利に関する条約（Convention on the Rights of Persons with Disabilities）」第二条定義の一部
「「障害に基づく差別」とは、障害に基づくあらゆる区別、排除又は制限であって、政治的、経済的、社会的、文化的、市民的その他のあらゆる分野において、他の者との平等を基礎として全ての人権及び基本的自由を認識し、享有し、又は行使することを害し、又は妨げる目的又は効果を有するものをいう。障害に基づく差別には、あらゆる形態の差別（合理的配慮の否定を含む。）を含む。」

　障害学の開祖といわれる M. オリバー（2006：p.16）は、障害者という用語について people with disabilities ではなく、disabled people という用語を用いている。前者は people を頭に据えることで障害を付属的なものにしている。しかし、障害は付属的なものとは程遠く、自己の本質となっているという障害者自身の経験からこの視点は乖離しており、障害者はありのまま障害者として認識されることが必要であるという。この指摘は社会モデルに立つものだが、同時に次の点にも気づかされる。すなわち、日本語は漢字を使うので「害」という漢字使用の是非を問題にするわけだが、英語圏では語順が問題の 1 つになっているという違いである。

　「障害者」という用語をめぐっては、「健常者」に対立することばとして「障害者」ということばを使うこと自体に疑問を呈する人もいる。そうした人々は「障害者アート」ということばに異を唱える。「健常者アート」ということばがない中で使われると、障害者やのにがんばっているという「やのに感」が漂うという[3]。

　病名ということでいえば、以下のような語が差別感のある語として問題視され、改正されてきた。関係する法律を語の下に記した。

精神薄弱者　→　知的障害者

　　「精神薄弱の用語の整理のための関係法律の一部を改正する法律」法律第百十
　　号 1998 年 9 月成立

精神分裂病　→　統合失調症

　　社団法人日本精神神経学会評議員会において理事会提案「統合失調症」を
　　2002 年 6 月承認　厚生労働省から各都道府県・指定都市宛、呼称の取扱通
　　知発出 2002 年 8 月

痴呆　→　認知症

　　　2004 年 12 月　厚生労働省「痴呆」に替わる用語に関する検討会報告書

---

https://www.mofa.go.jp/mofaj/fp/hr_ha/page22_000899.html

「障害者基本法」第二条「この法律において、次の各号に掲げる用語の意義は、それぞれ当該各号に定めるところによる。

一　障害者　身体障害、知的障害、精神障害（発達障害を含む。）その他の心身の機能の障害（以下「障害」と総称する。）がある者であつて、障害及び社会的障壁により継続的に日常生活又は社会生活に相当な制限を受ける状態にあるものをいう。

二　社会的障壁　障害がある者にとつて日常生活又は社会生活を営む上で障壁となるような社会における事物、制度、慣行、観念その他一切のものをいう。」

[3]　岡崎明子「多事奏論：健常者という「枠」　記事に出る「やのに感」の怖さ」2021 年 9 月 15 日、朝日新聞

　こうした言い換えは、公文書の書き換えに留まらず、一般の人の使用に際しても さまざまな波及効果を持つ。ところで、当の障害者と呼ばれる人たちは、この言い換えをどう受け止めているのだろうか。

　目が見えないと同時に耳が聞こえない盲ろうである福島（2011：p.348）は、用語に関して次のような考えを記している。1977 年ごろはメクラが全盲者同士の会話で自然に使われていて、抵抗感がなかった、「全盲者」「盲人」はしっくりこない、「視覚障害者」は長くて面倒という以外に、「偽善的なにおい」を感じる、さらに「障害」を「障がい」や「障碍」などに置き換えることで「差別的でなくなった」かのようにとらえるスタンスのほうにより多くの違和感を覚える、とある。そして、現在（2011 年執筆当時）は「盲」を使っているという。

　宮崎（2019：pp.300-301）は、トランスジェンダーを自認している人へのインタビューから次のような意見を紹介している。トランスジェンダーと呼ばれることについて「周りが、病気扱い、障害扱いは失礼じゃない？って言ってくれるのは優しさかもしれないけど、こっちからしたら、いや、こんなの病気でしかないよって。障害でしかない、こんなのっていう感じかな。そこの齟齬はあるっていう気はする」「認識の齟齬がすごく大きいと思う。だから、そのトランスジェンダーでも、最近性同一性障害を、脱病理化・脱精神病化したい、性別不合っていう言い方になったんやけど……[4]。「何してくれちゃってんの？」って言う人が多いかな。（略）何より性別不合だとね、トランスジェンダーの生きづらさを全く表現しきれてないなって思う。そこじゃないよって、呼ばれ方なんて……。」

　こうした意見から、差別を受ける人にとっては、周りの人が差別する態度、差別する気持ちを持っているかどうかが肝心なことで、呼び方は本質的なことではないとわかる。ただし、これは障害者によって考え方が異なるところでもあるようだ。木村・米内山（1995：p.364）には、ろう者である米内山が自分のことを「ろう」だが「障害者」だと思ったことはなく、中途失聴や難聴、老人性難聴の人たちが自らを「ろう」ではないとして「聴覚障害者」という総称が使われるようになったとある。先に紹介した「障がい者制度改革推進会議」では障害の表記に関するアンケート調査が行われている[5]。「「障害」の「害」の字はイメージが悪く障害者差別につながるので、「障害」の表記を改めるべきとの意見があります。この意見についてどう思いますか。」という質問に対して、「そう思う」と答

---

[4]　2018 年世界保健機関（WHO）が発表した「国際疾病分類」最新版（ICD-11）では、性同一性障害は「精神疾患」から外れ、「性の健康に関連する状態」という分類の中の Gender Incongruence という項目となった。Gender Incongruence の日本語訳として厚生労働省は、「性別不合」との仮訳を示している。

[5]　障害の表記の在り方に関するアンケート結果 2010「第 10 回 障がい者制度改革推進会議議事次第」資料
https://www.dinf.ne.jp/doc/japanese/law/promotion/m10/k10s5.html

えた障害がある人の割合はわずかながら障害がない人の割合を上回っている。すなわち、障害者自身に「障がい者」賛成派がいることになる。ただし、全体的に「そう思う」人が20%台、「そうは思わない」人が40%台、「どちらともいえない」人が30%台という結果になっている。

　呼び方は本質的な問題ではない、大事なのは姿勢だとはいっても、一般の者にとってことばのあり方はその事象の捉え方にも影響する。痴呆症を認知症と言い換えることで一般の認識は変わり、認知症自体の医学的解明が進むのと、何より認知症になる人の増加とが相まって、差別感が減少してきたのはたしかであろう。過度な規制は意味がない、あるいは、物事の本質を覆い隠すといった有害なこともあるだろうが、当事者の意見にも耳を傾けつつ、社会に差別感を醸成することばは、改善していくのが望ましいといえる。

8.3　障害者のことば

　障害者は、日常生活、社会生活を送るうえで介護を必要とすることが多い。例えば、筋萎縮性側索硬化症（ALS）や筋ジストロフィーの人々は、筋力が衰えていく病気のため、24時間の介護を必要とする。これらの人々のコミュニケーション手段には、口文字、まばたきなどが使われているが、補助手段も障害によって、またその時々の技術の進み具合によってさまざまである。モハメド（2021）は、中途失明者である自身が、人に読み上げてもらうことからはじまり、日本語の点字によって文字によるコミュニケーションができるようになり、さらにパソコンの使用によって誰とでも文字で自由にコミュニケーションが取れるようになったことで世界が変わったと述べている。目が見えず、耳も聞こえない盲ろう者の場合は、指点字、触手話などが使われる。福島（2011：p.248）は、指点字通訳を通して周囲とコミュニケーションが取れるようになったとき、「私は盲ろうになって初めて、「自分は世界の中にいる」と実感できたのである」と記している。新たな機器やコミュニケーション手段の出現で、障害者の言語環境は大幅に改善されている。しかし、不十分な点も多い。例えば、拡大読書器について森田（2014）は、拡大読書器の存在がそれを本来必要とする人に伝わっていないこと、また、その機器の選定に知識を持った人が携わっていないという問題点を指摘している。音声読み上げソフトについては、近年、市販の本に希望すれば読み上げに必要なテキストデータを提供すると書かれたものを見掛ける。これ自体が大きな改善といえるが、現状は、読めるものの絶対量が少ないこと、数式、図表などの理解が難しいことなどの解決されるべき問題がある。

　耳が聞こえないろう者の場合、2011年の改正障害者基本法で手話が言語だと明

記された。こうした手話を言語と認める考え方も、禁止されていた時代を考えれば大きな変化といえる。しかし、中山（2014）は、ろう学校の先生の、ろう児へのコミュニケーション能力が低いため、信頼関係が築けていない現状を指摘している。

8.3.1　日本語教育との接点

　障害者への、また、障害者からの情報提供の方法は、障害の種類、程度、本人の個性によってさまざまである。と同時に、そこには日本語を母語としない人への日本語教育の視点とも共通する点があり、すでにその比較研究も行われている。佐々木（2013）は、在日ブラジル人児童とろう児とがともに、第一言語が日本語ではないこと、「言語的マイノリティ」という共通点を持つことを指摘している。松尾他（2013）は、外国人住民とろう者・難聴者、知的障害者への情報保障の現状、取り組み、課題を論じ、平易な日本語[6] を用いるということがすべての対象者に有効であると述べている。岡（2013）、岡・庵（2015）、安東・岡（2019）は、ろう者に第二言語としての日本語教育が必要なこと、そして、外国人のための「やさしい日本語」の活用が有効なことを述べている。打浪他（2017）は、かつてあった知的障害者向けの情報提供媒体「ステージ」と 2012 年から「やさしい日本語」による情報発信を行っている公共放送 NHK の「NEWS WEB EASY」、およびその元記事の「NHK NEWS WEB」の語彙比較を行い、わかりやすい日本語の実態を分析している。

8.3.2　知的障害者とのコミュニケーション
◆わかりやすい資料提供ガイド
　障害者の中でも知的障害者[7] は、情報の発信受信がそもそも難しいので、ことばの伝え方が大きな問題となる。1990 年代日本でも、わかりやすく書かれた書物である LL ブックが作られるようになった。現在、全日本手をつなぐ育成会連合会、S プランニング、埼玉福祉会等でも LL ブックを出版しており、ネットで注文できる。また、全日本手をつなぐ育成会連合会では知的障害のある人とその家族を対象に機関誌『手をつなぐ』を発行し、東京都手をつなぐ育成会では知的障害者本人に向けた「どりーむ通信」を発行している。また、公益財団法人 日本障害

---

[6]　松尾他（2013：p.35）は「やさしい日本語」という用語がこれまでおもに狭義の外国人住民を対象にしてきたとして、「わかりやすい日本語」ということばを用いている。同様の使い分けは打浪他（2017）にも見られる。
[7]　知的障害者といっても程度がさまざまで、他の疾患を併発しているケースもある。ここでは軽度の知的障害者を念頭に置いている。

者リハビリテーション協会では DAISY 図書[8] や教科書を取り扱っている。藤澤・川西（2012）は、知的障害者向けに図書館利用案内を作る過程を報告している。

　LL ブックは、知的障害者や発達障害者にわかりやすく書かれた本のことだが、わかりやすいとは具体的にどういうことだろうか。国際的な「ガイドライン」としては、国際図書館連盟（IFLA）が 2010 年に作成した「読みやすい図書のための IFLA 指針（ガイドライン）改訂版」がある。この指針を参考に日本語の特性や文化を考慮して作られたのが、「図書館等のためのわかりやすい資料提供ガイドライン[9]」である。このガイドラインの終わりには、「実際の利用対象者の意見を取り入れる」という項目がある。これは、当事者がかかわる必要性が意識されるようになったことを示している。全国手をつなぐ育成会連合会が 2015 年に出した「知的障害のある人の合理的配慮」検討協議会報告書、およびわかりやすい情報提供のガイドライン[10] は、当事者団体が作ったガイドラインである。項目の内容自体は、「図書館等のためのわかりやすい資料提供ガイドライン」と重なるところが多い。原文には各項目に具体的な例がつけられているが、例は省いて引用紹介する。

わかりやすい情報提供のガイドライン
（「知的障害のある人の合理的配慮」検討協議会報告書資料から）
1.　テキスト（文章）について
【具体的に書く】
　・難しいことばは使わない。常とう語（ある場面にいつもきまって使われることば）を除いて、漢字が 4 つ以上連なることばや抽象的な概念のことばは避ける。
　・具体的な情報を入れる。
　・新しい情報を伝えるときには、背景や前提について説明する。
　・必要のない情報や表現はできるだけ削除する。
　・一般的にはあたりまえのことと思われても、当事者にとって重要で必要だと考えられる情報は入れる。

---

[8]　DAISY とは、Digital Accessible Information System の略で、目次から読みたいところに飛び、テキストがハイライトして、その部分を音声で読み上げてくれるシステム。
[9]　図書館等のためのわかりやすい資料提供ガイドライン
　　https://www.dinf.ne.jp/doc/japanese/access/guideline/20170301_guideline/index.html
[10]　全国手をつなぐ育成会連合会 2015 年「知的障害のある人の合理的配慮」検討協議会報告書、およびわかりやすい情報提供のガイドライン
　　http://zen-iku.jp/info/release/3084.html

【複雑な表現を避ける】

- ・比喩や暗喩、擬人法は使わない。
- ・二重否定は使わない。
- ・それぞれの文章に重複した「のりしろ」を付ける（指示語を多用せず、あえて二度書く）。
- ・名称等の表記は統一する。

【文章の構成をはっきりさせる】

- ・手順のある内容は、番号をつけて箇条書きで記述する。
- ・大事な情報は、はじめにはっきりと書く。
- ・一文は一つの内容にする。内容が二つある場合は、二つの文章に分ける。
- ・話の展開は、時系列に沿う。
- ・接続詞はできるだけ使わない。
- ・主語は省かない。

【表記】

- ・横書きを基本とする。
- ・一文は 30 字以内を目安にする。
- ・常とう語は、そのまま用いる。
- ・常とう語を除く単語には、小学校 2〜3 年生までの漢字を使い、漢字にはルビをふる。
- ・アルファベット・カタカナにはルビをふる。
- ・なじみのない外来語はさける。
- ・漢数字は用いない。また時刻は 24 時間表記ではなく、午前、午後で表記する。
- ・はっきりとした見やすい字体（ゴシック体）を使う。

2. レイアウトについて

- ・文字は、12 ポイント以上のサイズを使う（ルビは該当文字の上部に半分程度のポイントで記述する）。ただし、サイズにこだわるあまり見やすさを失わせない。
- ・テキストを補助するために、内容を表す絵記号（ピクトグラム）を使う。
- ・テキストを補助するために、内容を表す写真や絵を使う。
- ・本や冊子は、できるだけ見開き 2 ページで一つの事柄が完結するように書く。
- ・意味のある単位でわかちがきにする。
- ・行間を開ける。
- ・一つの文がまとまって見られるように改行する。
- ・必要に応じて、枠外等に用語や概念の補足説明を加える。

・もっとも伝達したいことやキーワードは、色分けや太字、囲みなどで強調する。
（3. の伝達手段は略す）
4.　注意事項
・読む能力、聞く能力には個人差があるので、個人の障害特性に配慮する。
・対象者の年齢を尊重し、年齢に相応しいことばを使う（子ども向けの表現は
　避ける）。

行政からの情報提供には、知的障害者が読むことを想定し、こうしたガイドライ
ンを参考にして書かれたと思われる文章が散見されるようになった。例えば、独
立行政法人高齢・障害・求職者雇用支援機構の障害者向け「わかりやすい版」が
あげられる。しかし、すでに打浪（2018：p75）が指摘するように、「わかりやす
いページ」はあっても、ホームページ上でどのようにしてそこまでたどりつくか
という問題は残されており、アプリの開発に加えて操作方法を教える支援が必要
である。また、最近は、当事者の意見が尊重され、先に紹介した「どりーむ通信」
も障害者自身の意見を取り入れて作られているとあるが、障害者の情報発信のた
めの手段、機会は基本的に非常に少ないと思われる。この当事者ということばが
使われるようになったことについて、斉藤（2014：p.89）は「障害者がこれまで
しばしば家族や医者、専門家によって「ひとりでは生きていけない存在」とされ、
生活や人生の選択が、本人以外の周囲の人々によって決められてきた」のに対し、
1970 年代以降、障害者が自身の生き方を自身で選択できるという考え方が強
まってきたと述べている。日本では、1970 年代脳性マヒ者の団体である青い芝の
会によって障害者の自立が主張されている。その主張が実現されているとはいえ
ないが、近年当事者の意見を聞こうとする姿勢が行政等にみられる。例えば、千
葉県の 2006 年に制定された「障害のある人もない人も共に暮らしやすい千葉県づ
くり条例」は、障害者当事者が作成にかかわっているという[11]。

◆刑事弁護のマニュアル
　大阪弁護士会高齢者・障害者総合支援センター運営委員会障害者刑事弁護マ
ニュアル作成プロジェクトチーム（2020）は、自身の身を防御する力が弱い障害
者や認知症の人に対して障害特性に配慮した弁護活動を行えるように、具体的、
実践的な対応法をあげている。例えば、事実の聞きとり時（接見時）の注意点と

---

[11]　「『駆け抜けた 1000 日 障害者条例 3 年の軌跡』障害のある人もない人も共に暮らしやすい千葉県づく
　　り条例　3 年間の成果集」
　　https://www.pref.chiba.lg.jp/shoufuku/shougai-kurashi/kouiki/documents/houkoku3nen.pdf

しては以下の点があげられている。

① 具体的な事実を問う質問にする。
② 平易な言葉を用いる。
③ 短い言葉で質問する。
④ 複文は避け、単文で説明する。
⑤ 条件付きの質問にしたり、仮定の質問をしない。
⑥ 指示代名詞を使わない。
⑦ オープンな質問を心がけ、クローズドな質問を避ける。
⑧ 誘導尋問をしない。
⑨ 時間の順を追って質問する。
⑩ 立て続けに質問しない。
⑪ 重複的な質問をしない。
⑫ 威圧的な質問や話し方をしない。
⑬ 流れを中断せず、説明を遮らない。　　　　　（pp.57-58）

ここには先の情報提供のガイドラインとは異なる刑事弁護ならではの項目も含まれている。こうしたマニュアルが作られたことは画期的であるが、これが作られる背景にこれまで顧みられなかった理不尽な事例が多いということが示されている。

8.4　EPA がもたらした介護のことばの変化

　経済連携協定（EPA）に基づいて 2008 年インドネシアからの看護師・介護福祉士候補者が、日本国内の病院・介護施設で就労・研修するため来日した。彼らは、それぞれ 3〜4 年を上限として日本に滞在し、国家試験を受験する。介護福祉士候補者の場合、当初、受験機会は 1 回だけで、国家試験に不合格の場合は帰国することになっていた。日本語がゼロのレベルの人を受け入れたので、日本人にとっても難しい国家試験に外国人候補者が合格するのは極めて困難と考えられたため、マスコミでも取り上げられ、日本語教育関係者も支援に乗り出した。2012 年度から来日前の日本語研修が導入され、ベトナム人候補者については初年度からベトナムで 1 年の日本語研修を実施し、日本語能力試験 N3 以上の者のみが来日することになった。インドネシアは母国で 6 か月、フィリピンは 3 か月の来日前の日本語研修を実施している。これまでに合格した EPA 外国人の総数は 2136 人

（2021 年度末[12]）となり、開始当初に比べて合格者が増えている。その要因としては、来日後の半年間の日本語研修だけでなく、来日前に日本語研修の期間が設けられたこと、EPA 候補者への施設内外での学習支援、試験準備支援が整備され、ノウハウが蓄積されてきたこと、介護福祉士国家試験のことばの面での改善などがあげられる。「看護と介護の日本語教育研究会」が「外国人人材を対象とした看護・介護に関する教材」リスト[13] を公開しているが、これを見ても学習支援の教材が充実してきたことがよくわかる。しかし、外国人にとって日本語による国家試験の受験が難しくないわけがない。難しさにはいろいろあるが、漢字語の多さ（例：頻回、更衣、食札）、カタカナ語の多さ（例：アドボカシー、エンパワメント）、専門用語の使用（例：嚥下、眩暈、浮腫）、一般語と専門用語との区別（例：かゆみ―掻痒感、しわがれ声―嗄声、入れ歯―義歯）、オノマトペ、敬語、方言などがあげられる。

　介護福祉士国家試験のことばの面における改善も、EPA の開始が見直しのきっかけになったといえる。2013 年から EPA 候補者への特例として、試験時間の延長、すべての漢字へのルビ振りなどが実施されたことに加えて、「経済連携協定（EPA）介護福祉士候補者に配慮した国家試験のあり方に関する検討会報告[14]」が出された。その試験問題の日本語の改善については以下の項目があげられている。

（1）　設問の指示形式を肯定表現に統一
（2）　文章の改善
（3）　用語の改善
（4）　英語に原語を持つカタカナの英語併記
（5）　化学物質名に化学記号の併記
（6）　元号表記について、西暦に元号の併記

これらの項目の下には、さらに具体的な注意事項が記載されている。（2）文章の改善には、長文は、短い文に区切って読みやすくすることや主語を明示することが含まれており、先の「わかりやすい情報提供のガイドライン」と共通する点が

12　厚生労働省「第 34 回介護福祉士国家試験における EPA 介護福祉士候補者の試験結果」
　　https://www.mhlw.go.jp/stf/newpage_24688.html
13　看護と介護の日本語教育研究会「外国人人材を対象とした看護・介護に関する教材」リスト
　　https://view.officeapps.live.com/op/view.aspx?src=http%3A%2F%2Fnihongo.hum.tmu.ac.jp%2Fkan-gokaigoN-SIG%2Flist211101.xlsx&wdOrigin=BROWSELINK
14　厚生労働省「経済連携協定（EPA）介護福祉士候補者に配慮した国家試験のあり方に関する検討会報告」2012 年 6 月 5 日
　　https://www.mhlw.go.jp/stf/shingi/2r9852000002caut-att/2r9852000002caz1.pdf

ある。

　外国人介護候補者が現われたことによって、介護で使われることばについても注目が集まるようになった。これは、外国人候補者にとって難しい用語は必要以上に使わないという意味と同時に、介護現場において介護者が難しいことばを使うことで、介護される人や家族が疎外感を味わうという問題があるからでもある。遠藤・三枝（2015）では、「傾眠」→「うとうと」、「更衣」→「着がえ」、「独居」→「一人暮らし」、「仰臥位」→「あおむけ」、「含嗽」→「うがい」、「ラポール」→「共感関係」などの言い換えが提案されている。

8.5　認知症の介護のことば

　介護の現場でのことばの改善は、外国人が働くうえでの「わかりやすさ」を求めて行われた面が大きいが、日本国内において、介護で使われることばについて問題にする声が過去になかったわけではない。例えば、朝日新聞論説委員室・大熊（1996）には、「寝たきり老人」という日常語が 1980 年代のヨーロッパになかったことから、日本の「寝たきり老人」は、「寝たきりにされたお年寄り」なのだと気づき、新聞の社説で取り上げたという記述がある。また、「「おばあちゃん」から「○○さんへ」」というのは、1991 年に日本で開かれた「女性の、女性による、すべての人のための高齢化国際シンポジウム」においてまとめられたマリオン宣言の 1 条である。

　認知症に関しても、最近は、誰もがなる可能性のある病気という認識が浸透し、この病気に対する姿勢が変わりつつある。認知症サポーターという制度が 2005 年厚生労働省の認知症施策推進総合戦略の中ではじまっている。認知症サポーター養成講座では、具体的な 7 つのポイントとして ① まずは見守る、② 余裕を持って対応する、③ 声をかけるときは 1 人で、④ 後ろから声をかけない、⑤ 相手と目線を合わせて、やさしい口調で、⑥ おだやかに、はっきりした話し方で、⑦ 相手のことばに耳を傾けてゆっくり対応する、をあげている。ここではことば自体よりも伝え方が問題にされている。認知症が進んで「食事に行きましょう」では反応がないが、「めし、食いに行こう」だと反応する人がいるという。遠藤・三枝・神村（2019：p.39）にも「トイレ」のかわりに「お手洗い」「はばかり」といった語のほうが聞き取ってもらえることがあるという介護職の体験が語られている。2019 年に日本政府が公表した認知症施策推進大綱とときを同じくして、いくつかの自治体では、認知症にかかわる条例を制定している。和歌山県御坊市では「御坊市認知の人とともに築く総活躍のまち条例」を作ったが、この条例作りに認知症の当事者が参加している。本人たちは守られるだけの存在ではないと

して、条例に「認知症にやさしい」という表現は使っていないという[15]。

　ここで認知症の症状に使われることばを取り上げたい。「徘徊」については、このことばが差別的だとして「ひとり歩き」や「外出」「お出掛け」を使う自治体や施設が出てきた。名古屋市社会福祉協議会では 2014 年に『認知症「ひとり歩き」さぽーと BOOK[16]』を発行している。事例紹介にはじまり、なぜひとり歩きが起こるのか、ひとり歩きに対する家族の役割や有効な対応方法、警察の役割などが紹介されている。「ひとり歩き」では実態が反映されていないと考えたくなるが、認知症についての情報という文脈で読めば、まったく違和感は感じないどころか、むしろ「徘徊」という用語が実情を正しく反映していないと感じられる。「ひとり歩き」を使う自治体は、宮城県名取市、神奈川県横須賀市など他にもある。「徘徊」に類したことばには「妄想」「不穏」「盗食」「汚染」などがあり、近年使わないとしたり、言い換えをしている施設がある[17]。「汚染」は「トイレの床に尿汚染あり」と介護記録でよく見掛ける表現である。介護者にとっては、次から次へと仕事が途切れない忙しいときに、部屋のそこら一面が排泄物で汚れているのを目にするとため息が出てしまうという。その大変さは理解できるが、自分や家族がそのようなことばで扱われるのもつらい。

　日本語による対人関係において敬語の扱いは重要である。記録等の書きことばでは敬語を使う必要性は低いと思われる。しかし実際には、施設の方針で本人や家族が見るものとして敬語が使われることは少なくない。話しことばにおいては日本語を母語としない介護者が働くことを考えると、使い分けが難しい尊敬語や謙譲語は避け丁寧語に留めたいところである。実際に介護を受ける側はどういう表現を好ましいと思っているのだろうか。遠藤・三枝（2016）のアンケート調査によると、「ちょっと立ってください」（17%）より「ちょっと立っていただけませんか」（44%）が好ましい表現として多く選ばれ、また、介護施設へ○○さんを訪ねたとき介護職が用いる表現として、「○○さんは、きのう、夕食を全部食べました」（16%）より「○○さんは、きのう、夕食を召し上がりました」（49%）が多く選ばれている。介護を受ける人は尊敬語や謙譲語を用いた明示的な敬意表現を求めているという結果である。介護を受ける側は弱い立場になりがちだから、丁寧なことばづかいを望むのかもしれない。ただ、どんなにことばが丁寧でも表情や声の調子、思いが伴わなければ逆に不愉快になる。

[15]　「御坊市認知症の人とともに築く総活躍のまち条例」2019 年 4 月施行
　　　「条例ができるまでのプロセスについて」
　　　http://www.city.gobo.wakayama.jp/ikkrwebBrowse/material/files/group/40/joreiprocess.pdf
[16]　社会福祉法人名古屋市社会福祉協議会「認知症「ひとり歩き」さぽーと BOOK」。
[17]　"認知症の人の気持ち理解を"「くらしナビライフスタイル」2015 年 5 月 13 日、毎日新聞

　片山（2015）は、「介護職には介護職にしかできないことを毎日行っているという自信のもとに、人間的な介護をするためのことばを考えたい。介護の仕事をしている者にとって、今日、自分が仕事中に口にしたことばを家族や友達にも同じように使うかという自覚が必要である。」と述べている。最後は、自分が使われたときにどう感じるかというのがわかりやすい使い分けの基準といえる。

8.6　まとめ

　以上、介護の分野におけることばに関する取り組みを見てきた。障害者の場合は問題が大きく、ことばだけでは扱いきれないものがあり、問題の一部しか取り上げていない。

　ことばへの取り組みは、認知症になる人の増加、1995 年の阪神・淡路大震災、2011 年の東日本大震災や EPA による外国人の来日といった現実の差し迫った問題があって、見直しに手がつけられた面も大きい。きっかけとなる出来事がないと改革がはじまらないというのは問題である。変化のきっかけには、マスコミの影響も非常に大きい。しかしまた、少数者や弱い立場の人が不利益を受けることをよしとしない人々が存在することも示している。少ないながら障害者自身、認知症の人自らの発信も行われるようになっている。

　介護者の不足が深刻になっているいま、外国人の就労が増えることは確実と思われる。また、ものいう障害者、高齢者が増えることも社会のそれぞれの構成員として当然のことである。差別感を与えないことばづかいに配慮し、わかりやすいことばづかいをする必要はますます高まると思われる。　　　　　　［三枝令子］

［引用・参考文献］
朝日新聞論説委員室・大熊由紀子（1996）『福祉が変わる医療が変わる―日本を変えようとした 70 の社説＋α』ぶどう社
安東明珠花・岡典栄（2019）「ろう児と〈やさしい日本語〉」庵功雄・岩田一成・佐藤琢三・栁田直美編『〈やさしい日本語〉と多文化共生』ココ出版
打浪文子（2018）『知的障害のある人たちと「ことば」―「わかりやすさ」と情報保障・合理的配慮』生活書院
打浪文子・岩田一成・熊野正・後藤功雄・田中英輝・大塚裕子（2017）「知的障害者向け「わかりやすい」情報提供と外国人向け「やさしい日本語」の相違―「ステージ」と「NEWSWEB EASY」の語彙に着目した比較分析から」『社会言語科学』20（1）、pp.29-41
遠藤織枝・三枝令子（2016）「わかりやすい介護用語を目指して」『2016 年度日本語教育学会秋季大会予稿集』pp.168-173
遠藤織枝・三枝令子編著（2015）『やさしく言いかえよう介護のことば』三省堂

遠藤織枝・三枝令子・神村初美（2019）『利用者の思いにこたえる介護のことばづかい』大修館書店

大阪弁護士会高齢者・障害者総合支援センター運営委員会障害者刑事弁護マニュアル作成プロジェクトチーム編著（2020）『障害者刑事弁護マニュアル』現代人文社

岡典栄・庵功雄（2015）「ろう児に対する日本語教育と「やさしい日本語」」『ことばと文字』4、くろしお出版

岡典栄（2013）「ろう児への日本語教育と「やさしい日本語」」庵功雄・イ・ヨンスク・森篤嗣編『「やさしい日本語」は何を目指すか─多文化共生社会を実現するために』ココ出版

片山ます江（2015）"介護用語のあるべき姿─現場から"p.22「三枝令子・田中牧郎・片山ます江・遠藤織枝・川村よし子「わかりにくい介護用語の言い換えの試み」『2015年度日本語教育学会春季大会予稿集』pp.19-30

木村晴美・米内山明宏1995「ろう文化を語る」『現代思想』23-3　青土社

斉藤道雄（2014）「当事者と非当事者」佐々木倫子編『マイノリティの社会参加─障害者と多様なリテラシー』くろしお出版

佐々木倫子2013「言語的マイノリティ児童の教育の課題と展開─ろう児と在日ブラジル人児童」『言語文化研究』4、桜美林大学

中山慎一郎（2014）「ろう者がろう者に聞く─ろう学校でリテラシーは育成されたか」佐々木倫子編『マイノリティの社会参加─障害者と多様なリテラシー』リテラシーズ叢書3、くろしお出版

福島智（2011）『盲ろう者として生きて─指点字によるコミュニケーションの復活と再生』明石書店

藤澤和子・河西聖子（2012）「知的障害者の図書館利用を進めるためのLL（やさしく読める）図書館利用案内」『図書館界』64（4）、pp.268-276

マイケル・オリバー（2006）『障害の政治─イギリス障害学の原点』三島亜紀子・山岸倫子・山森亮・横須賀俊司訳、明石書店

松尾慎・菊地哲佳・Morris, J.F・松崎丈・打浪文子・あべやすし他（2013）「社会参加のための情報保障と「わかりやすい日本語」─外国人、ろう者・難聴者、知的障害者への情報保障の個別課題と共通性」『社会言語科学』16（1）

モハメド・オマル・アブディン（2021）『日本語とにらめっこ─見えないぼくの学習奮闘記』白水社

森田茂樹（2014）「テクノロジーとリテラシーの多様性−1 ロービジョン当事者の声」佐々木倫子編『マイノリティの社会参加─障害者と多様なリテラシー』くろしお出版

宮崎虹歩（2019）「不可視化されるLGBT─トランスジェンダー当事者への言語意識インタビューを通して」専修大学文学部日本語学科卒業論文

渡辺一史（2018）『なぜ人と人は支え合うのか─「障害」から考える』ちくまプリマー新書

9 司法におけることばの問題
―放送メディアと裁判用語

9.1 はじめに

9.1.1 放送メディアにとって裁判は不利な分野

　筆者はテレビ局で日々ニュースの取材指揮を行いながら、解説委員の業務を兼務している。長く司法を専門に担当し、判決文や起訴状さらには法廷で交わされることばを放送用の原稿にする作業を行ってきた。まずは自身が感じる、テレビやラジオを主とする放送メディア[1] にとっての裁判報道について触れたい。

　裁判報道は新聞をはじめとする活字媒体に有利であり、映像・音声が主体の放送メディアにとっては圧倒的に不利である。

　第1に判決の場合、掲載できる判決文の情報量は放送より新聞がはるかに多い。

　大きな裁判の判決では、新聞各紙は裁判所から提供された「判決要旨」を紙面にそのまま掲載することもある。これに対し放送メディアは、通常1本のニュースで、1分から長くても2分程度しかない。これは文字数に直すとおおむね300～600字程度になる。新聞では見出しを立てるような裁判の原稿の場合、おおむね1000～2000字が費やされるので、単純比較した情報量は、テレビの場合新聞の3分の1以下になる。

　第2に審理の様子を映した映像が存在しない。

　テレビの場合、事前に申請すれば全国で「2分間の廷内映像の撮影」が許可される。ただし、これは「開廷前の2分間」である。まるで静止画のように身じろぎせず、じっとしたままの裁判官の姿をテレビニュースで見たことがある人も多いだろう。この撮影は裁判所との取り決めによってカメラのマイクをあらかじめ切っているうえ、前述のとおり裁判が「はじまる前」の映像である。何より法服を着た3名が、仏頂面をしてただじっとしているだけの2分間に映像的な魅力はほぼない。

　第3に放送メディアは、法廷で読み上げられる判決文あるいは配布される判決

---

[1] 本章における放送メディアとは「映像や音声を使いテレビ・ラジオを主とする報道機関」を意味している。

要旨をそのまま放送しても、視聴者に十分理解してもらうことが難しい。仮に時間を無視して「判決要旨」をそのままテレビやラジオで全文読み上げたとしても、視聴者や聴取者には正確には伝わらない。

　これは民事・刑事ともに判決文で難解な用語を多用しているうえ、文章もむやみに長く構造がわかりにくいためだ。裁判記録が従来そして一部はいまも、法曹三者という「専門家だけ」が「読んで伝えること」を目的としており、「普段法律に携わっていない人」あるいは「日本語を母国語とせず理解できる語彙が少ない人」が「耳で聞いて理解されること」を前提としていないことが背景にある。

　このように放送メディアにとって、司法とりわけ裁判のニュースは「情報量の少なさ」「映像のなさ」「単語と文章の難解さ」といういわば三重苦を抱えているといえる。

　これに対して、放送メディアが唯一勝っているのが「速報性」である。

　現時点では、総じて見ると、現状ネットメディアよりも僅差で勝っているようである。ネットメディアも多くの場合、例えば判決一報の報道は既存メディアのニュースを活用し、一報段階から自社取材を行っている事例はまだ一部にとどまる。この状況はネットメディアが裁判取材で独自に人材を育成し、しかもその人材が、自ら裁判の一報を原稿化するスキルを身につけるまでは続くだろう。

　放送ではこの一報原稿も、判決主文をそのまま読み上げているわけではない。

　例えばテレビやラジオが主文を読み上げたとしても、視聴者には理解が難しい。つまり最初から翻訳作業が必要になる。そのため予定稿をあらかじめ作成することが欠かせず、その際には視聴者が「耳で聞いて理解できる内容」にしておくことが必要となる。

　筆者はNHKに入局したときから「裁判原稿は中学生でも理解できる程度のわかりやすさを」という指導を受けてきた。この傾向は自身が原稿を指導する立場になった現在も変わっていない。

　放送メディアにとっては、新聞に対して唯一の優位を示すことができる、「いち早く」かつ「わかりやすい原稿」を書くため、現在も文章の構成や表現などの検討が続けられている。それはどのニュースであっても基本的には同じであるが、司法とりわけ裁判に関する原稿は、もとになる文章や法廷のやり取りが難解であるため、より職人的な技量が長く求められてきた。

　加えて近年では刑事裁判において裁判員制度が導入され、法律家の間でも使われることばをわかりやすくするための模索がはじまっている。報道機関も原稿での表現方法に一層の配慮が求められるようになっている。

　本章では、映像・音声メディアでの司法のことばや文章が、過去から現在にかけてどう変化してきたか。そして刑事裁判については裁判員制度の中で生じてき

たことばや原稿の変化を、実例をあげながら検討していくことで、司法における日本語について考える。

　そして最後に、ネットニュースが増大する中で、放送メディアにおける将来の司法のことばがどのように変化していく可能性があるのかについても短く触れる[2]。

9.1.2　戦後の映像メディアによる裁判報道

　戦後、映像メディアはどのようなかたちで実際に裁判を報じてきたのか。映像ニュースとして記録が残っている中で最も古い事例に「日本ニュース」がある。

　日本ニュースは、1940 年に新聞社と通信社のニュース映画部門が統合して発足した。戦後の制作体制の変更を経て、1951 年まで制作が続けられた。現在は NHK に映像が保管されており、多くが NHK アーカイブスでその内容が公開されている。

　この中で戦後最も早い時期に制作された裁判報道を見てみる。事例として残されていたのは、いずれも刑事裁判のニュースであり映像を伴っている。

① 「殺人鬼小平義雄は 6 月 18 日、東京地方裁判所において岸裁判長より死刑の
　　判決を言い渡されました。これに対し小平の弁護人・三宅正太郎氏は控訴をす
　　るといわれます。」
（NHK アーカイブス 1947 年 6 月 24 日、日本ニュース　戦後編 第 76 号「小平判
決　東京〈時の話題〉」）

② 「ニュース映画の撮影を禁止するなど、厳重な警戒のうちに、帝銀事件の公判
　　は 7 月 24 日、東京地方裁判所で江里口裁判長から、被告、平沢貞通に対して
　　判決が下されました〈裁判長判決読み上げ〉『この裁判所としては慎重に審議
　　を重ねた結果、被告人に対しては極めて遺憾ではあるが、被告人を殺人の罪に
　　ついて、死刑を選んで処刑するのを相当と認める』これに対して、判決を不服
　　とする平沢被告は直ちに控訴しました。」
（NHK アーカイブス 1950 年 7 月、日本ニュース「平沢に死刑　東京〈時の話題〉」）

　　① は戦後すぐの東京で発生した女性の連続殺人事件、② はいわゆる「帝銀事

---

[2]　本章で使われている放送原稿は、いずれもネットで公開された記事や文献として残された資料を使った。判決文については「判決要旨」から引用しているが、いずれもホームページから確認することが可能なものを用いている。放送日や出典については各引用末尾に付記した。

件」の判決のニュースである。いずれもこれが日本ニュースで流された原稿の全文である。

　冒頭でいきなり「殺人鬼」呼ばわりするのは現代では卒倒ものである。また当時は「肩書き」呼称や「被告」呼称が存在せず、名前はそのまま呼び捨てにされている。ただし、帝銀事件の文章では一部被告呼称も混在している。

　こうした表現上の問題は別として、注意が必要なのはこの2つの原稿がいずれも、具体的な判決理由を何ら伝えていないことにある。書き起こしたのはともに流された内容の全文であるが、原稿は結論である主文を除くとただ法廷周辺の雑感と反応に終始しており、判決が死刑を選択したのはなぜか、さらには被告人の主張は何だったのか、いずれも触れられていない。

　この事例からは、当時の映像メディアが裁判の内容を伝えることを軽視し、ときに放棄していたことが推察される[3]。つまり戦後まもない時期までの映像メディアにおいては、そもそも判決内容をどう具体的に伝え、視聴者に理解してもらうかという検討は乏しかったことが、この2例からはうかがえる。

　筆者が調べた範囲では、このように主文の他には雑感や反応だけというニュースは、戦後も昭和30〜40年代にかけて、テレビやラジオで見られた。

9.2　刑事裁判

9.2.1　裁判員制度によって変化した法廷

　刑事裁判は、2000年代に入って大きく変わった。

　それは「裁判員制度」の導入に伴うものであった。一般の市民が法律の専門家とともに刑事裁判で有罪か無罪かを判断し量刑を決める制度は、すでに1万4000件以上が全国で実施されており、10万人を超える国民が参加している[4]。この裁判員制度は刑事裁判に多様な変化をもたらしたが、ここで取り上げることばの問題についても同様である。おそらく明治以降はじめて「自分たちが使っている用語はこのままでよいのか」という自問を法曹三者に広くもたらした。

　筆者は刑事裁判を長く取材してきたが、裁判員制度がはじまる前の法廷は、一般の市民には不親切極まるうえ、非常にわかりにくいものだった。裁判官、検察官、弁護士とも、一般市民の理解についてはほとんど考えていなかったといっても差し支えないだろう。法廷は専門用語が飛び交い、三者だけで進行され被告人

---

[3]　当時は廷内映像の撮影が現在よりも大幅に認められており、「帝銀事件」の判決では、江里口清雄裁判長の判決文の読み上げが音声つきで収録されている。本項では裁判長の読み上げ部分まで引用した。

[4]　最高裁判所事務総局（2021）「令和2年における裁判員裁判の実施状況等に関する資料」R2-103-1.pdf

すら置き去りにされる。証人尋問や被告人質問は、調書と一言一句同じことばを述べさせようと質問を繰り返す検察官や、反対にわずかなことばの違いを取り上げようとする弁護士の尋問が長時間展開されることもあった[5]。

　もちろん傍聴席はある。自由に聞くことは否定されないが、傍聴する市民は配慮の対象ではない。飛び交う専門用語に加えて小声で早口、中には証拠の要旨告知を大部分省略してしまう検察官もいて、傍聴席からは何をやっているかよくわからなかった。

　筆者は記者になって間もない頃、閉廷後検察に「もっと聞こえるように法廷で話してほしい」と要望したことがある。しかし「傍聴人のためにやっているのではない」と断られた。

　こうした刑事裁判は、2009 年 5 月に裁判員裁判がはじまると大きく変わった。専門家ではない市民が法廷の中に入ることになったためである。

　裁判官、検察官、弁護士とも、「一般市民が理解できる法律のことば」を使うことが求められた。検察と弁護士にとっては市民に理解してもらえなければ自分たちの主張を受け入れてもらえない。裁判所にとっても裁判員との評議が成立しなくなるためである。

　制度導入後、まず明らかに変わったのは法曹三者の法廷での「話し方」である。これまでよりも明確に発言し、検察官、弁護士とも法壇に向かって話をするようになった。また、書面に頼ることができなくなったためと思われるが、下を向いて書面を読み上げる者も大幅に減少した（一方で法廷のテレビモニターが多用されることになり、全員がモニターを見続けることが増えた）。裁判員に理解できるようわかりやすく話すということは、自然、傍聴席でも聞き取りやすく、内容が理解できるということでもある。そしてそれは、多くの人が刑事裁判を理解できるようになったということである。

　裁判員裁判はなお多くの課題がさまざまな立場の人々に指摘されているが、この「わかりやすさ」という点においては、大幅に改善されたといえるだろう。

9.2.2　専門用語・慣習用語と見直しの動き

　刑事裁判の用語のうち、専門用語をどう見直すかについては、日本弁護士連合会（日弁連）が制度開始前に裁判員制度実施本部「法廷用語の日常化に関するプロジェクトチーム」で組織的な検討を行っている[6]。

---

[5]　最高裁判所事務総局（2019）「裁判員制度 10 年の総括報告書」r1_hyousi_honbun.pdf

[6]　日本弁護士連合会裁判員制度実施本部法廷用語の日常語化に関するプロジェクトチーム（2007）「法廷用語の日常語化に関する PT 最終報告書」あるいはこれを書籍化した、後藤昭監修（2008）「裁判員時代の法廷用語—法廷用語の日常語化に関する PT 最終報告書」三省堂

　2004 年 8 月〜2007 年 12 月まで計 37 回開催されたこの会議は、弁護士だけでなく刑事法学者や言語学者、社会心理学者、そしてテレビ局のアナウンサーや解説委員も参加して検討が行われた。

　プロジェクトチーム座長であった酒井幸は、日弁連の事務次長として司法クラブの報道各社との交流があり、たびたび用語について各社の記者と議論を行っている。また、このプロジェクトに参加していた藤田政博（現・関西大学教授）は、2004 年に大学生や報道関係者などを対象に「法廷用語に関する面接調査」を実施し、刑事裁判で使われてきたことばの認知度などを分析した。

　調査ではそれぞれのことばについて「聞いたことがある」とする回答が、例えば「宥恕する」「付和随行」でともに 6.52％、「罪体」で 8.70％ などだった。調査した 50 語のうち 16 語で認知度は半数以下にとどまっていることを明らかにした[7,8]。

　プロジェクトチームの最終報告書では、刑事裁判の流れに沿って、こうした専門用語のことばの言い換え案が示されている。公開された資料としては従来になかったもので、今日も貴重な資料となっている。

　ただし、メディアがこの報告書を座右の書にして単語を修正しているかといえば、そういう使い方はしていない。報告書は、裁判員に正確に理解してもらうことを念頭にしているため、長い言い換えになったり補足説明を付記したりすることが多く、必ずしも放送メディア向けとはいえない。

　例えば日弁連の報告書が示している専門用語と放送メディアのことばの言い換えは、現状では表 1 のように異なっている。

　こうした専門用語には、「法律用語」の他、特に刑事裁判で長く使われてきた「慣習用語」もある。

　例えば「手拳で殴打する」「威迫する」「思慮する」「然は然りながら」などがこれにあたる。文語体の古いことばが中心である。筆者は戦前、戦中の司法について取材することが多いが、戦前の判決文にはこうした文語が多用されていた。いまなおこうしたことばが残っているのは、法曹三者の「業界用語的な名残」ともいえるのだろう。これらは文字で見れば意味を推測できるものの、耳で聞いても理解は難しいものが多い。「シュケンでオウダ」「イハク」「シリョ」ということばの意味をテレビやラジオで聞いて、即座に意味を把握するのは困難だろう。こうしたことばもまた、言い換えは必須となる。無論、いずれも「げんこつで殴る」

7　調査の概要は藤田政博「法廷用語に関する面接調査」（日弁連（2005）『自由と正義』3 月号）。

8　筆者はこの調査の様子を取材し 2005 年 2 月 13 日放送「NHK スペシャル　21 世紀 日本の課題 司法大改革 あなたは人を裁けますか」で放送した。

表1　「専門用語」言い替え例[9]

	日弁連報告書	放送メディアの使用例
公判期日	「その事件の裁判のために法廷が開かれる日」	「裁判が開かれる日程」など
起訴状	「検察官が起訴のために提出する書面」	「起訴状」
公訴事実	「検察官が裁判を求める事件の要点。裁判所の初めに検察官が朗読する『起訴状』に書かれている」	「起訴された内容」
論　告	「すべての審理が終わった後で、検察官が行う最終的な主張」	近年使用されないことが多い
求　刑	「被告人に科すべき刑罰の種類・程度について検察官が意見を述べること。論告の最後に行われる」	「求刑」あるいは「・・年にするよう求めました」
情状・情状酌量	「被告人の有罪及び罪名が決まった上で、刑を決めるために考慮すべき具体的な事情（後略）」	「刑を軽くする事情」など
正当防衛	「危害を加えてきた相手に対して、自分の身体や財産を守るために、その場でやむを得ず反撃すること（後略）」	「正当防衛」
過剰防衛	「危害を加えてきた相手に対して、自分の身体や財産を守るために、その場でやむを得ず反撃したが、その程度が行きすぎたもの」	「防衛の行為が行きすぎた」など
心神喪失	「精神の障害により、やってよいこととやってはいけないことを判断し、またはやってはいけない行為を抑えることが、まったくできない状態（後略）」	「善悪を判断する能力が失われている状態」など

（放送での使用例は NHK での放送事例に基づく）

「脅す」「考える」といえば済むことである。

　また、省略形の慣習用語もある。例えば「しかるべく」などがこれにあたる。このことばは裁判長が弁護士や検察官に「意見は？」と質問した際、特に異論がない場合に発話される。この単語の意味するところは「特に異議はないので、これまでのやりとりを前提に適切な処置をお願いします[10]」ということになる。

　こうした内部だけで用いられる慣習用語も、当然裁判員には通じない。この結

9　用語は最終報告書から抜粋し筆者が一覧にした。放送で使用する用語は一例として示した。

10　藤田政博「裁判員時代の法廷用語」『月刊 言語』2009 年 9 月号、大修館書店

果、裁判員の法廷では使われなくなってきた。さらに、弁護士や検察官が「しかるべく」と発言したときには実際の法廷で裁判長が「異議はないということですね」と確認するような場面もあり、裁判員への配慮が見られるようになった。

　裁判員裁判はこのような閉鎖的で業界的な「慣習用語」を減らすことにも役立っているといえるだろう。

9.2.3　犯人視報道を避けるための配慮

　では裁判員裁判のスタート以降、報道機関の変化、とりわけ放送メディアの原稿はどう変わったのか。

　最も大きく変化したのは、原稿の表現よりも要素そのものや、人権上の配慮である。比較考慮するために、まずは公刊物に掲載された昭和50年代のNHKでの実際の放送原稿を例にあげる。

（1984年放送原稿）
① おととし（の六月）、京都市（左京区）のアパートで、女子大生に乱暴（しようと）して首を絞めたうえ部屋に放火して殺した、元専門学校の学生に対する論告求刑公判がきょう京都地方裁判所で開かれ、検察側は死刑を求刑しました。

② 死刑を求刑されたのは、事件当時、京都市左京区Aのアパートに住んでいた元専門学校の学生B被告（二三歳）です。

③ この事件は、おととしの六月二八日の正午ごろ、京都市左京区Aのアパートで、友人の部屋を訪れた滋賀県C町のD大学文学部二回生、E子さん（一九歳）が、首を絞められたうえ部屋に放火されて殺されているのが見つかったものです。

④ この事件では、現場近くのアパートに住んでいたB被告が、E子さんに乱暴しようとして部屋に忍び込み犯行に及んだことが分かり、殺人や放火などの罪に問われていました。
（1985年4月号、放送研究と調査「放送のことば」より「〈例文1〉ラジオニュース」[11]）

　筆者が仮にこの事件の原稿を、2022年現在の放送用原稿として作成すると次の

---

[11] 個人名や住所、校名は筆者によって匿名処理を行った。また便宜上、文章の冒頭に算用数字をつけた。

ようになる。なお、論告や弁論の内容などは筆者が一例として架空の内容を書き込んだ。

（現在の放送原稿として修正した場合）

① おととし、京都市のアパートで19歳の女性に性的暴行を加えようとして首を絞めて殺害し部屋に放火したなどとして、殺人などの罪に問われている23歳の被告に、検察は死刑を求刑し、弁護士は死刑を避けるよう求めました。

② この事件は、おととし6月に京都市のアパートで、滋賀県C町の大学生E子さん（19）が殺害され、部屋が放火されたもので、同じアパートに住む専門学校の学生だったB被告が、性的暴行を加えようとして首を絞めて殺害し、火をつけたとして、殺人や放火の罪に問われています。

③ この事件の裁判員裁判が京都地方裁判所で開かれ、検察は「性的暴行を目的とした残虐な犯行だ」などと述べて死刑を求刑しました。

④ これに対して弁護士は「本人は深く反省していて、死刑は避けるべきだ」などと述べ、被告は法廷で「申し訳ありませんでした」と改めて謝罪の言葉を述べて、すべての審理を終えました。

⑤ 判決は〇月〇日に言い渡されます。

　昭和59年の放送原稿を見てみると、現在まったく使わないのは、①の「首を絞めた上部屋に放火して殺した、元専門学校の学生」という表現である。これは被告人を「殺した・・・学生」として「犯人扱い」している。裁判員裁判が行われている現在、視聴者や裁判員にまるで犯人であるかのような印象を与える報道は許されない。後半の①のように「殺害し部屋に放火したなどとして、殺人の罪に問われている23歳の被告」と表現しあくまでも「として」「罪に問われている」という表現にしている。

　また、④は「部屋に忍び込み犯行に及んだことが分かり」と、これも犯人扱いしている表現であり、現在では使われない。後半④ではこの表現をすべて削除し、代わりに前半ではまったく使われていなかった弁護側の主張を盛り込んだ。

　日本新聞協会は裁判員制度がはじまる前年の2008年に「裁判員制度開始にあたっての取材・報道指針」を設けている。

　この中では、テレビの事件報道によって裁判員が「被告人＝犯人＝有罪」という先入観を持ってしまうのではないか、という懸念があったことからいわゆる犯人視報道をしないために、一層配慮することを申し合わせている。

　具体的な例として、「被疑者の対人関係や生育歴等のプロフィルは、当該事件の本質や背景を理解する上で必要な範囲で報じる」「前科前歴については、これまで同様、慎重に取り扱う」などと記されている[12]。

　とりわけ報道各社は、裁判員自身が直接触れる可能性がある刑事裁判のニュースについて一層被告人の人権に配慮し、犯人視報道につながらないよう表現に注意し、また、その主張をできるだけ公平に伝えることとなった。

　例えば修正した原稿のように、検察側が論告だけでなく、被告人の最終意見陳述の内容や、弁護士の主張も盛り込んでできるだけ対等にしている。

　文末も従来の刑事裁判の原稿では「検察は……と指摘しました」「弁護士は……と主張しました」などと表現していた。しかし検察は「指摘」、弁護士は「主張」では検察が正しく、弁護士がただ反論しているだけに受け止められる恐れがある。このため裁判員裁判の後は、検察と弁護士の表現を一致させることにしている。現在は多くの場合、どちらも「述べました」「話しました」などにすることが多い。

　また、検察側の言い分だけ長々と紹介し、弁護士の言い分をかたちだけ短くすることも適切ではない。特に無罪主張の場合は、被告人・弁護士の言い分を、できるだけ検察側と同程度の長さにするよう配慮をしている。

　このように双方の主張をできるだけバランスを取って盛り込むということが、過去の刑事裁判の原稿表現と、裁判員裁判を踏まえた原稿表現の最も大きな違いである。

9.2.4　事件原稿全体に広がる配慮

　こうした配慮は、裁判員制度がはじまって以降、裁判原稿だけでなく事件報道全体に広がっている。

　例えばかつて事件原稿で多く見られた「警察は厳しく追及」「反省の様子は見られない」といったような表現は、そもそも犯人であることを前提とした原稿表現であり、現在では望ましくない。

　日本新聞協会の指針にもあるが、「前科・前歴」についてNHKでは基本的に触れない。「前科○犯の泥棒また逮捕」のような原稿は特別な事情がない限り見られなくなった。仮に前科前歴について触れる場合は、事件の全体像を伝えるうえで、必要不可欠かどうかを慎重に検討している。

　もちろん、容疑者の生い立ちや家庭環境、経歴なども事件の背景を探るために取材は不可欠となることがある。ただしそれが事件に無関係なプライバシーを取

---

[12]　日本新聞協会「裁判員制度開始にあたっての取材・報道指針」2008年1月16日

り上げたり、裏づけのない段階で犯人視報道につながったりするような原稿は書かないようにすることが重要である。

　また、逮捕時点では「A容疑者」、起訴後は「A被告」という呼称を用いているが、容疑者呼称や名前の連呼をできるだけ避けている。2度目以降は、例えば「課長」や「選手」に書き換える。肩書きがない場合は名前をつけずに「容疑者」だけにするといった配慮が行われている。

　さらには「男」「女」という呼称も、現在ではむやみには使わないように注意されている。例えば肩書きがある場合「男を逮捕しました」ではなく「元社員を逮捕しました」などと言い換える他、肩書きがない場合も「女を逮捕しました」ではなく「容疑者を逮捕しました」といった表現を用いる。もちろん限界もあり、必要最小限で「男」や「女」を使うこともある。

　ここまであげてきた原稿の変化は、裁判員制度の導入をきっかけに新聞協会の指針に基づいて、各社が独自に取り組んでいるもので、ここでの紹介も現場の一例にすぎない。

　ただし、刑事裁判の原稿におけるこうした配慮は、裁判員裁判の対象事件だけにとどまらない。裁判員裁判だけ配慮をすれば司法原稿のダブルスタンダードになってしまう。このため、結果として刑事裁判の原稿全体、そして裁判の前の時点である事件原稿の段階で、犯人視報道を避けるための前述のようなさまざまな配慮が行われるようになってきた。

　つまり報道にとって裁判員裁判は、事件原稿全体のことばや表現を大きく変える役割を果たしてきたといえる。

9.3　民事裁判

9.3.1　耳で聞いてわかることばへの変換

　民事裁判については、裁判員裁判のような一大変革が起きていない。この結果刑事裁判に比べ、依然として難解な用語がそのまま使用され続けている。

　このため放送メディアが民事裁判を原稿にする際には、書面から大規模な書き換えが求められる。今回は実際の事例から判決文をどう変換していったのかを、筆者の最近の実例をもとに紹介する。

　なお、ここでの言及は原稿作成上のことばと文章の問題に限定するものであり、取材内容や取材指揮に関しては一切触れない。

　事例は原発事故で避難した人たちが国や東京電力に賠償を求めた裁判である。

① 東京電力福島第一原子力発電所の事故で愛媛県に避難した人たちが、国と東

京電力を訴えた裁判で、2審の高松高等裁判所は1審に続いて国の責任を認め、国と東京電力に合わせて4600万円あまりの賠償を命じました。

② この裁判は福島第一原発の事故で愛媛県に避難した人たちが、生活の基盤を失い精神的な苦痛を受けたなどとして国と東京電力に賠償を求めたもので、1審の松山地方裁判所はおととし、国の責任を認めて東京電力とともに2700万円余りの賠償を命じていました。

③ きょうの2審の判決で、高松高等裁判所の神山隆一裁判長は「東日本大震災の9年前に政府の機関が公表した地震の評価は、専門家の審議によるもので信頼できる。国は、これに基づいて津波の危険性を予測し、対策が取れたはずだ」と指摘して、1審に続いて国の責任を認めました。

④ そのうえで「慣れない場所で避難生活を続けて平穏な日常生活を営むことができなくなり、故郷も失った住民たちの精神的な苦痛は極めて深刻だ」として、ほとんどの原告について1審から慰謝料などを増額し、国と東京電力に対して控訴した23人に合わせて4600万円余りを支払うよう命じました。

⑤ 原発事故で避難した人たちが国に賠償を求めた集団訴訟の高裁判決は全国で4件目で、国の責任を認める判決はこれで3件目です。

（2021年9月29日高松高等裁判所「原発避難者訴訟2審判決」同日のNHK放送内容より）

　放送メディアで多く見られる形式の民事の判決原稿である。
　①は「リード」と呼ばれる見出しの部分であり、原稿全体のエッセンスをここに盛り込む。テレビの場合、おもにアナウンサーが顔を出して読み上げる部分である。最低限この部分だけ聞けば原稿の内容は理解できるものになっている。一方で、このリードが長くなると視聴者には混乱を招きかねない。
　②は裁判の経緯である。この訴えがなぜ起こされ、原告はどのような主張を行ってきたのかを書き込む。上記事例は控訴審なので、「裁判が起きるまでの経緯」に加えて「1審の判断」がどうだったのかも盛り込む必要がある。
　③と④は判決内容である。この原稿で核になる部分である。小さい裁判では判決部分は1文だけに短くしてしまうこともあるが、このニュースでは裁判所の判断が重要だったため争点ごとに分けて伝えている。なお③は予見可能性と国の責任が認められたこと。④は賠償について書いている。
　⑤は判決文には含まれていない内容で、全国での一連の裁判についてまとめている。

　長大な判決文を読み込みながら判断部分を少しずつ差し替えの原稿に入れ込んでいき、短時間で出稿を終える必要がある。文章の構成を分類したところで、今度は原稿の表現をどう工夫していくか、番号ごとに順を追って見ていく。

9.3.2　見出しと経緯

　①の見出しでは、本来の裁判では重要な要素がいくつも抜け落ちていることがわかる。例えば原告が何人なのかも入っていない。また、「訴えた」と書いているが、損害賠償請求事件であることも入っていない。さらにいくらを求めたのかも入っておらず、提訴したのが松山地方裁判所であることも入っていない。

　このリード部分は原稿を書くうえで、事前に検討を重ねて取捨選択を行っていくことになる。リードを短くし、一般の人が1度聞いただけでも理解できる情報量にとどめる必要があるためだ。要素をどのくらいそぎ落としているか、訴状に書かれた「請求の趣旨」と判決の「主文」を原稿のリードとそれぞれ並べてみよう。

（請求の趣旨1）「被告らは、別紙原告目録記載の各原告に対し、連帯して、金550万円及びこれに対する平成23年3月11日から支払済みまで年5分の割合による金員を支払え」
→（放送原稿のリード前半）「東京電力福島第一原子力発電所の事故で愛媛県に避難した人たちが、国と東京電力を訴えた裁判」

（判決の主文）「1、一審原告らの控訴に基づき、原判決主文第1項に係る部分を取り消す。2、1審被告らは、1審原告に対し、連携して同一覧表の「認容額」欄記載の各金員を支払え」
→（リード後半）「2審の高松高等裁判所は1審に続いて国の責任を認め、国と東京電力にあわせて4600万円あまりの賠償を命じました」
（請求の趣旨は訴状、判決主文は判決要旨より[13]）

　訴状に書かれた表現や判決主文の表現では、視聴者にはほぼ理解ができない。このため原稿は裁判の文書から大きく変更させていることがわかるだろう。特にリードはまず短くそぎ落とし、表現もほぼ全面的に変更している。

　請求の趣旨つまり「訴え部分」は「原発事故で愛媛に避難した人」が「国と東

---

[13]　訴状および判決要旨–福島原発事故 避難者裁判を支える会／えひめ（fukushima-hinansya.jimdofree.com）

京電力を訴えた」、という2要素だけに短縮した。訴状にある「被告」「各原告」「連帯して」「金550万円」「年5分」「金員を支払え」などのことばはいずれも用いていない。落としたのはどれも難解な用語であり、不要な表現であること、あるいはここでこのことばを使うと、視聴者の理解を妨げると判断したことである。反対に被告が国と東京電力であることは、原稿で追加している。また、金利の「年5分」は裁判の本筋とは無関係な要素である。「金員を支払え」は「金員」が日常で用いられることばではなくしかも「キンイン」と耳で聞くことで却って混乱する可能性がある。そして「550万円」は請求額である。今回は判決で賠償が認められたので、認容された金額と2つの数字が入ることで視聴者の理解を妨げる恐れがあると判断して落とした。

　続いて②の経緯である。ここでは、1「原告たちの主張や裁判の概要」、2「1審の判決内容」、3「控訴審」の3つの要素が入っている。時系列でいうと数年、ときには10年以上に及ぶ長期間の争いを事実上1文で短くまとめることが必要である。

　記者にとっても難しい点の1つがこの経緯である。長引く争いになればなるほど、つい長々と書いてしまう。だが、経緯を長く書けば書くほど原稿は複雑になるうえ、当日の判決内容を書き込む分量が少なくなる。

　ここでは、「愛媛県に避難した人たち」が「生活の基盤を失い精神的な苦痛を受けた」などと主張して「国と東京電力を訴えた」こと（ここまで上記1の要素）、そして1審の松山地裁の判決内容（ここまで上記2の要素）で作っている。3の要素は本来入れるべきだが、原稿の分量の都合上、やむなく省略している。

　この経緯部分は、原告被告の言い分を適切に盛り込むことが求められる。事前にできるだけ丁寧に取材を行い、原告たちが最も強く訴えていることは何か、そして被告の反論は何か、さらには1審の判決でのポイントはどこかを絞り込んでいかなければならない。

　民事裁判での①リードと②経緯をどのように短くすべきかについては、古くから課題となってきた。かつての放送原稿を参考に見てみたい。これは昭和50年代の全国版のニュースでのリードである。

「本格的な公害訴訟としては初めて最高裁判所に持ち込まれた大阪空港公害訴訟について、裁判長が、原告・被告双方に和解の意向を打診したのに対して、原告住民側は、和解に応じる意思があることを表明し、国側は態度を保留しましたが、国の出方によっては、大阪空港公害訴訟は、国と住民の話し合いによる解決の可能性もでてきました」

（1981年12月号『文研月報』井上鎮雄「ニュース文章は変えうるか」より、1978

年 5 月 23 日 NHK7 時ニュース原稿）

　引用したのは原稿全体ではなく、リードだけである。悪文といわざるを得ない。「裁判長が」の前には長々と「〜について」という文章がはめ込まれ、文中には逆説の「〜が」も盛り込まれていて、この文章だけで 140 字を超えており、放送で聞いた視聴者はまず理解できないだろう。

　引用した文献でも「最近のニュースリードの長文化の傾向を示すよい見本である」としており、わかりにくい事例として紹介したうえで、要約する案を複数示している。

　ただし、長さや構成は現在としては考えられないものの、実は上記引用文に用いられている個別のことばは、現在の放送文とさほど違いがない。「和解の意向を打診」「和解に応じる意思」「態度を保留」などはいまもそのまま使われている。「和解」ということばの繰り返しを避けるため「話し合いによる解決」という言い換えも用いているが、これも現在の放送で用いられる表現である。

　つまり、放送メディアにとって民事裁判の報道で大きく変化したのは、ことばよりも 1 文の長さや文章の構造であることが、この引用例からもわかる。

9.3.3　判決理由の原稿化
　では、高松高裁の「原発避難者訴訟」の原稿に戻り、ポイントである判決理由の表現を放送原稿でどのように書き換えていったのかを見ていこう。原稿の③にあたる予見可能性についての判決要旨は次のとおりであった。

（判決要旨）
　「地震調査研究推進本部（推進本部）は、平成 14 年 7 月 31 日に「長期評価」を公表した。長期評価は三陸沖北部から房総沖の日本海溝寄りのどこでもマグニチュード 8 クラスのプレート間地震（津波地震）が起こり得るとしており、ポアソン過程により、今後 30 年以内の発生確率は 20％程度、今後 50 年以内の発生確率は 30％程度と推定されるとした。（中略）

　したがって、経済産業大臣としては、原子炉施設についての規制権限行使の要件の具備の判断において、長期評価の見解をも参照し、（中略）想定される津波が福島第一原発に及ぼす影響の有無や程度を調査、検討すべきであった。

　経済産業大臣が、この津波評価シミュレーションを第 1 審被告東電に指示するなどしていれば、しかるべき時期には、第 1 審被告東電が平成 20 年に試算したのと概ね同様の試算結果（福島第一原発の敷地南側においては、O．P（小名浜港工事基準面）＋15，7 m 程度（福島第一原発の主要建屋の敷地高を大幅に上回

る。）の津波が到来する危険性があることを認識し得た（後略）」

（該当部分の原稿表現）
「震災の 9 年前に政府の機関が公表した地震の評価は、専門家の審議によるもので信頼できる。国は、これに基づいて津波の危険性を予測できたはずだ。」

　判決文は長文に加えて専門用語と略語と数字が入り乱れ、文意を把握するには相当な困難がある。この文章を原稿表現では思い切って切り取り、わかりやすい表現に修正した。おもに言い換えた単語は以下のとおりである。

「平成 14 年」→「震災の 9 年前」
「政府の地震調査研究推進本部」→「政府の機関」
「今後 30 年の発生確率は 20％程度、今後 50 年以内の発生確率は 30％程度」→「地震の評価」
「経済産業大臣が、この津波評価シミュレーションを第一審被告東電に指示するなどしていれば（中略）津波が到来する危険性があることを認識し得た」→「国はこれに基づいて津波の危険性を予測できたはずだ」

　判決文に書かれた「平成 14 年」は「震災の 9 年前」とすることで、東日本大震災までなお長い時間があったことを示すことができるし、「地震調査研究推進本部」は「政府の機関」と言い換えたほうがわかりやすい。
　特に、判決のポイント部分は、長文でありなおかつ主語と述語が不明確な悪文であることが少なくない。判決文で予見可能性に直接言及している最大のポイント部分は「津波が到来する危険性があることを認識し得た」という表現だが、この前には長々と前提となる条件がついている。もちろん放送で全部を入れ込むことはできない。落とせる部分はバッサリと落とし、突き詰めた結論である「政府は津波の危険性を予測できたはずだ」としてしまう。
　判決理由のうち原稿の ④ の損害についても同様の検討を行っているが、紙幅の都合でここでは省略する。
　判決言い渡しの直後、放送メディアの記者たちは、ときに 100 ページを超える判決文を一気に読み込んで、言い渡しのわずか数分後には一報を出稿することになる。大きな裁判は事前に予定稿を作っているため、争点のポイント部分を穴開けで準備しており、その部分の判断を探していく。また、判断が見つかった場合も、それをどうやって短く、なおかつわかりやすい表現に修正できるかを数分で判断していくことになる。加えて民事裁判は前述のように旧態依然の「専門用語」

「慣習用語」が多く用いられ続けている。こうした用語の山の中をかき分けるようにして読んでいく。

　民事裁判の原稿については、単語を言い換えるマニュアル類は存在しない。取材する者の経験と知識に基づいて、出稿が行われていく。いってみれば特に民事裁判の原稿作成は、より職人的な仕事といえるだろう。

9.4　最後に　～今後のメディアにおける司法のことばは～

9.4.1　放送メディアの"ネット展開"

　ここまで刑事と民事に分けて、裁判報道での文章・ことば・表現を見てきた。では、放送メディアにとって今後の「司法のことば」はどうなっていくのか。最後に考えられる将来について、私見を述べたい。

　現在、放送局の多くで取り組んでいるのが、"ネット展開"である。いわゆる放送用原稿を自社のニュースコーナーに掲載し、動画を付している程度のものが多い。

　一方で NHK や民間放送局の中には、ネット原稿を放送より情報量を増やして掲載しているところも多い。例えば重大な裁判では、法廷でのやり取りを詳しく伝える「特集コーナー」をはじめているところがある。いわゆるネット向けコンテンツである。テレビ・ラジオと異なり、ネットであれば取材した内容を豊富に盛り込むことができる。いわば放送とネットの「書き分け」であるが、記者にとっては取材の成果をより豊富に伝えることができるため、今後も放送メディアのネット記事は充実していくと考えられる。

9.4.2　ネット化に伴う「先祖返り」

　ところがこうしたネット原稿の中には近年、放送では用いられなくなったはずの単語が散見されるという現象が起きはじめている。ここでは現在も閲覧できる NHK の特集ページの中からいくつかを例示する。

「検察の反対尋問」「弁護側の主尋問」（河井克行元大臣【第 53 回公判 4 月 6 日】）
「買収目的を持っていたという認定には左右しない」「差配したと認められる」（河井案里参院議員に有罪判決・判断のポイント 1 月 21 日）
「反省の情は皆無だ」（河井克行元大臣【第 55 回公判 4 月 30 日】論告[14]）

---

[14]　河井克行・案里夫妻「百日裁判」選挙違反事件の行方は | NHK NEWS WEB（最終閲覧日：2022 年 9 月 2 日）

「被告には『自閉スペクトラム症（ASD）』の特性は認められる」「看護師としての
　知見と立場を利用。計画性が認められ、生命軽視の度合いも強く、悪質だ[15]」

　これらの中には、放送原稿では一般には使わない単語が使用されている。
　例えば選挙違反事件の原稿で「主尋問・反対尋問」という表現は放送では「検
察（弁護士）が質問した（聞いた）」などと表現することが多い。「反省の情は皆
無」「認定には左右しない」「差配した」「知見」という表現もテレビやラジオでは
一般には使わない。
　使われなくなったはずのこうした表現が再び用いられるのはなぜか。それは
ネット原稿が「耳で聞いて理解する」ということを前提としてないからと考えら
れる。例えば「サハイしたと認められる」と放送で聞いても、サハイが「差配」
であるとすぐに認識することは難しい。シュジンモンも法律に詳しくないと「主
尋問」という単語がすぐには出ない。だが、スマホあるいはパソコンの画面を見
ている人を念頭に書いているため、「画面で字を見てわかるだろう」という判断か
ら用いられていると考えられる。
　その結果、放送メディアが長年の試行錯誤を経て求めてきたわかりやすさ、つ
まり耳で聞いて理解できることば遣いが、ネット原稿によって、再び新聞のよう
に字面を読んで理解できることばへと戻りつつある、いわば「放送原稿の先祖返
り」といえるような現象がいま起きている。
　これは現状、ネット原稿だけの現象である。しかし取材現場では、放送原稿と
ネット原稿のシームレス化もはじまり、放送原稿を一部加筆してネットに掲載す
ることも珍しくない。あるいは放送原稿と同じ原稿でも、データ放送やオンライ
ンニュースに使われ、画面で文字を表示して伝えるニュースが増加している。つ
まり耳で聞いてわかるように書いた原稿が、目で見て伝える原稿として使われる
ケースは増え続けている。
　もう1つの特徴は「自閉スペクトラム症（ASD）」のようなかっこ書きの表現で
ある。このようにかっこで略称や別名称などを入れる手法は、活字メディアでは
常用されているが、放送メディアではこれまで用いられてこなかった。アナウン
サーが読むことができないからである。だが、これもネット用原稿では便利な手
法として用いられるようになっている。
　かぎかっこ（「　」）やダブルクォーテーション（" "）といった記号を用いるケー
スは、上記補足説明の場合にとどまらない。例えば「当事者の『告発』」や「明ら

15　大口病院 点滴連続殺人裁判 死刑回避の理由は｜NHK 事件記者取材 note（最終閲覧日：2022 年 9 月 2
　　日）

かになった“問題点”」といった使い方もある。これらは発音しないので、耳で聞いても記号の存在を認識できない。だが、ともに「当事者がそういっているにすぎない」「こういう表現も取り得る」というニュアンスを伝えることで「執筆者は必ずしも同意しているわけではない」という、いわばことばに対する距離感を持たせることができる。

　こうした記号類は、ニュースのタイトルや小見出しなどテレビの字幕（スーパー）の中でこれまでも使用されてきた。だが、ネット原稿では原稿本文にも多用されている。耳で聞いてもわからない原稿本文の中にまで侵食してきたのは、危機管理意識の高まりだけにとどまらず、原稿がネットによって見られることを執筆する側が認識してきた結果であるともいえるだろう。

　今後もテレビ・ラジオの放送メディアがネットへの展開を加速していく中で、こうした現象は増えていくと見られる。だが、ネット原稿が増えていったとしても、「アナウンサーが読み上げる原稿を耳で聞く」という視聴形態がなくなることは考えにくい。

　こうした中で、あたかも活字メディアへと戻っていくような、耳で聞いて判読しにくい単語の使用や発音しない記号は、わかりやすい日本語からの逆行であり、やはり抑制的であるほうが望ましい。使用する場合もネット用と放送用で使い分けることは欠かせないと考える。

　最終章の小見出しを「先祖返り」とかぎかっこで表現したのも、こうした現象を「執筆者は必ずしも同意しているわけではない」ことの現れである。

［清永　聡］

10　行政におけることばの問題

　本章では、難解な公用文を概観して、どうやったらわかりやすくできるかを考察する。日本では、2022 年に「公用文作成の考え方（建議）」（文化審議会 2022）が出て、いよいよ公用文の新時代に入ったといえる。これからは、わかりやすい公用文を書く技術が公務員に求められることになる。行政におけることばの問題を考える際、窓口対応などの話しことばにもいろいろ課題はあるのだが（岩田・柳田 2020）、この章は書きことばに絞って進めたい。海外の事例も参考にしながら問題解決に必要な取り組みを提案する。

10.1　問題の所在

　行政におけることばの問題として、本章は難解な公用文の問題を扱う（以後、難解な公用文を読者の視点で表現する際にはわかりにくい公用文と呼びたいが、引用の際などは読みにくい公用文とすることもある）。公用文には難解で読者がわかりにくいものが一定数混じっている。難解な公用文は問い合わせが増える。また、行政側の指示が正しく伝わらず、市民が出す提出物にミスが増える。これらは職員の勤務時間に跳ね返ってくる大きな問題である。一方で、難解な公用文は市民が読まなくなる。「国語に関する世論調査」（文化庁 2017）では、「官公庁などが示す文書で読むことがあるもの」という質問項目があるが、「読むことはない」と答えた人が 2010 年度の 39％から、2017 年度の 43.6％へと増加している。公用文は半分近くの人が読んでいないということになる。理由は書かれていないが、わかりにくさと無関係ではないだろう。

　難解な公用文と一言でいっても、論点がぼやけていてわかりにくいのか言い回しが硬すぎてわかりにくいのかは別物である。このようなわかりにくさのパターンについて 10.2 節で概観したい。また、公用文のジャンルについて 10.3 節で全体像を示したい。本章で扱うのは一般市民向けに書かれた公用文である。公用文が難解なのは世界各国の共通課題であるが、10.4 節では公用文がわかりにくくなる

要因を公用文執筆者の視点から列挙したい。続く 10.5 節はわかりやすくするためにどういった取り組みが必要になるか、国や自治体といった大きな単位で必要な条件を 4 点述べる。10.6 節はそれらの条件がいまの日本ではどの程度満たされているのか、通信簿というかたちでまとめて締めくくりたい。

10.2　難解な公用文とそのパターン

　公用文には難解なものがあるが、そのわかりにくさのパターンをここでは論じたい。まず、実例を紹介するところからはじめる。以下は、関東某県にある自治体のお知らせ「保育園とは」である。下線 A〜C は筆者が加筆している。

保育園とは
　保護者が労働や病気などの理由で、児童の保育ができない場合に、保護者の申込みを受けて、その児童の保育を行う児童福祉施設です。保育園における保育は、養護と教育が一体となって、豊かな人間性をもった児童を育成することに特徴があります。その保育の基本は、家庭や地域社会と連携を密にして家庭養育の補完を行い、児童が健康、安全で情緒の安定した生活を送れる環境をつくることです。そして、児童それぞれの個性が十分に発揮できるよう配慮し、健全な心身の発達を図ることを目的としています。A

対象者
　保育の対象者は、児童の保護者のいずれもが次の各号のいずれかに該当するため、ご家庭で保育できないと認められる場合で、かつ、同居の親族その他の方も保育できないと認められる児童です。B
1　昼間に居宅外で労働することを常態としていること。C
2　昼間に居宅内で当該児童と離れて日常の家事以外の労働をすることを常態としていること。
3　妊娠中であるか又は出産後間がないこと。
4　疾病にかかり、若しくは負傷し、又は精神若しくは身体に障害を有していること。
5　長期にわたり疾病の状態にあるか又は精神若しくは身体に障害を有する同居の親族を常時介護していること。
6　震災・風水害・火災・その他の災害の復旧に当たっていること。
7　町長が認める前各号に類する状態にあること。

　下線部 A は、保育園の定義である。7 行にわたって延々と保育園を解説している。保育園を説明するのに、「豊かな人間性」とか「家庭や地域社会と連携」など美辞麗句が続くが、文章が長すぎる。日常会話で「保育園って何？」と聞かれて、こんな長文にはならないはずである。せいぜい「保護者が何らかの理由で面倒を見られないときに、子どもを預ける施設です。」くらいの定義で用は足りるだろう。

　下線部 B は対象者を説明しているのだが、ストレートに「子どもを預けたい理由がある人（以下の条件参照）」といってもかまわないのに、「ご家庭で／同居の親族その他の方も保育できないと認められる」と否定（ない）や受身（られる）を用いて対象者を指定している。肯定・能動ではなく否定・受動を使った間接的な言い回しである。全体として、保育園には簡単に入れないというメッセージが伝わってくるが、それをストレートにいうと角が立つのでぼかしているともいえる。

　下線部 C は、「いつも外で働いている人」といえばいいところを、「昼間に居宅外で労働することを常態としている」などという言い方をしている。要は法律文をそのままコピーしてきた文章である。自分の頭で文章を作らないと、こういった法律文をそのまま引用した硬い文章になる。

　このように、公用文の難解さの原因は、「長い文章」「間接的な説明」「法律文の借用」などが原因となっている。岩田（2016）では、この 3 つを難解な公用文の原因となる 3 大ポイントと指摘している。これらは談話レベルの問題であるが、公用文の難解さを論じるとき、語彙レベルの問題点が批判されてきた歴史がある（岩田 2022b）。「善処する」は感じが悪い、「アウトソーシング」などの外来語は使うべきではないなど、公用文改革はこれまで語彙の問題として扱われてきた。しかし、上記の『保育園とは』を見れば明らかであるが、語彙だけを修正してもわかりやすくはならない。全体の構造の整理、並べ替え、取捨選択という談話レベルの修正をもっと考える必要がある。

10.3　公用文のジャンル横断

　公用文の談話レベルの問題を考えるには、そのジャンルごとの分析が必要である。公用文には一体どのような種類の文書が含まれるのだろうか。各ジャンルの特徴を踏まえた全体像を示す必要がある。文化審議会（2022）の「公用文作成の考え方（建議）」では、公用文を以下のように「法令、告示・通知等、記録・公開資料等、解説・広報等」の 4 つにジャンルを分けている（表 1）。「法令」は公用文の一部であると認めつつ、今回の建議では対象外という扱いである。「告示・通

表1　公用文の分類例（文化審議会 2022）

大　別	具体例	想定される読み手	手段・媒体の例
法　令	法律、政令、省令、規則	専門的な知識がある人	官　報
告示・通知等	告示・訓令	専門的な知識がある人	官　報 府省庁が発する文書
	通達・通知		
	公告・公示		
記録・公開資料等	議事録・会見録	ある程度の専門的な知識がある人	専門的な刊行物 府省庁による冊子 府省庁ウェブサイト
	統計資料		
	報道発表資料		
	白　書		
解説・広報等	法令・政策等の解説	専門的な知識を特に持たない人	広報誌 パンフレット 府省庁ウェブサイト 同 SNS アカウント
	広　報		
	案　内		
	Q&A		
	質問等への回答		

※「想定される読み手」は、各文書を実際に読み活用する機会が多いと考えられる人を指す。

知等、記録公開資料等」は、（ある程度）専門知識がある人を対象としたものであり、わかりやすさの議論からは外れる。よって本節では、「解説・広報等」を掘り下げて分析したい。

　「解説・広報等」は、「特別な知識を持たない人にとっての読みやすさを優先し、書き表し方を工夫するとともに、施策への関心を育むように工夫する（文化審議会 2022）」とあり、わかりやすさ重視の方針が出ている。このジャンルは、一般市民が直接目にする公用文であり、情報伝達において非常に重要なものである。

　ただし、「解説・広報等」と一言でいっても、さまざまなものが含まれている。そこで筆者は実際に公開されている公用文のバリエーションを分析した。資料には、森（2013）で作成された公用文データ（「2010 年度書き換えコーパス」の原文を利用）を用いた。この公用文データは 11 の自治体と自治体国際化協会からいただいた文書で、総文字数が 100 万 1694 である。

　手順は以下のとおり進めた。まずデータの中の公用文を類似性のあるものごとに分類して整理をしていった。この分類を繰り返し、いくつかのカテゴリーができると、それらにカテゴリー名をつけていった。カテゴリー名が飽和して全体像が見えてくると、複数の自治体のウェブを検索して各カテゴリー内のバリエーションが豊かになるよう順次公用文の追加作業を行った。その結果を読み手への

広義社会保障系グループ

読み手が自発的に情報を取りにきて動くもの
サブジャンル
対象者指定の行政サービス（出産・育児・教育関係、高齢者・障害がある人対象など）、
住宅関連、各種相談、医療・検診、その他補助金など。
具体例
出産一時金の支給、保育園の申し込み、児童手当……

情報提供系グループ

読み手に必要な情報を伝えるもの
サブジャンル
用語解説・制度説明、ローカル情報の提示、行政報告、イベント告知、募集など。
具体例
税の知識、コミュニティバスのダイヤ改正、環境報告……

行為要請系グループ

書き手が読み手に対して（時に強制的に）行動させるもの
サブジャンル
届け出・手続き、注意喚起、依頼・協力要請など。
具体例
市税の納付、熱中症に気をつけて、○○ボランティア募集……

図 1　公用文のジャンル（岩田（2022b）をもとに作成）

負担を軸にして整理したのが図 1 である。

　広義社会保障系グループは、市民側にはっきりとしたメリットがあるもので、行為要請系グループは行政側の動機があって市民に働きかけるものである。その中間を情報提供系グループとしている。具体的な文書の種類は岩田（2022b）に譲って、ここでは大枠を示すだけにしておく。

　広義社会保障系グループは、サービスを提供するものである。ところが財源の関係で、すべての希望者がサービスを受けられない需給バランスの悪い制度もある。10.2 節で紹介した保育所などはその典型であるが、そういったお知らせはわかりやすくして応募が殺到しても、サービスは行きわたらない。結果的に、どうしても文書が難解になりがちである。このように、伝える内容次第で難解になるものがあるが、これは公用文が難解になる 1 つの理由である。そもそも公用文はどうして難解になるのだろうか。

10.4　公用文がやさしくならないのはなぜ？

　本節の見出しは岩田（2019）の論文タイトルを引用している。そこでは、公用文執筆者の視点で公用文が難解になる仕組みを論じている。主張は以下の 4 点で

ある。

① 読者の読解力の想定が高めになりやすいこと
② 公用文の内容によってはわかりやすさが事務コスト増につながること
③ わかりやすさは配慮表現（ポライトネス）と対立すること
④ わかりやすさは正確さと対立すること

　詳細は岩田（2019）に譲るが、ポイントだけを簡単に示したい。① は読者の理解力を把握できていないために難解になるという指摘である。文化審議会（2022）は「基本的な考え方」の「公用文作成の在り方」(1)「読み手とのコミュニケーションとして捉える」の中で「多様化する読み手に対応する。広く一般に向けた文章では、義務教育で学ぶ範囲の知識で理解できるように書くよう努める」と定義している。つまり、公用文は、中学 3 年生修了時の知識で読める必要がある。実際の公用文はそうなっているだろうか。

　② については 10.2 節で紹介した保育所のお知らせのように需給バランスの悪い制度を扱う公用文を指している。保育所の定員は決まっており、応募者が殺到すると、入所を認めるための審査、入れなかった人への対応などに時間がかかる。結果として事務コストがかかってしまう。何よりも、応募者が増えるほど落選して嫌な思いをする人が増えるという矛盾を抱えた制度である（希望者全員が入れる制度ならこんな文章にはならない）。決して職員が故意に行っているわけではないが、執筆内容が複雑になりわかりにくくなる可能性が常にある。

　③ は読み手に配慮して丁寧に書こうとすると難解になるという指摘である。「いますぐお金を払ってください」と「直ちにお支払いいただけますよろしくお願いいたします」を比較すると、前者はストレートでわかりやすい反面、若干失礼な感じがするのではないだろうか。わかりやすさと相手への配慮は両立できないというコミュニケーションの大原則である。

　④ は正確さのために詳細な情報を書き連ねていくとわかりにくくなるという指摘である。市民からのクレームを恐れて、あれもこれもと記述していくと、文章はどんどん詳細になり、大部分の人には不要の内容が増えていくことになる。このように ①〜④ で、人間が公用文を書くときにはこういう障害があるという問題提起をしている。そのうえで、こういった公用文の仕組みについて職員研修などをとおして共有していくことが大事だと主張している。

10.5　公用文をわかりやすくするために

　公用文をわかりやすくする（以後、公用文改革と呼ぶ）ためには、いくつかの条件が必要である。職員に「もっとわかりやすく書きましょう」というだけではうまくいかない。研修などを通じて 10.4 節で紹介したような、公用文が難解になる理由を執筆者に伝えることは大変有用である。ただし、もっとマクロに国や自治体がかかわる条件もある。組織的に対応しないと公用文はわかりやすくはならないのである。海外の取り組みを紹介しながら、わかりやすさにかかわる条件を順に紹介したい。

10.5.1　わかりやすさを支持する言語政策

　国がわかりやすい公用文の執筆を促すような言語政策を提示しないと、公用文改革はなかなか進まない。戦後の公用文改革の流れは 1952 年の「公用文作成の要領」にはじまる。わずかながら談話レベルのポイントも扱っているのだが、半分以上は用字用語、つまり、漢字の使い方、用語選択の問題（語彙レベル）などが占めている。1973 年以降「公用文と法令における表記の一体化」原則がうたわれると、表記への注意が強化されることになる。例えば「明け渡し→明渡し」、「受け皿→受皿」のように左側の学校教育で習う送り仮名ではなく、右側の法令文の送り仮名をつけるように指示されてきた。この原則に従うと、平仮名の数が減り紙面に漢字の割合が増えるため、硬い文章に見える。このような表記や語彙にばかり注目することで、談話レベルのわかりやすさへの対応が置き去りにされてきた経緯がある。

　こういった流れを踏まえて、2022 年に公開された「公用文作成の考え方（建議）」では、一般市民向けの文章にはわかりやすさを重視するべきであるという方針が示された（10.3 節参照）。そこでは箇条書きの活用、結論は早めに示す、分量の限度を決めるなど談話レベルで文章をわかりやすくするための工夫が丁寧に指示されている。また、2019 年公開の「在留支援のためのやさしい日本語ガイドライン」は、外国人を想定したものだが、その中のステップ 1 は日本人にわかりやすい文章を目指すことである。つまり、現状の公用文は日本人にも読めていないというところから出発し、情報の整理、箇条書きの活用といった提案がなされている。公用文改革にかかわる言語政策を図 2 にまとめる。

　このように、日本の言語政策でもここ数年で、明らかに公用文のわかりやすさを担保すべきであるという流れになっていることがわかる。アメリカではオバマ政権時に Plain Writing Act of 2010 が交付され、文章をわかりやすくするための法律がすでに存在する。ニューヨーク州では、罰則規定つきの法律（Plain English

```
1952 年「公用文作成の要領」
2019 年「在留支援のためのやさしい日本語ガイドライン」
2022 年「公用文作成の考え方（建議)」
```

図 2　公用文改革に関する各種言語政策

Act）もあり、家屋賃貸借契約や個人取引に関する消費者契約に関する文書をわかりやすく書かなければならない。これは、かなり効果があったといわれている（角2020）。日本は法律とまではいかないが、ある程度の方針は国から示されているということになる。

10.5.2　文章の難易度を数値化した尺度の制定

　公用文改革を進めるには、文章の難易度を客観的に分析できる必要がある。この文章は合格／不合格であるという基準を提示できれば、公用文執筆者はその基準に合わせて文書を作成することが可能になる。アメリカでは R. フレッシュによる計算式が公式の場で採用され規範化されている（浅井2020、角2020）。それは、英語の難易度を 100 点満点で評価するもので、FRE と呼ばれている。計算式は「206.835－1.015×(1 文あたりの平均単語数)－84.6×(1 単語あたりの平均音節数)」ではかられ、1 単語の長さと 1 文の長さを変数とした非常にシンプルな公式である。これで、60〜70 点を取ると中学校 2、3 年程度となり、標準的な難易度であると評価される（アメリカでも中学生レベルが基準となる)。

　日本語でも文章の難易度を数値化する提案がいくつもなされている。どれが最適であるとはいえず、目的別に各種の式が使われているのが現状である（柴崎2014）。岩田（2020）では、そのうちいくつかを紹介しつつ、公用文に特化した文名詞密度の妥当性を検証している。文名詞密度とは、1 文あたりの名詞数を数えることで、文における実質語の密集具合を測定するものである。理屈はアメリカの FRE と同じで、単語の長さや文の長さと連動する数値である。

　日本語の場合は単に文の長さを測るよりも、名詞の数を数えたほうが文章の実態を把握できる。例えば、「スリジャヤワルダナプラコッテ」と「日本語教育学会台湾支部部長」ということばは長さがだいたい同じでも、前者は名詞が 1 つでシンプルだが、後者は名詞 7 つがつながって理解に時間がかかる。名詞がつながっていくという漢語の特性を反映するには、文名詞密度が適切である。図 3 の A と B を比較すると、B のほうが固めになり、若干難解になることを確認されたい。文名詞密度が高くなると文章は硬くなり、結果的にわかりにくくなる。

　この数値は文学やブログでは低いが白書や法律では跳ね上がる。大きなコーパスで平均を出してみると、文名詞密度は文学 4.9、ブログ 4.6 となり、これらの

> Ａ 文名詞密度の低い例文　（名詞が 6 で文が 2 なので文名詞密度 3）
> 　クヌギの木は秋になると、葉が落ちて積もります。／そこでカブトムシが卵を産みます。
> Ｂ 文名詞密度の高い例文　（名詞が 9 で文が 1 なので文名詞密度 9）
> 　クヌギの木は秋、落ち葉が堆積することでカブトムシの産卵場を提供します。

図 3　文名詞密度つき例文（岩田 2020 の例をもとに作成）

> 『やさにちチェッカー』
> 　http://www4414uj.sakura.ne.jp/Yasanichi1/nsindan/
> 『やさにちチェッカー　シンプル検査版』
> 　http://www4414uj.sakura.ne.jp/Yasanichi1/siyac/

図 4　文章の難易度判定サイト

ジャンルは 1 文あたり 5 つ程度の名詞で構成される。文学やブログは、楽しみとして読む活動であるため、これくらいのレベルなら苦労なく読むことができるだろう。一方、白書 15.5、法律 18.7 と硬い文章は桁違いに数値が高い。たくさんの名詞を詰め込んでいることがわかる。

　文名詞密度は『やさにちチェッカー』というサイトの「硬さ」という指標に用いられている。『やさにちチェッカー』は「在留支援のためのやさしい日本語ガイドライン」にも紹介されているが、文名詞密度の測定機能だけを取り出した『やさにちチェッカー　シンプル検査版』がわかりやすい（図 4 参照）。文章を貼りつけて診断を押すと、文章が 5 段階で評価される。文名詞密度 6 以下（文学やブログ相当）で合格ラインという設定になっている。文名詞密度も数ある数値の 1 つにすぎないが、一定の手続きを踏んで、国のガイドラインなどで公的な指標として認められるものが出てくると、アメリカの FRE のような基準となり得る。

10.5.3　国民の読解能力の把握

　どの程度の文章なら国民はすらすらと読めるのか、リテラシー調査をして実態を把握する必要がある。それをもって難易度の尺度（10.5.2 項参照）とすり合わせを行えば、かなり実用的な数値が得られるであろう。日本は 1948 年に実施された「日本人の読み書き能力調査」、1955 年の「国民の読み書き能力調査」以降、同様の調査はなされていない。背景には日本人のリテラシーへの関心が薄れてしまったことがあると指摘されている（角 2005）。

　まず調査すべきは、中学修了時の読解能力であろう。10.4 節で紹介したように公用文は義務教育を修了した人が読めなければならないが、そもそも中学生の読解能力がわからない。新井（2018）は、各種教科書の理解確認テストを大規模に

実施したうえで、「中学生の半数は、中学校の教科書が読めていない状況」であると指摘している。ここでは国語の作品理解のような読解ではなく、文章の意味を理解できているかどうかを調べている。ここから、教科書のレベルですら中学生の読解能力に合っていないということがわかる。岩田（2022a）では、教科書の文章の文名詞密度をはかっているが、社会の教科書は難易度が高く、6 年生のものでも文名詞密度が 9 弱もある。これは専門書と同程度の難しさであり、『やさにちチェッカー　シンプル検査版』（10.5.2 項参照）にかけたら不合格である。

　次に調査すべきは、機能的非識字者の実態である。機能的非識字者とは、母語による学校教育を受けたのに何らかの事情でその言語の読み書きができない人のことである。各国に一定数いることがわかっている。研究により幅があるが、アメリカやカナダなどの調査では 1〜5 割程度となっている（角 2005）。ドイツでは2000 年代前半、テレビの公共広告として「ドイツには正しく読み書きできない人が 400 万人以上います。私たちが助けます。」という非識字者を支援するコマーシャルが頻繁に流れていたという記述がある（西嶋 2006）。

　このように、欧米諸国では社会に存在する機能的非識字者の数を把握し、行政課題として捉えていることがよくわかる。日本は現状でこういう数字がわからないため、行政課題にはなり得ない。参考までに、1948 年の古い調査から再計算した研究では、新聞読解の理解率が 8 割に満たない人が 48％（5 割未満が 25％）となっている（角 2005）。社会に機能的非識字者が一定数要るという認識が共有されれば、公用文改革もその動機がはっきりするであろう。

10.5.4　独立した文章チェック機関の設置

　商業出版の書籍などでは、文章を公開する前に編集者が執筆者に対してわかりにくさや内容の不備に関するコメントを戻す。文章執筆は個人活動であり、自分では気づかないうちに難解になることもあるからだ。このように、文章を公開する前には第三者がチェックするという仕組みを社会は作ってきた。一方、公用文はこういう組織的なチェックがなされているとは言い難い。常用漢字の使用や公用文と法令における表記の一致（「受け入れ」ではなく「受入れ」とすること）などはチェックしていることもあるが、わかりやすさを目的としたチェックは基本的になされていない。こういうものは意見のいいにくい同組織の人間がやるよりも、別組織が行ったほうが実施しやすいであろう。

　角（2020）をもとにアメリカの例を紹介する。1996 年にアメリカでは政府内にプレイン（＝ PLAIN「The Plain Language Action and Information Network」）というやさしい言語推進のための NPO が設立されている。政府内であるが別組織である。B. クリントンの任期中、副大統領の A. ゴアがプレインと連携するかたち

で公用文改革を進めた。省庁へのガイダンスや報奨制度のおかげで、連邦政府の規制のうち 36％ はシンプルに改訂され、ある程度の成果が得られたとされている。このプレインがもとになり、2000 年代に〈やさしい言語〉センター（Center for Plain Language）という組織が立ち上がる。これが Plain Writing Act of 2010 の法制化の原動力になった。法制化後は、当センターが中心となり、優れた取り組みには賞を、ひどい取り組みには不名誉な賞を与えた。また、省庁へは法令順守レポートを課し、各省庁のレポートを A〜F で評価している。

　木村（2021）とドイツ語協会のウェブサイトからドイツの例も紹介したい。ドイツでは、公用文が難解であるという認識が早くから共有されている。1966 年には、議長の E. ゲルステンマイヤーによって議会内にドイツ語協会の編集スタッフが配置され、50 年以上わかりやすい公用文の作成に取り組んでいる。ドイツ語協会（Gesellschaft für deutsche Sprache）という言語団体が中心となり、「市民に近い行政のことば」（bürgernahe Verwaltungssprache）という名前で、公用文に修正を加えていく体制ができている。ここでは、できあがった公用文を書き換えるのではなく、作成の段階からかかわることで最初からわかりやすさの基準に合った文章を出していくという方式を取っている。

　両国の例に共通するのは、政府内に存在する別組織が公用文執筆およびチェックにかかわっているという点である。自分の文章は自分では直せないという人間の性質をよく捉えており、大変参考になる。一方、政府と完全に別の組織が公用文を批判しても、なかなか公用文には反映され得ない。政府内に別組織を設置するかたちでこの問題も上手に解決しているのが、両国の公用文修正制度である。

10.6　日本の通信簿：まとめにかえて

　国や自治体が組織的に対応すべき内容を 10.5 節で述べた。そこで、本節は、それらの条件と現在の日本の状況を照らし合わせて、この論文のまとめとしたい。

　表 2 を順に説明したい。10.5.1 項で論じた「わかりやすさを支持する言語政策」については、日本はガイドラインや「公用文作成の考え方（建議）」を公開しているものの法制化までに至っていないことを指摘した。罰則規定つきの法律があれば効果は期待できるが、その道はまだ半ばである。10.5.2 項の「文章の難易度を数値化した尺度の制定」については、すでに各種尺度が提案されているものの、政府公認というものはない。よって、ここまでの両者は「一部対応」である。10.5.3 項「国民の読解能力の把握」、10.5.4 項「独立した文章チェック機関の設置」に関しては何もなされていないため「未対応」となっている。

　表 2 は、マクロなレベル（国や自治体）の言語政策をまとめたものである。ま

表 2　公用文改革のための条件と日本の実施状況（通信簿）

	日本の対応
わかりやすさを支持する言語政策	一部対応
文章の難易度を数値化した尺度の制定	一部対応
国民の読解能力の把握	未対応
独立した文章チェック機関の設置	未対応

だまだ先は長そうだが、悲観視する必要はない。以前よりも少しずつ前進していることは間違いないからだ。2019 年以降、外国人労働者の存在を認め、各種政策が次々と動き出していることはすでに見たとおりである（図 2）。また、表 2 のマクロな言語政策 4 点以外にもできることはある。最後に、筆者がかかわっている公用文改革プロジェクトを 1 つ紹介して本章を締めくくりたい。

　東京都町田市では、2018 年から「見直そう！“伝わる日本語”推進運動」として、公用文改革を行っている。各部署が自分たちの作成した公用文から書き換え対象を選んで、1 年かけて修正していくというプロジェクトである。年度末には市長の前でプレゼンテーションを行い、書き換え前の文書と書き換え後のものを比較して、いかによくなったかをアピールする。毎年約 10 の部署が参加し、3 年かけて町田市のほぼ全部署が参加した。こういう取り組みは、職員各位が、読みにくい公用文とはどういうものか、どうすればそれを修正できるか、修正するとどういうメリットがあるかを考えるきっかけになる。その点で、学びは非常に大きい一方、運営する職員には大きな負担がかかるプロジェクトである（詳細は町田市のウェブサイトから報告書『見直そう！“伝わる日本語”推進運動活動報告書』https://www.city.machida.tokyo.jp/shisei/gyousei/keiei/nihonngo.html（2022年 9 月閲覧）が読める）。この取り組みは、静岡県富士宮市や、東京都港区が同じフォーマットで行っており、じわじわと波及している。

　ゆっくりとではあるが、公用文改革は進行している。焦らず諦めず進めていく必要がある。　　　　　　　　　　　　　　　　　　　　　　　　　　　［岩田一成］

［引用・参考文献］

浅井満知子（2020）『伝わる短い英語―アメリカ、イギリス、カナダ、オーストラリア 政府公認 新しい世界基準 Plain English』東洋経済新報社

新井紀子（2018）『AI vs. 教科書が読めない子どもたち』東洋経済新報社

岩田一成（2016）『読み手に伝わる公用文―〈やさしい日本語〉の視点から』大修館書店

岩田一成（2019）「公用文がやさしくならないのはなぜ？」庵功雄・岩田一成・佐藤琢三・栁田 直美編『〈やさしい日本語〉と多文化共生』pp.133-144、ココ出版

岩田一成（2020）「文章の難易度測定方法に関する研究―「やさにちチェッカー」の「硬さ」に ついて」『京都語文』28、pp.23-37、佛教大学国語国文学会

岩田一成（2022a）「教育現場における「やさしい日本語」の可能性―子どもたちにとって難し い科目は何か」村田和代編『越境者との共存にむけて』pp.131-151、ひつじ書房

岩田一成（2022b）『自治体職員のための「新しい公用文」作成の基礎「やさしい日本語」でわか りやすく文章を書くために』日本加除出版

岩田一成・栁田直美（2020）『「やさしい日本語」で伝わる！公務員のための外国人対応』学陽書 房

木村護郎クリストフ（2021）「「やさしい言語」はだれのため？―ドイツの Leichte Sprache（や さしいことば）から考える」『公開講演会シリーズ「中央ユーラシアと日本の未来」』筑波大学 「日本財団 中央アジア・日本人材育成プロジェクト（NipCA）」

柴崎秀子（2014）「リーダビリティー研究と「やさしい日本語」」『日本語教育』158、pp.49-65

角知行（2005）「「日本人の読み書き能力調査」（1948）の再検証」『天理大学学報』56（2）、pp.105-124

角知行（2020）『移民大国アメリカの言語サービス―多言語と〈やさしい英語〉をめぐる運動と 政策』明石書店

ドイツ語協会のウェブサイト

　https://gfds.de/verstaendliche-rechts-und-verwaltungssprache/#（2021 年 8 月閲覧）

中島明則・岩田一成（2019）「第 10 章書き換え支援システム：公用文をやさしい日本語に」庵功 雄他編『〈やさしい日本語〉と多文化共生』pp.161-172、ココ出版

西嶋義憲（2006）「EU の言語政策とドイツの言語政策」野村真理，弁納才一編『地域統合と人 的移動―ヨーロッパと東アジアの歴史・現状・展望』金沢大学重点研究、pp.113-141、御茶 の水書房

文化審議会（2022）「公用文作成の考え方（建議）」文化庁

文化庁（2017）「平成 29 年度「国語に関する世論調査」の結果について」

森篤嗣（2013）「語彙から見た「やさしい日本語」」庵功雄・イ・ヨンスク・森篤嗣編『「やさし い日本語」は何を目指すか―多文化共生社会を実現するために』pp.99-115、ココ出版

11 定着していない外来語への対応
——「『外来語』言い換え提案」で取り上げられた語の新聞での使用実態の分析

11.1　「『外来語』言い換え提案」について

　「外来語の氾濫」といわれる問題がある。定着していないわかりにくい外来語が社会にあふれ、コミュニケーションに支障をきたす状態にあると見なす言語問題である。この問題に関しては、2000 年に出された国語審議会答申が、官公庁や報道機関などに対して指針を示した。それは、外来語を次の 3 類型に分け、わかりやすくなるように対応するというものである（国語審議会 2000）。

- 広く一般的に使われ、国民の間に定着していると見なせる語（ストレス、スポーツなど）は、そのまま使う。
- 一般への定着が十分でなく、日本語に言い換えた方が分かりやすくなる語（アカウンタビリティー、イノベーションなど）は、言い換える。
- 一般への定着が十分でなく、分かりやすい言い換え語がない語（アイデンティティー、アプリケーションなど）は、必要に応じて、注釈を付すなど、分かりやすくなるよう工夫する。

　この指針を運用しようとすると、個々の外来語について、定着しているか否かをどう判断するのか、言い換えや説明（注釈）の具体的な方法はどのようなものなのかを明確にすることが必要になる。そこで、2002 ～ 06 年にかけて国立国語研究所によって、「『外来語』言い換え提案」という提案が行われ（国立国語研究所「外来語」委員会編 2006）、定着していない 176 の外来語について、言い換えや説明の具体的方法が、それらの定着度などの調査結果とともに公開された（国立国語研究所 2007）。この活動がどのように行われたか（田中・相澤 2010）、その意義や課題がどこにあるか（相澤 2012）、といった事後の総括も発表されている。最近公開された、文化審議会国語分科会による、コミュニケーションや公用文に関する報告や建議（文化審議会国語分科会 2018、2022）でも、「『外来語』言い換え提案」を引用するかたちで、定着していない外来語への対応方法が盛り込まれており、この考え方は社会に受け入れられてきていると見ることができる。

　たしかに、定着していない外来語については、言い換えたり説明をつけたりするという対応方法は、明解で効果も大きい。しかしながら、外来語の定着・非定着の判別は難しい場合も多く、使用される場によって効果的な言い換えや説明のありようが変わってくることも多い。どういう語のどういう場合にどのような対応が求められるのかについては、なお研究の余地があろう。

　こうした問題を考えていくためには、具体的データが必要である。ここでは、社会の最先端の動きを、広く一般の人々にわかりやすく伝えることを使命とする媒体である、新聞における使用頻度や使われ方のデータを用いることにする。「『外来語』言い換え提案」で取り上げられた外来語が、新聞でどのように使われているかを観察することをとおして、定着していない外来語の問題のありようとそれへの効果的な対応方法を考えていきたい。

11.2　新聞における使用頻度

11.2.1　調査の対象

　本節では、「『外来語』言い換え提案」で取り上げられた 176 の外来語のうち、五十音順にはじめから 50 語について、下に述べるような調査を行う。176 語すべてを対象にできると望ましいが、50 語でも定着していない外来語に関する大事な点は捉えられると考える。具体的には『朝日新聞記事データベース聞蔵Ⅱビジュアル』所収の、『朝日新聞』東京本社発行の本紙における本文と見出しを対象に検索を行う。対象年次は、「『外来語』言い換え提案」がはじまった 2002 ～ 2021 年までの 20 年間とする。2022 年はじめに検索を実施したが、その後このデータベースは『朝日新聞クロスサーチ』（xsearch.asahi.com）と名称を変えた。

11.2.2　頻度の分類

　対象とした 50 語について、『朝日新聞』における 20 年間の各年次の使用頻度をもとに、頻度の高低の度合い、頻度の増減傾向の 2 つの観点から、次のような分類を施した。なお、本章でいう「使用頻度」は、その語の使用回数ではなく、その語を含む記事の数を指す。

　○　頻度の高低の度合い
　　　20 年間の使用頻度の合計により、「低頻度」（100 件未満）、「中頻度」（100 件以上 1000 件未満）、「高頻度」（1000 件以上）の 3 つに分類する。
　○　頻度の増減の傾向
　　　上記の「中頻度」または「高頻度」の語について、頻度の増減の傾向を判

定する。増減いずれかの傾向があると判定する基準は、前半 10 年（2002
〜11 年）の合計頻度と、後半 10 年（2012〜21 年）の合計頻度を比較し、
中頻度の語では 30 ポイント以上の差、高頻度の語では 200 ポイント以上の
差とする。それらの基準値に達しない語は、横ばいと判定する。低頻度の
語は、増減の傾向を判断できないと考え、分類不能とする。つまり、中頻
度および高頻度の語について、「減少傾向」「横ばい」「増加傾向」の 3 つに
分類するわけである。

　2 つの分類の結果を掛け合わせ、それぞれに配された語数を示すと、表 1 のと
おりである。

表 1　外来語 50 語の頻度の「高低の度合い」と「増減の傾向」

	分類不能	減少傾向	横ばい	増加傾向	計
低頻度	13				13
中頻度		11	6	5	22
高頻度		2	2	11	15
計	13	13	8	16	50

　表 1 から、色つきで示したように、高頻度の語は増加傾向の語が多く、中頻度
の語は減少傾向を示す語が多いことから、頻度の高い語は増加しやすく、頻度の
高くない語は減少しやすいといえよう。これは、定着していない外来語において、
頻度が高い語はその力をより強め、頻度が高くない語はその力をより弱めていく
ということだと考えられる。一方で、表 1 からは、中頻度の語でも減少傾向の語
も少なくないこともわかる。さらに、高頻度の語でも、少ないながら増加傾向を
示す語があることにも注意される。こうした頻度の特徴の意味するところを考え
るには、新聞における外来語の実際の使用例を観察する必要がある。

11.3　新聞における使用例の特徴

11.3.1　限定的な用法や場面に限られる語
　新聞記事を検索して得られた外来語の使用例を見ていくと、その用法や場面に、
ある特徴を持つ語が多いことに気づく。その特徴には、次の a〜f の 6 種類があ
る。下線部が当該の外来語、点線部が用法や場面の特徴になっているところであ
る（以下、下線および点線田中）。

a 複合形式をなす固有名の一部になっているもの

地球環境への貢献をうたう「鳩山イニシアチブ」では、途上国の環境対策支援として、3年で官民合わせ1兆7500億円を拠出すると表明している。(2010年2月5日)

b 固有名ではない複合形式の一部になっているもの

ライフオーガナイザーの林智子さん（43）によると、服を選びやすくするには「つるす収納」がおすすめという。(2020年4月25日)

c かっこ内に言い添えを付して使われているもの

日本経済の復活には第2のソニーやホンダを生むイノベーション(技術革新)のリーダーとなる人材が必要だ。(2002年4月7日)

d 文中に説明を付して使われているもの

このほか、債券や株式の売買益であるキャピタルゲインや、海外資産に投資するファンドの場合は為替差益も分配原資となります。(2012年9月29日)

e 専門家など記者以外の発言の引用部分で使われているもの

国立情報学研究所の佐藤一郎教授は「一括調達はコスト減にはなるが、それだけでデジタル化が進むわけではない。霞が関の仕事のやり方をどう変えるのか、というグランドデザインをまず描くべきだ」と注文する。(2020年10月10日)

f 専門家など記者以外が執筆する記事で使われているもの

その主因は「成熟化」「ソフト化」「少子高齢化」「グローバル化」など、ひたすら欧米へのキャッチアップをめざした時代とは様変わりした経済実体と実施政策とのミスマッチにある。(2002年12月13日。「経済気象台」という欄。この欄については「第一線で活躍している経済人、学者ら社外筆者が執筆しています」と注記あり)

　a、bの固有名や複合形式は、語の構成要素となる外来語がわかりにくいものであっても、その語が指し示す事物や概念に言及するには使わざるを得ないものだろう。cの言い添えとdの説明付与は、わかりやすくする配慮を加えて使用しているものである。そして、e、fの記者以外の使用例は新聞外の使用が入り込んだものである。

　この6つの特徴のいずれかにあてはまる用法や場面以外ではあまり使われない、用法や場面に限定のある外来語が多く見られる。今回調査対象にした50語のうち24語が、それに相当する。表1の分類に従って列挙する。

　　低頻度・分類不能：アカウンタビリティー、アクションプログラム、アクセシビリティー、インキュベーション、エンフォースメント、オーガナイ

　ザー、オーナーシップ、キャピタルゲイン

　中頻度・減少傾向：アウトソーシング、アセスメント、アミューズメント、
　　アメニティー、インフォームドコンセント、コージェネレーション、コミュ
　　ニケ

　中頻度・横ばい：インタラクティブ、エンパワーメント、オンデマンド

　中頻度・増加傾向：アジェンダ、オフサイトセンター、コミット、コミット
　　メント

　高頻度・減少傾向：インサイダー

　高頻度・横ばい：イニシアチブ

　このように用法や場面に限定のある外来語は、低頻度や中頻度の語に多いが、高頻度の語にもある。中頻度の語では減少傾向にある語に多いが、横ばいや増加傾向にある語にも少なくない。

11.3.2　一般的な用法や場面で用いられる語

　一方で、前述のa〜fのいずれの特徴にもあてはまらない用法や場面で用いられる外来語も、当然のことながら多くある。それは、単独形式で、言い添えや説明をつけずに、記者自身の用語として使っているものである。

・秋の行楽シーズンとも重なるため、徹底した交通規制でスムーズな<u>アクセス</u>を目指す。（2007年3月16日）
・日本、中国、韓国、台湾など6カ国・地域と、米国などが<u>オブザーバー</u>として参加し、都内で開催されていた。（2016年8月27日）

　こうした一般的な用法や場面で用いられている例が見られる外来語は、今回調査した50語のうちでは、次の26語が、それに相当する。やはり、表1の分類に従って列挙する。

　低頻度・分類不能：オピニオンリーダー、カウンターパート、カスタムメー
　　ド、キャッチアップ、ケーススタディー

　中頻度・減少傾向：アイドリングストップ、オブザーバー、グランドデザイ
　　ン、グローバリゼーション

　中頻度・横ばい：インセンティブ、オペレーション、クライアント

　中頻度・増加傾向：インターンシップ

　高頻度・減少傾向：アナリスト

　高頻度・横ばい：コア

　高頻度・増加傾向：アーカイブ、アイデンティティー、アクセス、イノベー

　　ション、インパクト、インフラ、ガイドライン、ガバナンス、グローバル、
　　ケア、コミュニティー

　このように一般的な用法や場面で用いられる外来語は、高頻度の語に多く、増
加傾向にある語に特に多い。一方、中頻度や低頻度の語にも少なからずある。

11.4　頻度変化と用法・場面の関係

　『朝日新聞』の調査をとおして、11.2 節で記した頻度の変化と、11.3 節で記した
用法・場面との関係をまとめると、表 2 のようになる。用法・場面が「限定→一
般」とあるところは、20 年間に変化があったものである。

表 2　頻度変化と用法・場面との関係

	限　定	限定→一般	一　般	計
分類不能	8		5	13
減少傾向	8		5	13
横ばい	4	1	3	8
増加傾向	4	4	8	16
計	24	5	20	50

　表 2 から、色つきにしたように、減少傾向の語は、用法・場面が「限定」のも
のが多く、増加傾向の語は、用法・場面が「一般」のものが多いという傾向があ
ることが見てとれる。これは、用法・場面が限定的であるから、広く使われるこ
となく頻度が減少し、また、用法・場面が一般的であるから、広く使われて頻度
が増加する、というように解釈することができるだろう。横ばいの語は「限定」
と「一般」が同じ程度ある。一方で、減少傾向にあっても「一般」の語、増加傾
向にあっても「限定」の語が、少なからずあることにも注意が必要である。
　このように、減少傾向か増加傾向かという違いは、用法・場面が「限定」か「一
般」かの違いと関係があると考えられるが、減少傾向でも「一般」のものや、増
加傾向でも「限定」のものもある。以下では、「減少傾向」と「増加傾向」の 2 つ
のタイプそれぞれから、いくつかの語の実際の使用例を観察し、その実態を把握
していこう。

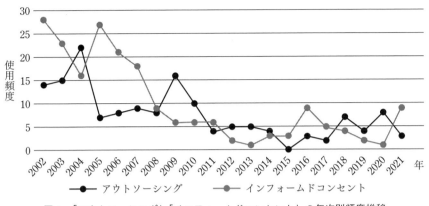

図1 「アウトソーシング」「インフォームドコンセント」の年次別頻度推移

11.5　減少傾向にある外来語

11.3.1 項で、頻度が減少傾向にあり用法・場面が「限定」であるものとしては、「アウトソーシング」「アセスメント」「アミューズメント」「アメニティー」「インフォームドコンセント」「コージェネレーション」「コミュニケ」「インサイダー」の 8 語が指摘された。その事例として「アウトソーシング」「インフォームドコンセント」について、『朝日新聞』における年次別頻度の推移がわかるグラフを作成すると図1のようになる。

図1の2語は、いずれも減少傾向にあることがたしかである。まず、「アウトソーシング」を見よう。この語は、11.3.1 項で示した、a 固有名（組織名や政策名など）の一部として使われる例がどの年次でも多いが、次のような時代差も認められる。2000 年代は、11.3.1 項で示した、c 言い添え、d 説明、e 記者以外の発話の引用、f 記者以外の執筆の記事で使われる例が多く、一定程度使われていた。

c 規制緩和で派遣業務が広がり、各社とも経費削減で<u>アウトソーシング（業務の外部委託）</u>を増やすなど、アルバイトやパートとして働くフリーターの「受け皿」も広がっている。（2004 年 12 月 7 日）

d 第二には「<u>アウトソーシング</u>」。すべての事件で弁護士から監督委員を選任するのは、従来は裁判所がやっていた<u>仕事の外部委託</u>だ。（2002 年 5 月 4 日）

e <u>岩田氏（ロック・フィールド社長）</u>　女性も働きながら子どもを育てる時代です。炊事は、ライフスタイルの変化の中で、必然的に<u>アウトソーシング</u>していかざるを得ません。（2002 年 7 月 13 日）

f 派遣社員やアウトソーシングの活用など、企業のマンパワー確保策は多様化
　　しているのだ。(2007年12月1日　キャリアシンク佐々木栄代表取締役の執
　　筆記事)

　ところが、c、dのような言い添えや説明を加えながら記者が使う例は次第に減
少していき、2010年代には、e、fのような記者以外の使用例ばかりになり、そう
した例に、次のように記者が説明を加えるかたちになっている。

e 「わたナギ」の企画に携わった編成担当の松本友香さんは、「逃げ恥」の放送
　　から4年間で、業務を外部の業者に委託する「アウトソーシング」の考え方
　　が広まったと指摘する。「『家事をするのは女性』という考え方がまだぬぐえ
　　ない社会の中、アウトソーシングしたいけど恥ずかしくてできない人たちの
　　背中を押すような作品になるんじゃないかと思いました」(2020年8月31日)

　このように「アウトソーシング」は、言い添えや説明をしながらも記者が使っ
ていたところから、記者が使うことはない語に変容したのである。「限定」の度合
いが強まり、新聞では使う必要のない語となり、語の力を弱めていったと見るこ
とができる。
　次に、「インフォームドコンセント」を見よう。この語は、2000年代前半は多
かったが、2000年代後半以降、減少を続け、各年1桁の使用頻度にとどまるよう
になっている。ただ、頻度が減少した後も、医療関係者が使った例（下のeの例
など）だけでなく、記者が自らの用語として使った例（下のcの例など）も存在
し続ける点は、「アウトソーシング」の場合と異なっている。

e 外部の医療倫理や法律の専門家からは「家族からインフォームド・コンセン
　　トを得られていない以上、気管切開の選択肢はない。つらいかもしれないが、
　　病院は家族の意向を尊重するしかない」と助言されました。(2021年11月20
　　日)

c 医療現場では、医師が患者に十分説明した上で同意を得る「インフォームド・
　　コンセント」が定着。(2017年3月15日)

　cの例のような、記者が自らの用語として使い、説明を付している例は、その
用語が示す意味概念を読者に説いて理解させる役割を果たしている。こうした、
記者による説明を加えた積極的な使用例が、2000年代前半に多かったのは、この
概念の導入期であった当時、その目新しさから新聞に取り上げられやすかったか
らだと考えられる。ところが、導入期をすぎた2000年代後半以降は、そうした機
会が減少したことで、頻度が低くなったのではないかと思われる。つまり、話題

になる機会の減ったことによる頻度減少であり、語の持つ力が弱まったわけではないと考えられる。

　頻度が低い外来語ということで、見ておかなければならないのは、表2で「低頻度」「分類不能」に分類した13語である。これらは、新聞にあまり用いられないことから、用法・場面が「限定」であるものが多い（8語）のは納得できるところだが、「一般」であるものも5語あるのが注意される。その内訳は「オピニオンリーダー」「カウンターパート」「カスタムメード」「キャッチアップ」「ケーススタディー」であり、次のように、固有名や複合語の一部でもなく、記者以外の使用例でもないところで、言い添えや説明なしに、普通に使われている例が、少なくない。

・内閣情報官としては米国や韓国、ロシアなどのカウンターパートと人脈を築いてきた。（2019年9月23日）
・昨年終盤に差別のケーススタディーをまとめたビデオ上映のブースを試合会場に設置。（2015年2月1日）

　これらの語は、先述の「インフォームドコンセント」のような、重要概念というわけではなく、概念の普及の必要性に思い及ばないために、言い添えや説明付与が行われないのではないだろうか。これら5語は、国立国語研究所の外来語定着度調査（国立国語研究所「外来語」委員会編2006）によれば、一般への定着は最低段階という調査結果が出ており、そうした語が、言い添えや説明もなく記者によって使われていることは問題で、わかりやすさへの配慮が欠けているといわざるを得ない。新聞の対応にも不備があることを示す事実である。なお、減少傾向にありながら、用法・場面が「一般」である語については、11.7節で考察する。

11.6　増加傾向にある外来語

　11.3.2項で、頻度が増加傾向にあり、用法・場面が「一般」であるものとしては、「アーカイブ」「アイデンティティー」「アクセス」「イノベーション」「インターンシップ」「インパクト」「インフラ」「ガイドライン」「ガバナンス」「グローバル」「ケア」「コミュニティー」の12語があった（「限定→一般」も含む）。その中から、「ガイドライン」「コミュニティー」の頻度推移を示すと、図2のようになる。2語とも2000年代は横ばいで、2010年代から増加傾向が顕著になっていることがわかる。

　a TBS は、毎年改訂する「報道倫理ガイドライン」の2001年版でメディアス

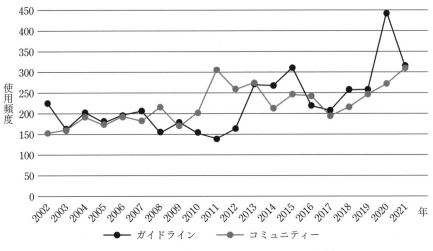

図2　「ガイドライン」「コミュニティー」の年次別頻度推移

クラム問題を取り上げ（2002年1月19日）

c 政府の途上国援助（ODA）で円借款を行う国際協力銀行（JBIC）は、環境保全への配慮などを求める新たな<u>ガイドライン（指針）</u>をつくった。（2003年9月19日）

・報告書は独自課税に関する新たな<u>ガイドライン</u>の性格も有している。（2002年1月8日）

b 近くの<u>コミュニティーセンター</u>で、先ほど生家を見た「根岸友山・武香の軌跡」という特別展を開催していたが、あいにくその日は休館日。（2002年3月6日）

・クジ引きで都営住宅などが割り当てられたため、島民たちの<u>コミュニティー</u>は寸断された。（2005年2月2日）

「ガイドライン」「コミュニティー」は、いずれも、a 固有名の複合形式の一部や、b 固有名でない複合形式の一部として、よく用いられていた。単独形式で記者が用いている場合、上記の挙例のcのように言い添えを伴う例もあるが、行頭に「・」を付した例のように、特に言い添えや説明も施されていない使用例も、当初から普通にあった。この2語は、国立国語研究所の定着度調査では上から2番目の段階となっていて、当初から高い段階であったが、一般的な用法・場面で用いられているうちに定着に近づいていると見ることができる。

・各大学などに示しているコロナ対応の<u>ガイドライン</u>を改めた。（2021年12月

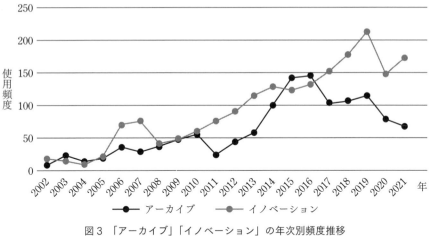

図3　「アーカイブ」「イノベーション」の年次別頻度推移

25 日）

・コミュニティーがせまければ、同調圧力は強まる。たとえば教室だ。（2020
年1月3日）

他に、「アクセス」「インパクト」「グローバル」「ケア」などが、同じような動き
をする語と見ることができる。

　先にあげた、増加傾向にあり、用法・場面が「一般」である 12 の外来語の中に
は、用法・場面が当初「限定」だったものが、「一般」に変わるものも 4 語あり
（表2）、「アーカイブ」「イノベーション」「インターンシップ」「ガバナンス」が
それにあたる。そのうち、はじめの 2 語について、年次別の頻度推移を示すと、
図3のようになる。図3からは、図2の2語と異なって 2000 年代前半は頻度がか
なり低かったこと、図2に比べて 2000 年代後半以降の増加の勢いが強いことが見
てとれる。当初は定着する気配がまったく見られなかったもの（国立国語研究所
の定着度調査では最低段階）が、2000 年代後半から急速に定着に向けて進み出し
ていったと推測される。

　「イノベーション」は、2000 年代前半では、a 固有名の複合形式に含まれる例
か、e 専門家など記者以外の発言や、f 記者以外の執筆の場面に限られており、e、
f の場合は、かっこ内に注釈を付して用いられることが多かった。つまり、用法・
場面は「限定」にとどまっていた。

a エコノミストらで作る金融イノベーション会議（西崎哲郎理事長）の情報公
　開請求に応じたもので、同会議が 12 日公表した。（2002 年9月 13 日）

e 国民の暮らしの中で実現したいビジョンは何か、<u>イノベーション（技術革新）</u>で何ができるのか、それをつき合わせて、日本を動かす提言をまとめた（2002年7月9日。<u>小宮山宏東大教授のインタビュー記事</u>）

ところが、2010年代には、固有名や複合形式の一部に含まれる用法や、専門家の発言・執筆の場面に多いことは変わらないものの、固有名や複合形式の一部でない用法で、記者が執筆する場面で用いられる例が、いくつも見られるように変容している。そして、次に掲げるように、言い添えや注釈なしで用いられている例も多くなっている。このようにして「イノベーション」が用いられる用法や場面は、「限定」から「一般」に変わったのである。

・水素技術などの<u>イノベーション</u>が、CO_2 の削減にきいてくると考えられるのは30年度以降だ。（2020年10月23日）

「アーカイブ」についても、当初の例では、用法や場面に限定があるが、近年の例にはそうした限定がなく一般に使われるようになっており、「イノベーション」と同様の変容が生じている。

b <u>文書や美術品などを、コンピューターで扱えるデジタルの情報で記録して保存する電子博物館</u>が増えている。「<u>デジタルアーカイブ</u>」とも呼ばれている。（2002年1月17日）
・画業30周年を記念し、1万5千枚を超える<u>アーカイブ</u>から厳選した原画を展示する。（2019年1月5日）

「インターンシップ」「ガバナンス」についても、同様の動きが見られる。

11.7　例外となる語

限定のある用法・場面でのみ使われる外来語の中には、表2によれば、増加傾向に分類される語が4語あった。「アジェンダ」「オフサイトセンター」「コミット」「コミットメント」である。このうち、「アジェンダ」は2014～15年に、「オフサイトセンター」は2011～14年に、それぞれ突出して頻度が高くなっているだけで、実際は増加傾向を示す語ではないことがわかる。それぞれ、オリンピックにかかわる国際的活動の固有名や、原子力発電所の事故対応への言及が、それらの年次に一次的に増加した時事的な事情によると考えられる。

一方、「コミット」「コミットメント」は図4のような推移を示し、年次ごとの出入りはあるものの、全体としては増加傾向にあると見てよさそうである。

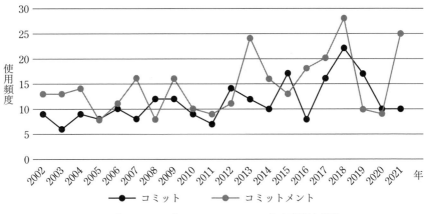

図4 「コミット」「コミットメント」の年次別頻度推移

e 中小企業が働き方改革を遂げるには「経営者のコミットが何よりも重要だ」
　と宮嶌社長は言う。（2020年1月27日）
e 物価目標2％を実現するには、日銀の強いコミットメントが必要。（2013年3
　月22日。日銀の岩田副総裁へのインタビュー記事）

　上に引いた「コミット」の例は、社長の発話の引用、「コミットメント」の例
は、日銀副総裁の発話の引用である。固有名や複合形式の一部（aまたはb）の例
もあるが、多いのは、こうした記者以外が用いた例である。2語とも増加傾向に
あるとはいえ、頻度はまだ低いので、現段階では定着に向かいはじめたとはいえ
ない。しかし、将来、増加傾向がいっそう強まり、力を持つようになれば、記者
自身が自らの用語として使うようになるなど定着に向かう可能性はあるだろう。
　また、表2によれば、一般的な用法や場面で使われていながら頻度が減少する
ものが、5語あった。「アイドリングストップ」「アナリスト」「オブザーバー」「グ
ランドデザイン」「グローバリゼーション」である。このうち、「オブザーバー」
は、国際会議などの記事で話題になることが多く、「アナリスト」は、この職業の
人物が記事に登場することが多く、いずれも、言葉の事情による頻度変化ではな
く、指示対象が話題になる機会が減少したことによる頻度変化だと考えられる。
「アイドリングストップ」「グローバリゼーション」は、表す概念があたり前にな
り、新奇性がなくなることで、新聞で取り上げられる機会が減少したことが想定
される。「グランドデザイン」は、10.5節で見た「オピニオンリーダー」「カウン
ターパート」の類と同じで、まったく定着していないにもかかわらず記者が使っ
てしまっている語だと思われる。

11.8　定着していない外来語をどう扱うか

　以上、本章では、頻度の増減傾向と用法・場面の観点から、新聞における定着していない外来語の使用実態を観察した。その結果明らかになった、新聞における定着していない外来語の扱い方の実態と、望まれる対応方法は、次のようにまとめることができると考えられる。

(1) 定着していない外来語について、記者は自らの用語としては使わないようにしているものが多い。そうした語を、記者以外が使った例を引用したり、社外執筆者の原稿として掲載する場合、言い添えや説明の配慮を加えていることが多い。この態度が、外来語のわかりにくさを排除し、わかりやすくする工夫の基本といえるだろう。

(2) 定着していない外来語であるにもかかわらず、言い添えや説明も加えずに、記者自らが使うことの多い語もある。これは、わかりにくい外来語への配慮に欠けた問題であり、こうした語についても、(1)と同様の態度をとることが望まれる。

(3) 定着していない外来語であっても、言い添えや説明を加えつつ、記者が自らの用語として、積極的に使っている場合がある。これは、外来語が表す概念を解説し、その普及を図ろうとしていると見ることができる。社会にとって重要な概念を表す外来語について、こうした工夫を行うことは大切である。

(4) 定着に近づいている外来語については、言い添えや説明をつけないまま使っている場合も多い。たしかにそれで理解できる読者は多く、問題は生じないことが多いと考えられる。しかし、より広い範囲の読者に伝えようとすれば、言い添えや説明を付与することも望まれよう。

(5) 定着していなかった語が定着に向かって進んでいる場合、新聞もよく使うようになり、やがて言い添えや説明を加えることも少なくなっていく。しかしながら、そうした変容についていけずわかりにくく感じる読者もいることを想定して、言い添えや説明付与を続けることもあってよいだろう。

　「『外来語』言い換え提案」では、外来語の定着度の違いに応じた配慮の必要性や、文脈に応じた対応方法の工夫などは、提言されていた。一方、定着度の変化、用法や場面を考慮した対応方法の工夫については、言及されていなかった。本章は、その部分を新たにつけ加えたものである。定着していない外来語への対応方法は、語の特徴に応じたよりきめ細かい工夫が望まれる。外来語の氾濫の問題に対しては、その実態を把握しつつ、わかりやすくする工夫を追求し続けることが大切である。　　　　　　　　　　　　　　　　　　　　　　　　　　　　　［田中牧郎］

［引用・参考文献］

相澤正夫（2012）「『外来語』言い換え提案とは何であったか」陣内正敬・田中牧郎・相澤正夫編『外来語研究の新展開』おうふう

国語審議会（2000）「国際社会に対応する日本語の在り方」（第 22 期国語審議会答申）文化庁

国立国語研究所（2007）『公共媒体の外来語―「外来語」言い換え提案を支える調査研究』（国立国語研究所報告 126）http://doi/10.15084/00001287

国立国語研究所「外来語」委員会編（2006）『分かりやすく伝える 外来語言い換え手引き』ぎょうせい　https://www2.ninjal.ac.jp/gairaigo/

田中牧郎・相澤正夫（2010）「難解用語の言語問題への具体的対応―「外来語」と「病院の言葉」を分かりやすくする提案」『社会言語科学』13（1）pp.95-108

文化審議会国語分科会（2018）「分かり合うための言語コミュニケーション（報告）」文化庁

文化審議会国語分科会（2022）「公用文作成の考え方（建議）」文化庁

付記

　本章は国立国語研究所共同利用型共同研究プロジェクト「難解用語の言語問題に対応する言い換え提案の検証とその応用」（2019〜2021 年度）の成果の一部である。また、国立国語研究所共同利用セミナー（2021 年 9 月 4 日）で発表した内容の一部を含んでいる。

第Ⅳ部
ことばと教育

12 国語教育から見たことばの問題

12.1　国語教育における「わかりやすい話し方・書き方」の指導

　2018 年告示中学校学習指導要領においては、国語科の目標は以下のとおり示されている。

　　言葉による見方・考え方を働かせ、言語活動を通して、国語で正確に理解し適切に表現する資質・能力を次のとおり育成することを目指す。
　（1）社会生活に必要な国語について、その特質を理解し適切に使うことができるようにする。
　（2）社会生活における人との関わりの中で伝え合う力を高め、思考力や想像力を養う。
　（3）言葉がもつ価値を認識するとともに、言語感覚を豊かにし、我が国の言語文化に関わり、国語を尊重してその能力の向上を図る態度を養う。

（文部科学省 2018b：p.29）

　国語科が日本人を対象とした日本語の教育であることは間違いないが、「日本語」ではなく「国語」であり、そこにある種のイデオロギーが存在することもまた事実である。国語科が日本語能力の向上だけを目標としていると単純化することは簡単なことではない。

　しかしながら、「国語で正確に理解し適切に表現する資質・能力」を育成すると目標に掲げているのであるから、その割合はともかくとして、日本語能力の向上が目標に含まれていないということはあり得ない。

　では、国語科は「国語で正確に理解し適切に表現する資質・能力」を具体的にどのように育成しているのだろうか。それは話しことばであれば「わかりやすい話し方」、書きことばであれば「わかりやすい書き方」ということになる。2018 年告示中学校学習指導要領の「話すこと・聞くこと」には下記の記述がある。

　　相手の反応を踏まえながら、自分の考えが分かりやすく伝わるように表現を工夫すること。（第 1 学年）

　　資料や機器を用いるなどして、自分の考えが分かりやすく伝わるように表現を工夫すること。（第 2 学年）

　　場の状況に応じて言葉を選ぶなど、自分の考えが分かりやすく伝わるように表現を工夫すること。（第 3 学年）

（文部科学省 2018b：pp.30-31、p.33、p.36）

　同じく中学校の「書くこと」の第 2 学年と第 3 学年にも「分かりやすく伝わる」という文言がある。また、2018 年告示小学校学習指導要領には明確に「分かりやすく」という文言は見られないが、同様の趣旨の記述は多く見られる（文部科学省 2018a）。ここでは 2018 年告示学習指導要領を参照したが、「分かりやすく伝わるように」という方針は、例えば 1958 年の中学校学習指導要領においては、「人に伝えるために、わかりやすく効果的に話し」と明示されているように、1947 年の学習指導要領国語科編（試案）以降、何らかのかたちで示され続けている（文部省 1958）。

　それにもかかわらず、日本の学校教育を経験した多くの日本人が「国語科でわかりやすい話し方や書き方を教わったか」と問われると首をかしげるというのが現状ではないだろうか。もちろん、国語教育が「わかりやすい話し方・書き方」の指導を行っていないというわけではない。従来は読解偏重といわれた国語科も、近年は言語活動に基づいた話しことばの指導も取り入れられている。学校教育関係者の努力を知らずに、安易に「国語教育は不十分だ」と非難するのは筋違いであることは明言しておきたい。

　しかし、それでもなお「国語教育によって日本人のことばがわかりやすいものになっているか」という観点で見ると、改善の余地はあるだろう。英語などの外国語とは異なり、多くの児童生徒[1]にとって母語である日本語は、「読解でも作文でも何か学習すれば、結果として日本語能力は自然と向上するだろう」という楽観論があることは否めない。1990 年頃から増え続けている外国人児童生徒の存在は、皮肉なことにこの楽観論を否定する試薬となっている。学校教育現場では、外国人児童生徒に対して「そのままの国語科の授業」を受けさせても、自然と日本語能力が向上していくなどということはないという現実を突きつけられているのである。

　本章では、こうした問題意識のもと、国語科教育が「わかりやすい話し方・書き方」の指導にどのように取り組んできたかを振り返る。そして「結果として」ではない具体的な指導例として「書き換え」に関する教育実践を紹介し、関係諸

---

[1]　学校教育では小学生を「児童」、中学生・高校生を「生徒」と呼び、小学生〜高校生の場合は「児童生徒」と列記する慣習がある。

分野の相互理解の契機としたい。

12.2　戦後国語教育の取り組み：「言語生活」から「言語技術」へ

　本節では、背景理解のために戦後国語教育の取り組みを簡略に概観しておく。「わかりやすい話し方・書き方」の指導へと続く系譜の言及をたどると、まずは西尾実による「言語生活」概念の提唱からはじまると考えられる（西尾 1974–1978）。西尾（1947）は国語教育の「国語」を「ことばの現実態」と捉え、話しことばを「独話」「対話」「会話」に整理し、対話や独話の教育の重要性を主張した。書きことばについても文芸やジャーナリズムを基準とするのではなく、「立案」「記録」「報告」が確実に作製できることを目指すべきとした。

　こうした西尾の「言語生活」を具体的な実践の方向へ研究を深めたのが倉澤栄吉であり、西尾の「言語生活」の体系に立脚した教育実践家として活躍したのが大村はまである（倉澤 1987–1989、大村 1982–1985）。一方で、森岡（1976）のように、話しことばを教室で扱うのは無理があるため、国語教育の対象を書きことばに限るべきという主張もあった。

　興水 実 は、「人に伝えるために、わかりやすく効果的に話し」と目標に明示した 1958 年学習指導要領の作成に尽力した人物である（興水 1986）。興水は国語科に読み書きのスキル学習の導入を訴えた。興水の主張は、形式的な言語技能主義であると批判もされたが、国語教育を経験主義から能力主義へと押し進めた第一人者であることは間違いない（渋谷 1998、中村 2020）。その後、1991 年には日本言語技術教育学会が設立され、「言語技術」として現在に受け継がれている（波多野 1992）。ただし、能力主義や言語技術教育が国語教育にとって真によいものなのかは後世の評価を待つしかなく、また現在の国語教育の主流ともいえないというのが現状であることは断っておきたい（渋谷 2008）。

12.3　「書き換え」という指導法

　本節では、「わかりやすい話し方・書き方」の指導を志向した「結果として」ではない具体的な指導例として「書き換え（言い換え）」に関する教育実践を取り上げる。スピーチや作文の指導の際に、「わかりやすく話そう・書こう」というのは簡単であるが、具体的な方略として児童生徒に伝えるのには限界がある。「わかりやすい話し方・書き方」を明示的に意識させるために、話しことばであればスピーチ原稿などの見直し、書きことばであれば推敲は効果的な指導法の 1 つである。

　そして、「書き換え」にはもう 1 つの側面がある。蒲谷（1982：p.73）では、「言

い換え」の全体像を整理し、言い換えを行う主体が「客観的に同一人物」か「客観的には異人物」かに分けている。見直しや推敲は「客観的に同一人物」によるものであり、もう1つは「書き換え」を「客観的に異人物」が行うものである。

森（2013）で述べたように、小学校国語科教科書でも「書き換え」や「言い換え」を扱った教材は多数掲載されている。つまり、見直しや推敲など「客観的に同一人物」が書いた原稿を対象とするのではなく、課題として与えられた「客観的には異人物」の文や文章を書き換えるという課題である。他者の文や文章の「どこが難しいのか」を検討し、「どのように書き換えるのか」を考えるという流れは、「やさしい日本語」でなされている方略にほぼ等しい。中学校国語科学習指導要領にもある「自分の考えが分かりやすく伝わるように表現を工夫」を達成するための教育実践としてもふさわしいといえるだろう。

ただし、森（2013）で指摘したように、小学校国語科教科書における「書き換え」や「言い換え」の教材数は減少傾向にある。教科書教材に掲載される「書き換え」や「言い換え」は、ドリル的なものになってしまいがちである点は否めず、言語活動を重視した昨今の傾向には馴染みにくい。

そこで注目されるのが、既存の文学教材や説明文教材を題材として「書き換え」を行う教育実践である。「書き換え（言い換え）」に関する指導法は、児言研（1965）の「話しかえ」、青木（1986）の「書替え」、井上（2000）の「リライト」、市毛（2002）の「リライト教材」、首藤・卯月編著桑の実会（2004）の「翻作法」、府川・高木・長編の会（2004a、2004b）の「書き換え」など、さまざまなかたちで提唱されている。そして2000年以降、散発的ではあるが教育実践も報告されている。次節では、こうした言語活動としての「書き換え」教育実践を紹介していく。

12.4 「書き換え」に関する教育実践

蒲谷（1982）では、言い換えを「語」「文」「文章」の3つの単位に分けて考察している。言語活動としての「書き換え」教育実践を考える場合、「文章」の書き換えが主となる。蒲谷（1982：p.76）では、文章単位においては「ここで問題となることは、換言されるもとの文章の表現を重視して換言するのか、それとも素材を重視して換言するのか、ということである」と述べている。

たしかにこれは「やさしい日本語」でも往々にして生じる問題である。田中他（2013）では、NHKのNEWS WEB EASYの記事を作成する際に、記事原文を日本語教師と記者経験者が交互に書き換えを進めるシステムを取っていると述べている。日本語教師が「わかりやすさ」を重視して表現を大胆に変更するのに対し、記者経験者は「記事としてのふさわしさ」を重視するという傾向があり、これは

ニュース記事に限らず、「やさしい日本語」書き換えの現場で往々にして生じることである。

12.4.1　文学教材の「書き換え」教育実践

　ではこれを文学教材に適用して考えてみよう。「素材を重視して換言」するということは、「書き換え」というより「創作」の比重が大きくなる。したがって、文学教材の「書き換え」教育実践は、かなり創作に寄ることになる。井上（2000：p.31）は「書き換え」をパラフレーズとリライトに分類しており、パラフレーズは「新しい内容を付加せず書き換えること」、リライトは「創造的に原文を書き換えること」と定義している。

　一方、ハッチオン（Hutcheon 2006）など文学研究の分野では、原作をメディア変換することをアダプテーションと呼び、創作手法の一種に位置づけている。木村（2018）は小説を脚本へ、戯曲を映画台本へといったメディア変換だけでなく、古典を現代の物語に書き換えるような時代設定の変換もアダプテーションとし、メディア変換や時代設定の変換が伴わない書き足しはリライトとしている。

　メディア変換については、岡（2014）が「世界でいちばんやかましい音（小5）」を題材に、物語教材を新聞に書き換える教育実践を紹介しており、時代設定の変換については宮澤（2021）が「土佐日記（高2）」を日記やSNSに、田中（2018）が漢詩「鹿柴・秋風引（高2）」を生徒自身の視点で現代風に書き換える教育実践を紹介している（宮澤2021はメディア変換の要素も含む）。つまり、これらはアダプテーションにあたると思われる。ただし、本項ではパラフレーズとリライト、アダプテーションの区別はせず、いずれも「書き換え」と捉える。

　木村（2018：p.53）では、高等学校国語科教科書24冊を分析し、リライトを「書き足し（続き）」「書き足し（手紙）」「書き足し（視座転換）」の3つに分けている。続き物語や登場人物への手紙を書かせるというのは、国語科では伝統的な学習活動の1つである。視座転換は、異なる登場人物の視点から見た物語を書かせるという学習活動で、創作の方法としては興味深い。丹生（2014）は「大造じいさんとがん（小5）」を、丸山（2013）は「握手（中3）」を題材として、視座転換を用いた授業実践を紹介している。ただし、この3種のリライトはいずれも創作に属する学習活動であり、「わかりやすい話し方・書き方」の指導とは異なる方向性であるといえる。

　また、上記のいずれにもあてはまらない授業実践として、詩を題材とした山下（1999）と藤原（2010）がある。山下（1999）は、「こねこをだいたことある？（小1）」を題材として、まずは「こねこ」を児童に伏せてあてさせるクイズを行い、その後に「○○をだいたことある？」への書き換えをさせている。藤原（2010）

は、金子みすゞの「わたしと小鳥とすずと」を書き換え、「わたしとぞうと時計と」のような作品が得られたことを報告している。しかし、こうした形式的な書き換え学習にどのような意義があるのか疑問を呈し、「ことばに注目し、考えを表現する手立て」を考える指導の必要性を述べている。

　このように文学教材を題材とした「書き換え」教育実践は、「換言されるもとの文章の表現を重視」というより「素材を重視して換言」するため、創作の比重が大きくなる傾向がある。もちろん、創作に重きを置いた学習活動も価値があるが、「わかりやすい話し方・書き方」の指導であるとはいいがたい。しかし、国語科教育においては文学教材の読解と併せて、続き物語・手紙・視座転換といった「書き換え」教育実践が行われているということは知っておいてほしい。

12.4.2　説明文教材の「書き換え」教育実践

　説明文教材の「書き換え」教育実践記録は管見の限り、栗田（2007）しか見あたらなかった。栗田（2007）は「くらしの中の和と洋（小4）」を題材にして、衣食住のうち本文で説明されている「住」以外の「食住」のいずれかを選んで説明文を作成するという教育実践である。

　まず、「くらしの中の和と洋」に見られる表現の工夫について児童と教師で話し合い、下記の5つの観点を作成した。

1.　「はじめ－なか－おわり」に分けることができる。
2.　「まずは〜」「次に〜」を使いはじめに何について書くのか明記する。
3.　2つのことを「一方」や「それに対して」などの接続語を使って比べて書く。
4.　具体的にわかりやすく書けているか。
5.　表現の工夫を使って書けているか。

　1〜3は表現そのものであり、4と5は抽象的である。「わかりやすい話し方・書き方」の指導という観点では、4や5がどのような要素で構成されるかが指導されるべきであると思われるが、小学校4年生の1単元ですべてを求めるのは難しいことも理解できる。

　また、本文で説明されている「住」以外の「食住」のいずれかを選んで説明文を書くという課題は、かなり創作に寄っている。実際、栗田（2007：p.132）では「表現のしくみを生かして教科書教材を再創造できたか」という見出しがある。本来、説明文教材の「書き換え」教育実践であれば、「本文がわかりにくい」ということを出発点として、わかりやすく書き換えるという活動が期待されるが、国語科では「本文がわかりにくい」という発想が教師にも児童にもタブーになっている感がある。岩田（2016）など「やさしい日本語」では、「役所の出す文書はわか

りにくい」ということが出発点となることが当然の発想となっているが、国語科では「説明文教材は手本である」という既成概念がある。もちろん、教科書に掲載されている説明文教材はわかりやすく書かれているものも多い。しかし、加藤他（2020）では文化財説明文を対象とした平易化支援システムが開発されているように、一般的な説明文は誰にとってもわかりやすいかというと必ずしもそうではないはずである。例えば、下級生に読んでもらうにはどう書き換えればよいか、などといった観点を導入してはどうだろうか。この点は今後の課題といえるだろう。

　栗田（2007：p.132）では、児童が作成した「食」の説明文の初発例と推敲例が掲載されている。一部を抜粋して示す。

まず、それぞれの食べる時に使う道具のことを考えて見ましょう。
和室のちがいはおはしで良さはおはしは木だからあつくならないし小さなものでもつかめます。
それに対して洋室のちがいはフォークスプーンナイフで良さは一つ一つやくめがあってがんじょうです。

（原文のまま）

　上記で「和室」「洋室」とあるのは、それぞれ「和食」「洋食」の誤りであると思われる。本文の「住」の表現をそのまま使ってしまったのではないか。この初発例を4人組で交流した後、推敲して書き直したのが次の推敲例である。

　次に、それぞれの食べる時に使う道具のことを考えてみましょう。和食はおはしで洋食はナイフ・フォーク・スプーンです。
　ナイフ・フォーク・スプーンは一つ一つにやくめがあります。例えば、スプーンは物をすくい、フォークは物をさして、ナイフは物をきることができます。
　それに対して、おはしは木なのであつくならないし小さな物でもつかめます。

（原文のまま）

　誤字が修正されただけではなく、説明順序や表現などがかなり改善されていることがわかる。これは「書き換え」の中でも、本人が自分の文章を書き換える推敲である。ただ、作文ではなく、あくまで「自分が書いた説明文」が推敲の対象となっている点がポイントである。もちろん、作文でも「読む人」を意識することは大切であるが、説明文の場合はより「読む人」の意識が重要になる。その点

では、説明文を書かせて「よりわかりやすくするためにはどう書き換えればよいか」という教育実践は効果的であるといえる。

　また、厳密には「書き換え」ではないが、駒谷（2018）のように説明文の要約の教育実践もある。要約は「短くすること」に意識がいきがちではあるが、その結果、表現も書き換えることになり、しかも要約として短くともわかりやすくなる必要があるため、「わかりやすい話し方・書き方」の指導の一種であるといえるだろう。

12.4.3　作文や紹介文における「書き換え」教育実践

　作文と紹介文をまとめたのは、「書き換え」を行う主体が「客観的に同一人物」であるという共通点からである。このカテゴリの教育実践は、横浜国立大学国語教育研究会で積み重ねられており、これは府川源一郎の指導によるものと思われる（府川 1999）。『横浜国大国語教育研究』で確認できた範囲で、「書き換え」の最も古い教育実践記録は先にあげた詩教材を扱った山下（1999）である。次に宮崎（2001）は、国語教育における「書き換え」の教育実践史をまとめ、中学 2 年生にペア相手に取材をしたメモを「自分以外の人物（動物・物）になって書く」という紹介文への「書き換え」を実践した。さらに山根（2008）は、「書き換え」とは事実を編集することと位置づけて自己 PR 書を作成させる実践を行った。山根は自己 PR 書を作成させるにあたって、下記の 2 点のしくみを設けた。

1.　友だちと共同して書く（4 人グループの対話メモから自己 PR 書へ）
2.　3 人称で書く（「自分」という存在を客観化）

　とりわけ 2 の工夫は実践として興味深い。自己を客観化して「書き換え」を行わせるというのは、メタ認知に通ずるものがある。山根は「虚偽の自分像」にならない点だけは自覚させ、自己 PR 書を書き換えるのではなく、認識を「書き換える」のだと締めくくっている。「わかりやすい話し方・書き方」の指導とはいえないかもしれないが、単なる推敲を超える創作へと向かわせる手立てと評価できる。先にもすでに紹介した詩教材の藤原（2010）、漢詩教材の田中（2018）も『横浜国大国語教育研究』に所収の教育実践である。

　それ以外の作文における「書き換え」の教育実践として、木本（2013）と鈴木（2015）がある。木本（2013）は、中学生に対する作文教育におけると銘打っているが、生徒本人が書いた作文ではなく、小学校 5 年の教科書所収の児童作文を題材としている。教育実践というより調査の色彩が濃く、この作文を小説へと、意見文へとの 2 種の「書き換え」をさせている。

　小説への書き換えでは、作文で「ふざけて登っていたなかまの一人」と表記さ

れていた登場人物を「ひろし」と呼び変えるように指示したが、「ひろし」の出現回数は 0 回が 1 名、1 回が 14 名、2 回が 8 名と、2 回以下が全体の半数以上（23名／38 名）であったことから「主人公が設定できていない」ため、小説風になっていないと指摘している。また、作文では「わたし」の視点で描かれているものが、「ひろし」の視点へと転換されなければならないという指摘もあり、非常に高度な「書き換え」が求められている印象である。

　次に意見文への書き換えは、もとの文章は「事実」を提示するものとして簡略化され、新たに「意見」と「根拠」が追加されるようになると指摘している。また、「思う」と表現が頻出するようになり、その主体は作文の「わたし」ではなく、書き手である「わたし」に移っているとしている。書き手である「わたし」の意識は「あなた」「みなさん」といった呼び掛けが増えることからも確認できるとも指摘している。この実践も「わかりやすい話し方・書き方」の指導とはいえないかもしれないが、文種を超えた「書き換え」によって書き手の自己対象化を気づかせるという非常に興味深い実践となっている。

　最後に鈴木（2015）を紹介する。鈴木（2015）は、小学校 6 年生を対象に「書き直す」実践を「文章スケッチ」と名づけ、机の上に置いたドッジボールを見て「くわしく書く」ことを要求した。教師の発問と児童の応答のやり取りは下記のとおりである。

1. 「このドッジボールを 1 文で書き表してみよう」→机の上にドッジボールがあります。
2. 「このドッジボールをくわしく表してみよう」→教師の前にある机の上にさっきの休み時間に使っていたドッジボールがあります。
3. 「文を分けて書くように」→教師の前に机があります。その机の上にドッジボールがひとつのっています。このボールはさっきの休み時間にわたしたちが使っていました。
4. 「もっと別の言葉で書いてみよう」→ a. 窓の外からさんさんと光がさしている教室の前のほうに机があります。（以下略）
5. 「もっと別の言葉で書いてみよう」→ b. 今は、5 時間目、国語の時間だ。今日は先生がドッジボールを机の上においた。何をするんだろうと思っていたら、これを文章で書いてみようといった。ぼくはそんなことできるわけがないと思っていたけれど、みるみるうちに書けるようになっていった。今日の国語、ちょっとたのしいかも、と思った。

　このように、初発の発問では 1 文だったものが、描写を詳しくしたり、自分の思いをつけ加えたりしながら、最終的に 400 字の作文へと書き換えていった。こ

の実践も「書き換え」というよりも創作の比重が大きいが、表現にこだわるという点では、「わかりやすい話し方・書き方」の指導にも通ずる教育実践であるといえる。鈴木（2015：p.207）は、本実践のまとめとして、「「書き換える」ことは作文の指導において言葉の選択を通じてよりふさわしい表現を見出すことのみならず、物事と自分の体験との関係がつくりかえられることがわかった」と述べている。目の前にあるものを見ながら、「ふさわしい表現」や「物事と自分の体験との関係」を考えることは、「わかりやすい話し方・書き方」の指導としても重要であると考えられる。

12.4.4　外国人児童生徒を対象としたリライト教材を用いた教育実践

　これまで国語科における「書き換え」教育実践を紹介してきたが、実はリライトと呼ばれる教育実践がもう1つある。それは、外国人児童生徒を対象としたリライト教材を用いた教育実践である。

　これまで紹介してきた「書き換え」教育実践は、児童生徒が自らの作文や紹介文、もしくは文学教材や説明文教材を書き換えるものであったが、外国人児童生徒を対象としたリライト教材は、外国人児童生徒の読解の困難さを解消するために教師がリライトを行うものである。光元聡江の一連の研究・実践が代表的なものである（光元2002・2014、光元・岡本・湯川2006、光元・岡本2012）。他にも中田（2009）、中田・石丸（2010）、元木（2015）などの実践や、妹尾（2014）などリライト教材の改良の提案などもある。例をあげてみたい。

【原文】このように、アップとルーズには、それぞれ伝えられることと伝えられないことがあります。それで、テレビでは、ふつう、何台ものカメラを用意していろいろなうつし方をし、目的におうじてアップとルーズを切りかえながら放送をしています。

【レベル1】このように、アップとルーズはちがいます。伝えたいことがちがいます。それで、テレビでは、アップでとったり、ルーズでとったりします。

【レベル2】このように、アップとルーズは伝えたいことがちがいます。それで、テレビでは、たくさんのカメラを使います。アップでとったり、ルーズでとったりしながら、放送します。

（光元・岡本2012：pp.108-115）

　平田（2011）はダブル・リライト教材と名づけた、外国人児童生徒の母語教材とやさしい日本語教材の併用による実践を試みている。本章の目指す「わかりやすい話し方・書き方」の指導とは異なるが、教師が学習者の理解しやすい「書き換え」を試みるというのは1つの可能性を感じる。

　また、海外での教育実践として熊谷・深井（2009）がある。この実践は学習者が日本語教科書の読み物をインターネット上の Wiki を利用し、協働して書き換えるというプロジェクトで、日本の国語教育へも導入可能である貴重な実践といえる。

12.5　翻訳教材における「書き換え」の可能性

　妹尾（2016）は、「お手紙（小2）」の翻訳教材の問題を考察している。例えば、「テクストレベルでの特徴」として発話引用表記の不自然さを指摘している。

「うん、そうなんだ。」
がまくんが言いました。
「今、一日のうちのかなしい時なんだ。つまり、お手紙をまつ時間なんだ。そうなると、いつもぼく、とてもふしあわせな気もちになるんだよ。」
"Yes," said Toad. "This is my sad time of day. It is the time when I wait for the mail to come. It always makes me very unhappy."

(妹尾 2016：p.33)

　妹尾は英語原文の発話引用表記に合わせているせいで、日本語のかぎかっこが分断されているという点が不自然であると指摘している。

「うん、そうなんだ。今、一日のうちのかなしい時なんだ。つまりお手紙をまつ時間なんだ。そうなると、いつもぼく、とてもふしあわせな気もちになるんだよ」と、がまくんは言いました。

(妹尾 2016：p.34)

　妹尾は上記のように、分割された発話内容をまとめたほうが日本語として自然ではないかという「書き換え」を提案している。妹尾の提案はあくまで、研究者としての分析によるものであるが、小学生教材を対象として中学生や高校生が英

語から翻訳された日本語を「書き換える」という活動は、国語科の範ちゅうに収まるかどうかはともかく、「書き換え」教育実践の1つの可能性を示唆していると思われる。

12.6　まとめ

　本章では、国語教育における「わかりやすい話し方・書き方」の指導の実態を共有するために、国語教育史における「言語生活」と「言語技術」の系譜を振り返り、「書き換え」に関する教育実践の紹介を行った。「わかりやすい話し方・書き方」だけを目的とした教育実践は見当たらなかったが、国語教育でもさまざまな工夫をこらして教育実践が行われているという事実は紹介できたと思われる。

　日本人にとって学校教育は誰もが受けた経験があるため、知らない分野と比較すると、個人の経験に基づいて偏った批判がなされやすい分野である。しかし、学校教育や国語教育での取り組みを知らずして批判をするのは筋違いであり、誰もが平等に理解し行動できる社会を実現するためには相互尊重が不可欠である。本章がその契機の1つになることを望む。　　　　　　　　　　　　　［森　篤嗣］

［引用・参考文献］

青木幹勇（1986）『第三の書く―読むために書く　書くために読む』国土社

市毛勝雄（2002）『国語力を育てる言語技術教育入門』21世紀型授業づくり47、明治図書出版

井上一郎編著（2000）『総合的な読みの力を育成する国語科の授業』明治図書出版

岩田一成（2016）『読み手に伝わる公用文―〈やさしい日本語〉の視点から』大修館書店

大村はま（1982-1985）『大村はま国語教室』全15巻、筑摩書房

岡卓志（2014）「物語・文学教材を新聞に書き換える学習：世界でいちばんやかましい音（エルキン）」『国語教育論叢』23、pp.15-28、島根大学教育学部国文学会

加藤汰一・宮田玲・立見みどり・佐藤理史（2020）「文化財説明文を対象とした平易化支援システムの設計と実装」『人工知能学会全国大会論文集』JSAI2020（0）、4Rin1-49、人工知能学会

蒲谷宏（1982）「「言い換え」に関する基礎的考察―「換言論」の提唱」『国語学研究と資料』6、pp.70-78、国語学研究と資料の会

木村陽子（2018）「国語教育とアダプテーション―高校「国語総合」教科書の「創作」課題の検証」『教職課程センター紀要』3、pp.47-54、大東文化大学教職課程センター事務室

木本一成（2013）「作文教育における中学生の自己認識力の形成―文種による書き換えをとおして見えてくる中学生の自己対象化の特徴について」『国語教育研究』54、pp.32-41、広島大学国語教育会

熊谷由理・深井美由紀（2009）「日本語学習における批判性・創造性の育成への試み―「教科書書きかえ」プロジェクト」『世界の日本語教育』19、pp.177-197、国際交流基金日本語事業部

倉澤栄吉（1987-1989）『倉澤栄吉国語教育全集』全12巻＋別冊、角川書店

栗田稔生（2007）「表現のしくみに着目した国語科学習—「説明文を書きかえよう」（「くらしの中の和と洋」東書・4下）」『教育学研究紀要』53（1）、pp.129-134 中国四国教育学会

輿水実（1986）『輿水實自選著作集』全 12 巻＋別巻 1 冊、教育出版センター

駒谷詩織（2018）「説明文教材における筆者の主張を読み取り、要約文を書く力を高める指導の工夫—5 年生「生き物は円柱形」における文章構成表の効果的な活用」『教育実践研究』28、pp.25-30、上越教育大学学校教育実践研究センター

児童言語研究会話しかえ研究グループ（1965）「一読総合法の実践検討と展望 4 話しかえ」『児言研国語』4、pp.41-52 明治図書出版

渋谷孝編（1998）『現代国語教育集成 輿水実』明治図書出版

渋谷孝（2008）『国語科教育はなぜ言葉の教育になり切れなかったのか』明治図書出版

首藤久雄・卯月啓子編著桑の実会（2004）『翻作法で楽しい国語』楽しい国語 4、東洋館出版

鈴木隆司（2015）「小学校国語科における作文の授業開発：「文章スケッチ」の授業実践を通して」『和光大学現代人間学部紀要』8、pp.195-212、和光大学現代人間学部

妹尾知昭（2014）「外国人児童の日本語指導におけるリライト教材の必要性と使用可能性」『広島大学大学院教育学研究科紀要 第一部』63、pp.105-113、広島大学大学院教育学研究科

妹尾知昭（2016）「小学校国語科教科書における翻訳教材とその指導の課題—「お手紙」を対象にして」『初等教育カリキュラム研究』4、pp.29-40、広島大学大学院教育学研究科初等カリキュラム開発講座

田中英輝・美野秀弥・越智慎司・柴田元也（2013）「やさしい日本語による情報提供：NHK のNEWS WEB EASY の場合」森篤嗣「「やさしい日本語」と国語教育」庵功雄・イ・ヨンスク・森篤嗣編『「やさしい日本語」は何を目指すか—多文化共生社会を実現するために』pp.31-57、ココ出版

田中怜（2018）「高等学校における漢詩のリライト授業—相互理解、表現としての漢詩」『横浜国大国語教育研究』43、pp.125-132、横浜国立大学国語教育研究会

丹生裕一（2014）「翻作的活動に見る教師の指導スキルの実際」『全国大学国語教育学会国語科教育研究 大会研究発表要旨集』127、pp.129-132、全国大学国語教育学会

中田敏夫（2009）「リライト教材を用いた外国人児童の国語科学習支援の実践—0 時間学習での導入」『愛知教育大学教育実践総合センター紀要』12、pp.159-165、愛知教育大学教育実践総合センター

中田敏夫・石丸千保（2010）「あらましリライト教材を用いた外国人児童生徒への国語科学習支援」『愛知教育大学大学院国語研究』18、pp.78-57、愛知教育大学大学院国語教育専攻

中村敦雄（2020）『国語科教育における能力主義の成立過程—輿水実と近代化の精神、1931-1977』渓水社

西尾実（1947）「国語教育の構想」言語文化研究所編『国語の教育』1（1）、（田近洵一編（1993）『現代国語教育論集成 西尾実』pp.212-222、明治図書出版所収）

西尾実（1974-1978）『西尾実国語教育全集』全 10 巻＋別巻 2 冊、教育出版

波多野里望編著（1992）『なぜ言語技術教育が必要か』（教育新書）明治図書出版

平田昌子（2011）「読みへの橋渡しを目指した日本語支援の提案—ダブル・リライト教材使用の試み」『桜美林言語教育論叢』7、pp.61-78、桜美林大学言語教育研究所

府川源一郎（1999）「私は文学教育をどのように考えるか──学習方法をめぐる私的なメモ」『日本文学』48（8）pp.48-55、日本文学協会

府川源一郎・高木まさき・長編の会（2004a）『認識力を育てる「書き換え」学習 小学校編』東洋館出版

府川源一郎・高木まさき・長編の会（2004b）『認識力を育てる「書き換え」学習 中学校・高校編』東洋館出版

藤原悦子（2010）「「書き換え」学習でつくる詩の授業」『横浜国大国語教育研究』33、pp.22-30、横浜国立大学

丸山義則（2013）「読みの交流の起点としてのリライト（書き換え学習）──小説「握手」の実践を通して」『教育実践研究』23、pp.55-60、上越教育大学学校教育実践研究センター

光元聰江（2002）「子どもの成長を支援する日本語教育──日本語と国語との連関指導を通して」『岡山大学教育学部研究集録』121、pp.133-142、岡山大学

光元聰江（2014）「取り出し授業と在籍学級の授業とを結ぶ「教科書と共に使えるリライト教材」」『日本語教育』158、pp.19-35、日本語教育学会

光元聰江・岡本淑明・湯川順子（2006）「外国人児童のためのリライト教材・音読譜による国語科の指導」『岡山大学教育学部研究集録』131（1）pp.113-122、岡山大学教育学部

光元聰江・岡本淑明（2012）『外国人・特別支援 児童・生徒を教えるためのリライト教材 改訂版』ふくろう出版

宮崎大（2001）「国語教育における「書き換え」の可能性：「書き換え」という行為の再検討」『横浜国大国語教育研究』14、pp.30-46、横浜国立大学

宮澤宏枝（2021）「古典学習入門期の高校生へ向けた授業に関する一考察──「日記文学」のリライトを通して」『愛知教育大学大学院国語研究』29、pp.46-32、愛知教育大学大学院国語教育専攻

元木佳江（2015）「取り出し授業から在籍学級へつなげるための JSL 児童に対する日本語指導──リライト教材作成の手法を用いた国語科学習の試み」『語文と教育』29、pp.104-87、鳴門教育大学国語教育学会

森篤嗣（2013）「「やさしい日本語」と国語教育」庵功雄・イ・ヨンスク・森篤嗣編『「やさしい日本語」は何を目指すか──多文化共生社会を実現するために』pp.239-257、ココ出版

森岡健二（1976）「国語教育とは何か」『言語生活』293、pp.20-32、筑摩書房

文部省（1958）『中学校学習指導要領』明治図書出版

文部科学省（2018a）『小学校学習指導要領（平成29年告示）』文部科学省

文部科学省（2018b）『中学校学習指導要領（平成29年告示）』文部科学省

山下俊幸（1999）「体験の経験化の一方策としての「書き換え」の可能性──「体験」を書き換える学習状況化の試みから」『横浜国大国語教育研究』11、pp.57-68、横浜国立大学

山根恵子（2008）「あの子をプロデュース！：友達と共同して自己 PR 書を「書き換える」」『横浜国大国語教育研究』29、pp.50-56、横浜国立大学

Hutcheon, L.（2006）*A Theory of Adaptation*. Routledge.［片渕悦久・鴨川啓信・武田雅史訳（2012）『アダプテーションの理論』晃洋書房］

「やさしい日本語」を支える 「マインド」とその育成

13.1 技術からマインドへ

　「やさしい日本語」について複数の論者の論考をおさめた論文集としては、これまで、庵・イ・森編（2013）、および庵他編（2019）という2冊の書籍が出版されている。今回の書籍『「日本人の日本語」を考える』は、上記2冊の書籍と通底する問題意識によって支えられた、3冊目の論文集という位置づけにあるものと考えられよう。

　庵・イ・森（2013）（以下「論文集A」）と庵他編（2019）（以下「論文集B」）とを比較してみると、1つの大きな相違点が見られる。それは、論文集Bは論文集Aに比べ、表現済の言語形式ではなく、言語活動にかかわる者の「マインド」に焦点をあてた論文の割合が顕著に多くなっている、ということである。

　論文集Aでは多くの論文が、「やさしい日本語」がどのような言語的特徴を持っているか、あるいは「やさしい日本語」への書き換えが自然言語処理技術によってどのように支援され得るか、といった側面に焦点をあてており、言語活動にかかわる者の意識や態度など、心的な側面を主として扱っている論文は比較的少数（全17章のうち4章[1]）であった。

　一方で6年後に発行された論文集Bになると、言語活動にかかわる者のマインドに言及した論文は大幅に増える。筆者が見る限り、論文集Bを構成する21章のうち半数以上の章において、意識や態度といった心的な要素が主たる考察内容となっているか、少なくとも一定以上の重みを持って扱われているのである。

　「マインドとしての〈やさしい日本語〉」と題された論文集B（第1章）の庵論文において、こうした考え方はすでに明確に展開されている。庵は、「〈やさしい

---

[1] 具体的には第4章尾﨑論文（「双方向のやりとり」の中で探り出す「やさしい日本語」について論じるとともに、日本人側の意識・態度の変化にも言及）、第5章栁田論文（接触場面におけるやり取りの中で、外国人との接触経験の多い日本人がどのような配慮を行っているかを考察）、第12章宇佐美論文（外国人との接触経験を特に持たない日本人が、「やさしい日本語」への書き換えを行うときの配慮のあり方を考察）第14章イ論文（外国人が日本社会で能動的に生きられるようにするため、日本人側の「言語的寛容さの感覚」を育てることの重要性を主張）、などである。

日本語〉は書き換えや言い換えの「技術」に関する問題であると認識されがち」
だが実はそうではなく、大切なのは「「お互いさま」の気持ち」であると主張す
る。具体的には、「(日本語非母語話者の)「わたチ」という発音を笑いそうになっ
たときに、もし、1歩立ち止まって、「自分が同じことをされたらどう感じるだろ
うか」と考えることができれば、おそらく笑うことはない」ということが指摘さ
れ、こうしたマインド（考え方）を持てることこそが〈やさしい日本語〉を支え
る基本理念であるとしている（庵 2019：pp.14-15）。

　第6章の菊池論文では、「「やさしい日本語」の視点からコミュニケーションで
の心構えや態度のあり方を振り返り、問い直すことにその意義がある」としたう
えで、具体的には「積極的にコミュニケーションをとろうという心構えや態度」
（菊池 2019：p.103）「情報を伝達する相手を想像し、相手に合わせて表現や体裁を
考える視点」（菊地 2019：p.106）が重要であるとしている。また第19章の志村論
文では、JSL（Japanese as a second language）生徒に日本語を教える側の人間と
して、「発想に柔軟性を持つ」こと、「ひとりひとりの生徒の人生を念頭においた
うえで、今何をする必要があるのか、目標をどこに設定するといいかを俯瞰し、
そして心から彼らの可能性と能力を信じること」（志村 2019：p.334）などの大切
さが主張されている。論文集Bにはこの他にも、言語活動にかかわる者のマイン
ドに言及した箇所は枚挙にいとまがない。

　このことは、「やさしい日本語」の実践が世に広まるに連れ、「やさしい日本語」
とは単なる言語技術の問題ではなく、その背後にある人間のマインドも併せて考
察する必要がある、という認識もまた広く受け入れられるようになってきている
ことを反映しているだろう。

　それはよい。一方でこうしたマインドの問題が強調されることに、何ともいえ
ない息苦しさが感じられる、ということはないだろうか。

　上記で強調されているマインドは、いずれも「たしかに重要」と思わせるもの
で、反論の余地はない（逆にいうと、特に目新しい主張ともいえない）。そうした
反論の余地のないことを繰り返されれば、ときには「そんなことはわかっている」
と反発したくもなるであろう。無論、「わかっているつもりで実はわかっていな
い」ということも十分あり得る。しかしそうしたマインドの問題に、教育にかか
わる者はどのように働きかけていくことができるのか。そういう議論がなければ、
この種の「べき論」は単なる精神論に終わってしまう可能性がある。

　このことは、論文集B所収の筆者（宇佐美）自身の論文（第4章）に対する反
省でもある。筆者はこの論文において、「〈やさしい日本語〉を、「それが必要だか
ら」という外発的動機により学ぼうとするのでなく、「よりよく生きたい」という
内発的動機の中に位置づけ直す必要がある、という主張を行った。しかしそのた

めに「具体的にどうするのがよいのか」という議論は不十分であった。

　「やさしい日本語」は、その言語形式上の特徴や書き換えの技術について論じる段階から、言語活動にかかわる人間のマインドについて論じる段階にきている。我々はそうしたマインドの問題を、教育の場でどのように扱っていくことができるのか、という問いに直面しているともいってよい。

13.2　近年のコンピテンス論における「マインド」的要素

　こうした「マインド」の問題が重視されるようになっているのは、「やさしい日本語」の分野だけではない。1990 年代以降、「来たるべき 21 世紀の世界において必要となる資質・能力とは何か」という問題意識に基づいて提案されてきた各種の〈新しい能力〉概念においては、知識（Knowledge）、スキル（Skills）といった認知的要素の他、人格（Character）あるいは態度（Attitude）という非認知的要素をその重要な構成要素として据えているものが少なくない。

　教育内容を「知識（Knowledge）」「スキル（Skills）」「態度（Attitude）」の 3 要素に整理するという枠組みは、元々 Bloom 他（1956）によって提示されたもので、「KSA フレームワーク」と呼ばれる。この枠組みは、米国 Center for Curriculum Redesign（CCR）が提案する「4 次元の教育（four-dimensional education）」（Fadel, Bialik and Trilling 2015）や、経済協力開発機構（OECD）の Education2030 プロジェクト（OECD2018、2019）などにおいて、そのままか、あるいは調整を加えたかたちで受け継がれている。また日本においても、2017、2018 年に改定された学習指導要領では、「資質・能力の三つの柱」として、「知識・技能」「思考力・判断力・表現力等」「学びに向かう力・人間性等」が示されており、さらに2019 年、文化審議会国語審議会が示した『日本語教育人材の養成・研修の在り方について（報告）』では、日本語教育にかかわる人材に必要な資質・能力の項目が、「知識」「技能」「態度」の 3 領域に分けて示されている。いずれの枠組みにおいても、「態度」なり「人間性」なりといったマインドにかかわる要素が重要な地位を占めている。

13.3　教育において「マインド」は扱い得るか

　態度・人間性・価値観といったような「マインド」の問題が重視されるようになっていることには、2 つの理由を想定することができるだろう。まず、① 適切なマインドを持つことが、知識やスキルなどの認知的能力のより効果的な獲得によい影響を与え得るということ、さらに ② そうしたマインドは、獲得した認知的

能力を、置かれた環境に合わせて適切に使うための「指導原理（guiding principles）」として機能し得る（白井 2020）、ということの 2 点である。

　一方で、教育においてこうした「マインドの問題」に焦点があてられることには強い懸念が表明されてもいる。本田（2005）は、「意欲や独創性、対人能力やネットワーク形成力、問題解決能力などの、柔軟で個人の人格や情動の深い部分に根ざした諸能力」のことを「ポスト近代型能力」と呼び、こうした能力について、① それがどのように形成され得るのかについて社会的な合意がないこと、② 個人の努力というより、本来の資質か、生育過程における環境要件によって決まる部分が大きいと考えられること（つまり社会的格差を再生産する機能を持っていること）、③ その評価に多大な労力を要するとともに、不透明さを伴うこと、などの問題点を指摘し、こうした能力が要請されるようになってきている社会趨勢に強い危惧を表明している。こうした危惧・懸念にどう対処するのかを示さずに、ただ「マインドの問題」を強調することは危険であろう。

　ではどうすればよいか。このことについて、筆者自身の基本的な考え方は以下のとおりである：

1. 教育は、① 個人としての幸福追求、② コミュニティの維持・発展、の双方を目指すこととなるが、この両者は衝突することがあるため、③ 複数の価値観が衝突する場合[2] の調整、をも併せて目指す必要がある。
2. 上記の目標を設定した場合、教育は態度・価値観といった「マインド」の問題とも向き合わざるを得ず、そこから目を背けることはできない。
3. しかしながら教育において、教育を運営する側の価値観に基づいて「習得すべき価値」を設定し、それを教育を受ける側に刷り込もうとしたり、習得の度合いを測定・評価したりしようとする試みは厳に避けなければならない。「何に価値を認めるか」の選択は、学習主体の自由のうちに存するものであり、その自由は最大限に尊重されなければならない。
4. 教育を運営する側にできることは、学習主体が自らの具体的な行動や思考のプロセスを振り返ることができるような環境を設定し、その中で学習主体自身の気づきを促し、自らの価値観を問い直すとともに、自らの裁量の中で選択し直していけるようにすることである。
5. ただし、単に振り返りの環境を設定し、学習主体の価値観の更新を待つ、というだけでは明らかに不十分である。どのような環境を設定したときに、ど

---

[2]　ここには、個々人がもつ価値観、個人とコミュニティの価値観、また異なるコミュニティ価値観同士が衝突する場合等が含まれる。

のような気づきが得られ、それによりどのようにして価値観の更新が起こったのかの事例を積み重ね、共有することで、今後の教育実践方法の立案につなげていくべきである。

　上記のような基本理念に沿って書かれた論考として、宇佐美（2022）がある。宇佐美（2022）は、日本語教育に関わる者に対する養成・研修に資する目的のために策定された文化審議会国語分科会（2019）を取り上げ、ここで示された「態度」諸項目が、単なる項目の列挙にとどまっており、諸項目間の関係が示されていないところから、「要素主義」、すなわち、個々の項目を1つひとつ習得させ、その習得の有無を確認していこうとするような扱いを助長する可能性があることをまず指摘する。ついで、ひとくちに態度として列挙された項目の中に、性格の異なる雑多なものが混じってしまっていることを指摘したうえで、上掲書で列挙されている「態度」の諸項目を、① 他者との接し方にかかわる項目、② 学習観・教育観にかかわる項目、③ 教育実践をめぐる省察にかかわる項目、④ 組織・社会の改善にかかわる項目、の4カテゴリに整理し直した。さらに、教師研修で中心的に扱う内容は第3カテゴリのみに限定し、第1・第2カテゴリは第3カテゴリの「内への深化」、第4カテゴリを第3カテゴリの「外への拡張」として結果的・間接的に扱っていくという研修のグランドデザインを提示した。

　しかしながらここでも、研修立案の大枠のみがアイディアとして示された段階にとどまり、自らの行動や思考のプロセスを振り返ることにより具体的にどのような気づきがもたらされ、それがどのような「マインド」の変容につながるかの実例は示されていない。

13.4　「やさしい日本語」実践における「マインド」の変容

　そこで本節では、筆者自身が都内のある大学で行った「やさしい日本語」に関する教育実践を取り上げ、その中で参加者の「マインド」にどのような変容があったのかを、学生自身による「振り返りコメント」に基づき考察していく。

13.4.1　大学授業での「やさしい日本語」書き換え演習への反省

　筆者は宇佐美（2019）において、都内のある大学で「言語と社会活動」という授業を担当していること、その授業の中の1セクションとして「やさしい日本語」への書き換え演習を行っていることに言及した。しかし当該論文ではこの実践について、「他の作業と比較した時、〈やさしい日本語〉への書き換えは「非常に強く印象に残る」ものでは決してない」ようだ、としていた。その理由として「「大

学生」という立場だと、日本語を母語としない人に情報をわかりやすく伝えたい」という場面に立ち会ったこと自体がないことによる」ということをあげ、一方でそれはまた「授業運営者としての筆者の力不足によるもの」であるとも述べている（宇佐美 2019：p.75）。

　筆者はその後もこの大学で同種の実践を続け、授業参加者（学生）により深い気づきをもたらすため、振り返りの仕方に毎年少しずつ工夫を加えている。2021年度の実践においては、新しい試みとして、以下のようなことを行った：

● 作業の後、参加者に短い振り返り文を書くことを求めるだけでなく、それら振り返り文の中からいくつかを抜粋・再構成し、教員からの簡単なコメントともに教室全体に示した後、他の参加者の書いた振り返り文の内容も踏まえたうえで再度の振り返りを促した。

　ごくわずかな手順の変化にすぎなかったが、しかし 2021 年度、上記の手順によって得られた振り返り文には、特に着目すべき、深い内容を備えたものが少なからず見受けられた。以下に授業の手順と、参加者の振り返り文からうかがえる「マインドの変容」について詳述する。

13.4.2　授業の概要
　この授業の概要は以下のとおりである。

表 1　「言語と社会活動」概要

履修者	主として教育学部の 2〜4 年生。2021 年度の履修者数は約 80 名。
到達目標（シラバスより）	① 実際の社会活動を行う場合、自分はどのように言語を使用しているのか、ある場面において使用した言語運用が、周囲の人にはどのように評価されてしまっているのか、ということについて、まずは自ら内省できるようになることを目指します。 ② さらにそのうえで、その場面にふさわしくかつ効果的な言語使用とはどういうものであるかについて、自律的に考えていけるようになることを目指します。
授業で扱う内容	以下のようなテーマを、90 分授業 3 回分程度を使って扱う： ①　先生をほめていいのはどういう時？ ②　日本語非母語話者が書いた謝罪文の評価 ③　新たに人間関係を作るためのメール文作成とその相互評価 ④　「やさしい日本語」作成演習
基本的な授業の進め方	全 15 回。4 名程度の小グループに分かれ、教員が提示するタスクに対しその対処法を協働で考え、ポスター形式にまとめてプレゼンテーション・質疑応答を行う。その後振り返りを行う。

「やさしい日本語」作成演習については、以下のような手順で行われた。

【第1回】「家電リサイクル」の手順について日本語で説明した文書（日本語非母語話者に対する配慮等は特にないもの）を示し、何がわかりにくいのか、どうすればわかりやすくなるかをグループ内で話し合う。「やさしい日本語」にするための言語的工夫について、教員からは特に説明はしない。ただ、日本在住の外国人は必ずしも英語ができるとは限らず、また多言語への翻訳および翻訳の正確さの検証には莫大なコストがかかることから、「やさしい日本語」を用いた情報伝達が最も現実的であることは伝える。

【第2回】「家電リサイクル」の手順を、日本語非母語話者にもわかりやすく説明するためのポスターを、模造紙1枚のサイズで作成する。原文に記載されている情報をすべて書き換える必要はなく、適宜情報の省略・組み換え・追加を行ってよいこと、イラスト等も積極的に使ってよいこと、などを伝える。

【第3回】授業前半でポスターを完成させ、後半ではポスターセッションでの相互発表を行う。グループ内で1人のみが自グループのポスターについて10分程度で説明・質疑応答を行い、他のグループメンバーは別のグループの発表を聞きにいく。1セット10分程度のポスターセッションを4回行うことで、全員が1セットの発表を行い、残りの3セットで他グループの発表を聞けるようにする。授業終了後には、ポスター作成や他グループとの話し合いで得られた気づきなどを、Googleフォームを通じて送信するよう求めた。

【第4回（オンライン授業）】2021年度の授業は基本的に対面で行われたが、コロナ禍により欠損した授業時間数を補うため、数回分の授業をオンライン（オンデマンド型）で行うことも求められた。そこで「リサイクルポスター作成」作業の振り返りセッションをオンラインで行うこととした。

参加者からGoogleフォームによって寄せられた振り返り文を教員が一覧し、それらの一部を抜粋して配布資料に貼りつけ、教員からのコメントとともに紹介していった。参加者の間に異なる見解が見られた場合はそれらを対比できるようなかたちで紹介したが、教員としていずれかの見解を特に支持するということはしなかった。そのうえで、他の参加者の振り返り文も読んで、今回の「やさしい日本語」作成演習で何を学んだかを改めて文書としてまとめ直し、最終レポート（の一部）として提出してもらうこととした。

13.4.3　他の参加者の振り返り文に接することによる内省の深まり

　ポスター発表終了直後に送信された振り返り文と、他の参加者の振り返り文も参照した後で書かれた最終レポートの内容を比較すると、前者では特定の場面に

おける書き換えの tips 的な気づきが示されることが多かった一方で、後者では、他の参加者が示した気づきに接して自分なりに考察を深め、より汎用性の高い気づきが示されるという例が少なからず見受けられた。以下にその例を紹介する。

◆イラスト使用の功罪〜「本質的なおもいやり」とは

　授業終了直後の振り返り文（第1次コメント）では、ポスターにイラストを使うことが効果的、というコメントが多数見られた。以下のようなものである（以下、引用したコメントに連番を振るとともに、第1次コメントには番号の後に-①を、第1次コメントを踏まえて書かれた第2次コメントには-②を付す）。

1-①：説明にはイラストを効果的に多く取り入れるとわかりやすくなると感じた。誰でも文字よりイラストを見る方が物事のイメージがしやすく、日本語学習者にとっても日本語母語話者にとっても理解しやすい説明になる。

　一方で、イラストを使用することが必ずしもわかりやすさにつながるわけではない、という気づきを示したコメントも寄せられていた。

2-①：イラストでリサイクルの方法を描いたのですが、流れはわかりやすいけど、誤解が生まれそうという指摘を受けました。「電話をかける場面の絵がどれも同じ人だったため、リサイクルセンターにかけるのかお店にかけるのか、わかりづらい。」また、「お金を払う場面の絵が、お金だけのため、払うのか貰えるのか、理解しづらい。」と意見がでました。自分たちのグループでは、話し合いを基に書いていたために、これでわかるだろうと見る側の視点に立てていなかったと反省しました。また、そこからイラストはわかりやすく伝えることができるという長所があるけれど、だからこそ誤解が生まれてしまう場合があるというイラストの短所に気付きました。

　振り返りの回の授業では、イラスト使用についてこのように功罪両様のコメントがあったことを紹介したが、教員として何らかの結論を示すことはしなかった。しかしこうした「他者の多様な気づき」にも接した後の第2次コメントでは、さらにもう一歩深く、かつ汎用性を備えた気づきが得られていることが見て取れる。以下にその一例を示そう（下線は引用者によるもの）。

3-②：（「外国人」にもさまざまな背景を持つ人がおり、漢字圏の人に対してはむしろ漢字をそのまま残したほうがよい、という気づきに続けて）イラスト

を使いすぎるとその人自身の想像になってしまい、伝えたいことが伝わらない、間違った誤解をさせてしまう可能性がある、ということを他の人の意見を通し気づきました。このように2つの学びから、<u>表面上のおもいやりはただの自己満足</u>になるのではないかと考えました。したがって一番大切なことはいかなるときも、相手が何を求めていて、どんな目的があるのか、また、その人のこれからの日本生活を助けるにはどうしたらよいのかなど<u>先のことまで想像すること</u>が日本語を母語としない人達に対しての<u>本質的なおもいやりに繋がる</u>と考えます。

　ここでは、「イラストを使っておけばよいわけではない」という気づきと、「漢字はひらがなに書き換えておけばよいわけではない」という2種類の気づきを複合させることで、「この場合ではこうすればよい」というマニュアル的な予断に基づく配慮は「表面的なおもいやり」であって「ただの自己満足」にしかすぎないということ、「相手が何を求めていて、どんな目的があるのか」「これからの日本生活を助けるにはどうしたらよいのか」ということまでを想像することが「本質的なおもいやり」であるという、より広い場面に敷衍（ふえん）可能な、「マインド」のあり方にもかかわるような気づきに達していることがうかがえる。

◆「法律」に言及するか〜「やさしい説明」に潜む強制性
　日本には「家電リサイクル法」という法律があり、この法律を根拠に、製造者は不要となった家電製品をリサイクルする義務を負い、また排出者（家電を処分しようとする者）は一定の料金を負担することとなっている。しかし国によっては、そもそもリサイクルという概念自体が一般的でないこともあるため、ポスター作成の過程において、またその後のポスターセッションにおいて、「家電を処分する際料金を負担しなければならない理由をどのように納得してもらうか」「その際法律に言及するかどうか」ということが議論となっていた。
　第1次コメントを参照すると、このことについて各グループでの対処方針はいくつかに分かれていたようである。第1の方針は、「処分方法がわかればよいので、法律への詳細な言及は不要」という考え方である：

4-①：「このポスターを見ることで、リサイクルのルールを守って正しく捨てて
　　　欲しい」ということが伝わるように、正しい捨て方がわかるように工夫を
　　　することにしました。そこで、最初に書く上で必要な情報と不必要な情報
　　　で分けました。例えば、法律はそこまで詳しく説明しなくても、<u>そういう</u>
　　　<u>ルールがあるということがわかれば良いため、説明は入れない</u>などを行い

ました。

　第2の方針は、「ルールを守ってもらうためには法律にも言及したほうがよい」という考え方である：

5-①：法律が出てきたが、難しいのでいらないのではないかという意見もあったが、法律を示した方が見た人が『守らなきゃ』と思うようになるという意見が出てきて、法律は入れることになった。

　さらに第3の方針として、「そもそもなぜリサイクルが必要なのか、その本質的な理由をわかってもらうのがよい」というものも示されていた：

6-①：最も工夫した点は、なぜ家電リサイクルをしなければならないのかを説明することです。「家電リサイクルとして家電を捨てるためにお金がかかります」と書くのでは、それなら粗大ゴミで出したほうが安く済むからしなくていいと考えるのではないかと話し合いの中で意見が一致しました。そのため、そもそも家電リサイクルとはどういうもので、どうしてしなければいけないのかを最初に説明することにより、見た人にやりたいと思わせる工夫をしました。

7-①：「なぜ」しなければならないのかということをどのくらい理解させるのかだと思う。従来はリサイクルの方法だけ書かれていて不法投棄は減らなかったし、お金が発生するものであるためセンシティブな問題である。確かに、今回の課題である "やさしい日本語" により、多少の改善は見られると感じたが、そこに「なぜ」リサイクルをするのかの説明を加え、一緒に頑張ろうと共感的な理解を与えることが重要だと考える。

　このように、コメントを「3つの方針」に整理して履修者に示したことを承けての第2次コメントでは、以下に示すような気づきが言及されていた：

8-②：難しいから内容を省いてしまおうというのは相手が望んでいなくても義務のように家電を捨てる時にお金を払うことを強要することになり、相手を思った対応ではなく自分達のレールに合わせて半強制的に適応させようとする、人を操作することになるのだと気づいた。

9-②：私は非日本語母語話者にリサイクルの必要性を伝えるための方策にばかり注意が向いていた。同じグループのメンバーも同様の意見が多く、ポス

ターも必要性を論じるような内容であった。つまり、リサイクルは必要な
ルールとして決まっているため、それを守るように促す、ある意味で<u>上か
らの押し付け</u>が垣間見える内容であった。

　ルールを守ってもらうためには、なぜそういうルールがあるのかの理由を示し
「共感的な理解」を促すのがよい、という第1次コメント（7-①）での気づきは、
すでに十分高次の気づきであった。しかしこうしたコメントにも触発された第2
次コメントでは、「既存のルールをやさしく説明するということは、自分たちのや
り方の「半強制的」な「上からの押し付け」に他ならなかった」という気づきが
示されている。これは、「外国人に対しやさしく説明してあげたい」という親しげ
な行動原理の中に、実は「多数派としての驕り」が隠れていたという発見であり、
まさに価値観の根源的な問い直しであったと考えられる。
　今回の活動では、教員側から「あるべき価値観」を提示し、そこへ誘導すると
いうようなことはしていない。ただ他の参加者が、活動の中で得ていたさまざま
な気づきを整理・再構成したうえで提示し、そのうえで個人で改めて省察を行う
ことを求めたのみであったが、少なくともいくばくかの参加者については、自分
がそれまで持っていた価値観の問い直しを行っていた。つまり宇佐美（2022）で
いう、省察から価値観変容への「内への拡張[3]」、を「自らの自由のもとに」選び
とっていたことが確認されたのである。

◆「伝える」でなく「伝わる」～一生モノの考え方
　第1次コメントの中では、前述のように、発信者側としてはわかりやすく「伝
える」つもりで行ったさまざまな工夫が、受信者側にはうまく「伝わって」いな
かった、という事例が複数提示された。また、学生自身が日常の生活の中で「伝
わりにくい表現」に接して困った、という経験も紹介されていた。例えば以下の
ような例である：

10-①：リサイクルショップで買取などの表記がわかりづらい説明だった時が
　　　　あって店員に聞くと、書かれていることが全てみたいな返しをされて、す
　　　　ごく困った。

　ここでは、「必要なことはすべて書いてあるのだから、読んでいない（わからな

---

[3]　宇佐美（2022）は日本語教育人材への研修を議論の出発点としているが、「態度」的な要素に働きかけ
る際に配慮すべきことは、教育のあらゆる場面に通用することと考える。

い）ほうが悪い」という発信者側の態度に対する、受信者側の困惑が表現されている。こうしたコメントを紹介しつつ、教員（宇佐美）から、「「説明したからそれで終わり」ではなく、「相手に伝わったか」までの確認が必要。「伝える」のはあくまでも手段であり、目的は「伝わる」こと」、という意味のことを述べたところ、ある参加者はこの発言に触発され、第2次コメントでは以下のように書いていた：

11-②：一番衝撃的だったのは、振り返りで出てきた「伝えるのは手段で、伝わることが目的」という内容だった。その言葉を聞いて顧みると、伝えることに重点を置きすぎて、伝わっているかの点検が行えていなかったように感じた。（中略）「伝える」と「伝わる」は文中でどっちを使っても同じ意味で通ってしまうことが多く、その違いを忘れがちになる。正直、家電リサイクルのポスターを作っている時に私はそれらが混同していたと思う。だからこそ、その違いにはハッとさせられ、同時にこれはあらゆる場面で他者とコミュニケーションをとって何かを伝えようとする際に通ずることだと気が付いた。誇張ではなく、一生モノの考え方に出会ったと思った。

　このコメントは、授業の「最終レポート」という場で現れたものであり、教員に対する「学びのアピール」という側面があったかもしれないことは否定できない。しかしそれにしても、「伝えるのは手段で、伝わることが目的」という気づきを得たことを「衝撃的」と呼ぶとともに、「誇張ではなく、一生モノの考え方に出会った」と表現しているところからは、「この気づきはさまざまな場に適用可能」なものであり、「この気づきによって、これからの自分の人生をより豊かなものにできるに違いない」という前向きな見込みを得たことによる「心の弾み」が伝わってくる。この参加者は、「やさしい日本語」をめぐる一連の活動とその振り返りの中で、単に技術的な tips ではなく、コミュニケーションにおける汎用的な「指導原理」（白井 2020）を自らつかみとったのである。

13.5　おわりに

　今回の「やさしい日本語」作成演習の参加者のうち、少なくとも一部の人々については、「やさしく伝える」ということそれ自体をどう捉えるか、また、「やさしく伝えようとしている自分自身」をどういう存在として捉えようとしているかについて、「意味把握の変容と深化」を経験しており、それは本人の「マインドの

成長」とも呼ぶべきものであった。そしてまた、この種の変容・深化が起こることは、この活動をコーディネートしていた教員（宇佐美）自身が期待していたことではあったが、具体的な変容・深化は、教員からの直接的な働きかけによって実現したものではなく、あくまでも参加者同士が、お互いの気づきを共有し、自らの中で咀嚼し再考することが求められるという環境の中で、自らの自由のもとに選び取ってきたものであった。

　ただしそうした変容・深化は、他の参加者の気づきを単に脈絡なく列挙するのではなく、教員がそれらの気づきを整理・再構成して提示することによって促された可能性があることを指摘したい。例えば13.4.3項では、「法律に言及するかどうか」についての方針を3つに整理して順次提示していったが、こうした提示を行うことで、参加者は自然と各方針を比較することとなり、その背後にどういう価値観が存在しているのか、ここでどういう価値観をとることが有効なのかについて、自ら思いを致すようになったということが考えられる。

　つまり今回、「他者の気づきを適切に再構成して提示することが、各人の価値観の自発的な問い直しに有効」という仮説が得られたことになる。今後はこの仮説に基づき、再構成して提示された気づきを読むことが各人の省察にどのような影響を及ぼし得るのか、またどのような方針での再構成が価値観の問い直しに有効なのか、などについて、考察を継続していくことが必要と考える。

　さらに今後の課題として、以下の2点も指摘しておきたい：

① こうした活動には、参加者が興味を持ってかかわっていける、ということが重要となる。「活動に参加してみたい」と思わせるような工夫を行い、その事例を積み重ねていくことが必要である。

② こんにち、「設定した目標の達成度を数値的に確認することが教育評価である」という常識が広く流布している。しかし教育において「マインドへの働きかけ」も考えるならば、教育評価についてのこうした常識に対する問い直しを、社会全体に対し促していくことが必要である。

［宇佐美洋］

[引用・参考文献]

庵功雄（2019）「マインドとしての〈やさしい日本語〉」pp.1-22、論文集 B 所収

庵功雄・イ・ヨンスク・森篤嗣編（2013）『「やさしい日本語」は何を目指すか』ココ出版【論文集 A】

庵功雄・岩田一成・佐藤琢三・柳田直美編（2019）『〈やさしい日本語〉と多文化共生』ココ出版【論文集 B】

イ・ヨンスク（2013）「日本語教育が「外国人対策」の枠組みを脱するために」pp.259-278、論文集 A 所収

宇佐美洋（2013）「「やさしい日本語」を書く際の配慮・工夫の多様なあり方」pp.219-236、論文集 A 所収

宇佐美洋（2019）「母語話者にとっての〈やさしい日本語〉は学ぶに値するものか：「生涯学習」という視点からの再考」pp.67-82 論文集 B 所収

宇佐美洋（2022）「育成可能性からみる「態度」概念の再整理」―「日本語教育人材に必要な態度」をめぐって」『日本語教育』181 号、pp.96-110

尾﨑明人（2013）「「やさしい日本語」で作る地域社会」pp.219-236、論文集 A 所収

菊池哲佳（2019）「「多文化共生」の実践としての「やさしい日本語」：自治体施策の現場にみる「やさしい日本語」の考察」pp.99-112、論文集 B 所収

志村ゆかり（2019）「日本における年少者日本語教育と〈やさしい日本語〉：バイパスとしての〈やさしい日本語〉のその先にあるもの」pp.317-336、論文集 B 所収

白井俊（2020）『OECD Education2030 プロジェクトが描く教育の未来―エージェンシー、資質・能力とカリキュラム』ミネルヴァ書房

文化審議会国語分科会（2019）『日本語教育人材の養成・研修の在り方について（報告）改定版』

本田由紀（2005）『多元化する「能力」と日本社会―ハイパー・メリトクラシー化のなかで』日本の＜現代＞13、NTT 出版

柳田直美（2013）「「やさしい日本語」と接触場面」pp.79-96、論文集 A 所収

Bloom, B. S., Engelhart, M. D., Furst, E. J., Hill, W. H., and Krathwohl, D. R. (1956) *Taxonomy of educational objectives: The classification of educational goals. Handbook I: Cognitive domain.* David McKay Company.

Fadel, C., Bialik, M., and Trilling, B. (2015) *Four-dimensional education: The competencies learners need to succeed.* MA: The Center for Curriculum Redesign.［岸学監訳（2016）『21 世紀の学習者と教育の 4 つの次元―知識、スキル、人間性、そしてメタ学習』北大路書房］

OECD (2018) *Education2030: The future of education and skills.* https://www.oecd.org/education/2030/E2030%20Position%20Paper%20(05.04.2018).pdf

OECD (2019) *OECD Learning Compass 2030 Concept Notes.* https://www.oecd.org/education/2030-project/teaching-and-learning/learning/all-concept-notes/

付記

本研究は JSPS 科研費 19K00730 の助成を受けている。

第V部
プレインさの光と影

14 マスメディアにおけることばの問題

14.1 はじめに

　マスメディアは多くのオーディエンスを獲得するため、難しいことばや表現を避け、誰もがわかる平易な表現を選び、使ってきた、あるいはその努力を続けてきたといえる。新聞や放送はそれらを意識して紙面や番組を作ってきた。

　特に放送は、活字媒体のように読み返すことができないため、より平易でわかりやすくなければならない。例えばNHKではラジオ放送をはじめた戦前から、言語学者などから構成された「放送用語委員会」を設け、耳で聞いてわかる表現が模索されてきた。この委員会は現在も存続し、放送で使うことばについて定期的に議論を重ねている。放送の公共性をふまえたとき、誰もがわかる表現はよりいっそう重視すべきものになっていると考えられる。

　放送用語委員会の審議内容は、NHK放送文化研究所が発行している月刊誌（現在の名称は『放送研究と調査』）に報告されてきた。そこでの模索の経緯については、浅井（1990）にはじまる連載や、塩田（2014、2016）などにまとめられている。本章では、それでもなお克服されにくいいくつかの点を、同委員会で議論した事例や、ニュースを「やさしい日本語」に書き換える『NEWS WEB EASY』というNHKのサービスなどの視点から取り出し、わかりやすくならない理由を掘り下げていきたい。筆者は放送文化研究所に十数年勤務したが、それ以前はNHK記者などとして原稿を書く立場にあった。そうした放送現場での体験もふまえて述べたいと思う。

14.2 専門語と一般語

14.2.1 放送用語委員会での専門語への指摘

　放送では、各界で使われる専門的な語（以下、「専門語」）の使用はなるべく避け、視聴者にわかりやすい一般的な語（以下「一般語」）を使うことが推奨されてきた。テレビにおける専門語についての問題は塩田（1997）に詳しいが、実際に放送されたニュースやリポートを視聴して、ふさわしい表現であったかどうかを

審議する放送用語委員会でも、専門語への指摘は枚挙にいとまがない。そうした委員会の報告を以下に紹介する（引用は枠囲みの中に示す。その際、報告ごとに異なる表記を一部そろえた。実際放送されたニュース等の文章は斜字体にした。そのあとに委員の指摘が続くが、「外部委員」とは言語学者や作家など NHK 外部のメンバーである）。

◎**専門的なことばには説明を**

【リポートのコメント】

長時間の停電になると考え、自家用車のバッテリーから電気を取る方法に切り替えました。災害に備えて購入していた市販のインバーターを、バッテリーに接続しました。

「交流直流変換器」などと言ったほうが、伝わるのではないか。カーバッテリーは直流で、それを交流に変える必要があるという説明を入れたほうが、視聴者にとっても実際の災害時に応用が利く。地震は、介護初心者にも突然やってくるので、しくみそのものを伝えておくことは重要だろう。

井上（2019）、下線井上

◎**専門用語としての「展開」ということば**

① *大型車両やヘリコプターが展開できる場所を県の職員や自衛隊員が探しています。*

② *自衛隊の応援部隊が展開する候補地のひとつと考えられています。*

③ *県は、およそ 20 人の職員を航空支援員として任命し、災害時には、各地に展開してもらう計画です。*

　被災地での応援部隊のあり方をめぐるリポートの中で、「展開」ということばが繰り返し使われていた。外部委員からは、「報道する側は、こうした軍隊の用語をあまり使わないほうがよいのではないか」という意見が出された。『大辞林』の第三版によると、「展開」は、その意味のひとつに「軍隊で、密集した隊形から散開した隊形になること」とあり、ニュースでも大規模な軍事行動で使われることがある。ただ、一般的には、この意味で「展開」を使うのは、あまりなじみがないため、わかりにくい。その場その場の状況に合うことばの選択が必要だろう。（中略）取材先が当たり前のように使っていることばでも、取材者は常に視聴者の立場に立ち、わかりやすい表現をさぐる努力が必要だ。

滝島（2013）、下線井上

◎**取材対象者の使っていたことばをそのまま使わない**

①　*夏休みに入り、北九州市の動物園では、ユニークな*<u>*展示*</u>*方法が*<u>*客*</u>*の人気を集めています。*

②　*今月の金、土、日はですね、夜9時まで*<u>*営業*</u>*しています。*

　北九州市の動物園で動物をできるだけ自然に近い形で見てもらう「生態展示」といわれる見せ方が始まり、それを紹介する中継での表現である。①はスタジオ前説（中略）である。「展示」はふつう、作品・資料・模型・商品などモノを見せるときに使うことばだが、動物園や水族館の専門用語としては、生き物を見せる場合も「（生態）展示」ということばを使っているという。しかもこの中継では、この「生態展示」という語がキーワードであるため、通常の使い方とは違うが、このことばを使わざるを得ない。

　しかし、①は前説であり、まだ「生態展示」ということばがキーワードとして詳しく説明されていない段階なので、ここでは、動物園が使う「展示方法」ということばをそのまま使うのではなく、「見せ方」と言いかえたほうが違和感なく聞こえる。

　①の「客」、②の「営業」も、動物園側としてはこのように言うのだろうが、商業的なニュアンスが漂う。伝える側の立場としては、①は「客」を「訪れる人たち」「市民」などと言いかえるか、「客の」を省略したほうがよいし、②の「営業」も「開園」とするか、「開いています」としたほうがよいだろう。

太田（2010）、下線井上

　上記に「取材先が当たり前のように使っていることばでも、取材者は常に視聴者の立場に立ち、わかりやすい表現をさぐる努力が必要だ」「取材対象者の使っていたことばをそのまま使わない」などとあるように、取材対象者が使う専門語を、放送する側が吟味せずに使ってしまうケースが多い。特定の分野の人々の間で使われる専門語は、広く大勢の人がわかる一般語に置き換えて伝えるところに、マスメディアの役割はある。

14.2.2　プテラノドンは「恐竜」か？

　しかし、ことはそう簡単にはいかない。例えば、放送文化研究所で放送現場の職員からことばの問い合わせを受けていたとき、「プテラノドンを『恐竜』と言ってもいいか？」と尋ねられたことがある。ジュラ紀や白亜紀など太古の時代に空を飛んでいたプテラノドンは「空飛ぶ恐竜」だと思っている人は多いであろう。

だが、調べてみるとプテラノドンは「恐竜」ではなく「翼竜」に分類されるという。翼竜とは、学術的には恐竜と同じ時代に生息していたが、恐竜とは別のグループを作るは虫類である。

　しかし、耳で聞いたときに恐竜［キョーリュー］に比べて翼竜［ヨクリュー］はなじみが薄く、同音の「抑留」を想起する人もいるかもしれない。鳥類ではなくは虫類で、体が大きいことから「空飛ぶ恐竜」「翼のある恐竜」などのほうが広く伝わりそうな気がするが、学術的に不正確な説明になるのである。

　ここで問題になるのは、専門語である「翼竜」ではなく、一般語であり専門語でもある「恐竜」だといえる。おそらく恐竜は、一般語としては翼竜や首長竜（恐竜と同時代に海に住んでいたは虫類の一種）なども含む広い概念、あるいはそれらを統括する上位概念にあたる語だと思われているだろう。しかし、専門語としての恐竜は、翼竜や首長竜などを含まない。このように、専門語としての"しばり"によって、簡単には使えないことばが存在するのである。

　放送では、専門語は一般語に「言い換え」るのが望ましいが、難しい場合は、説明を添えつつ用いる「言い添え」という手段がよく取られる。しかしこうしたケースでは、「プテラノドンは、翼のある恐竜である『翼竜』です」（下線部が「言い添え」）というような説明が想定され、やはり恐竜という語を使わずに簡単に説明するのは難しい。このように、一般語と思われていて実は専門語でもある語の場合、問題を回避することが難しいのである。

14.2.3　「硫黄のにおい」はしないのか？

　似たような問題を抱えることばに「硫黄」がある。例えば、温泉地などで鼻を突くくさいにおいをかいだ経験のある人は多いだろう。あのにおいは一般には「硫黄のにおい」「硫黄臭」などといわれる。しかしこれは、専門家から見れば「ありえない」表現だとされる。化学的にみると「硫黄」は元素記号「S」の物質で、無味無臭なのである。鼻を刺すあのにおいは、専門的には「硫黄化合物」「硫化水素」などというべきもののにおいだという。

　しかし、硫化水素ガスの危険を周知する際、「硫化水素のにおいには注意してください」という呼び掛け表現で、未成年者からお年寄りまで広く危険を認識してもらえるだろうか？　あるいは温泉地でのくつろいだ会話の中で、「あ、硫黄化合物のニオイがしませんか？」などと一般にいうであろうか？　化学的に正確な定義によることばであっても、それが広く伝わりやすいとは限らない。

　「硫黄」は、古くは「ゆあわ（湯泡）」と呼ばれていたものが転じて「いおう」になったという説があり、その「いおう」ということばに、後から入ってきた元素記号「S」の物質名があてられた可能性がある。だとすれば、後から決められ

た化学的な語の定義によって、「硫黄」ということばの使用範囲は狭く窮屈なものになってしまったという可能性もあるのではないだろうか。

14.2.4 「避難命令」と呼び掛けられない？

　こうした構図は、緊急時に避難を呼び掛ける際の「避難命令」ということばの使いにくさにも通じる。井上（2011）に記したが、「避難命令」は、東日本大震災の津波避難の呼びかけの際、茨城県大洗町がより広く住民に非常事態が伝わるであろうと判断して防災無線で使用した表現である。

　しかし、井上（2012）でも述べたが、「避難」は個々人が自己判断で行うものというのが国の位置づけである。一方「命令」ということばは、法律上では強制的な側面を持ち罰則を伴うようなものに使われる。したがって、国からすると「避難命令」という語は、「自主的な避難」を「強制的に命令」することになり、矛盾が生じるのである[1]。このため、自治体は津波などの避難の呼び掛けでこの表現が使えない（「避難指示」ということばが用いられる）。これは、「命令」が法律の専門語であるため、行政が住民に伝える際の一般語として使用できないという点で、これまで述べてきた問題と似ているといえる。

　専門語をめぐるこうした問題はケースごとに複雑さは異なるが、マスメディアは今後、これらを克服していかなければならない立場にあるといえる。

14.3　外来語・カタカナ語

14.3.1　専門語としての外来語・カタカナ語

　次に取り上げたいのが「外来語・カタカナ語」である。古くから定着しているものも多いが、まだ普及していないものがマスメディアで使われることもある。例えば、ITやスポーツなどの分野の話題には、しばしば聞きなれない外来語・カタカナ語が登場する。これらは、日進月歩の新技術が私たちの生活に入ってきたり、国際ルールを持つスポーツが中継されたりするため、そこで定着した語を用いざるを得ないことが多いためである。これらは先述した「専門語」と同様の問題を抱えているといえる。

14.3.2　放送用語委員会の事例から

　放送現場ではたしかにこうした問題も起きているが、実際には言い換えができる外来語・カタカナ語が、やや不用意に使われているように見えるケースも少な

---

[1]　類似の矛盾はコロナ禍で使われた「自粛要請」という表現にも見られる。

くない。放送用語委員会の事例を見てみよう。

◎**外来語はなるべく日本語で言いかえを**
　JR の関西エリアでは最終列車の運行後に毎日およそ 1,500 人の作業員が線
　路などの<u>*メンテナンス*</u>*を行っていますが、10 年前に比べて作業員が 23% 減*
　少しているということです。

　特にニュースでは、内容の理解に直接関わってくるので外来語の使い方には
慎重でなければならない。「メンテナンス」は、なじみのある外来語ではある
が、在来の日本語にある「保守・点検」「整備」などのことばを使うほうが意味
がはっきりする。

滝島（2020）、下線井上

◎**外来語「バックヤード」**
　その健康を、<u>*バックヤード*</u>*で支えてきた人がいます。*

　「バックヤード」が「会場裏の作業場や調理場」の意味で使われている。英語
の「backyard」は「裏庭」の意味であり、こうした使い方は日本独自の用法で
ある。このことばになじみのない人にとっては、何を指しているのかわかりに
くい。なるべく、誰にでも伝わりやすい日本語を使うように心がけたい。
（言いかえ例）→その健康を、裏方として支えてきた人がいます。

滝島（2019）、下線井上

◎**外来語は意味があいまいになる**
　チームが訪問している家庭は、現在 29 世帯。こうした定期的、長期的な活
　動によって、治療を拒む患者にも<u>*アクセス*</u>*でき、……*
　……国が在宅医療へ<u>*シフト*</u>*する方針を示し……*

　外来語は比較的簡単なことばでも意味が不鮮明になることがある。「アクセ
ス」には、交通手段やインターネットで情報に接することなどの意味もある。
「患者にも向き合うことができ」「患者にも対応でき」という言い方もできる。
「シフトする」は、「移行させる」あるいは「移していく」とも言える。

吉沢（2018）、下線井上

　上記の例では、取材先が使っていたからなのか、その語を伝え手自身が無批判に受け入れ、吟味しないまま使っているように見えるものが多い。「外来語は比較的簡単なことばでも意味が不鮮明になることがある」「在来の日本語にある（中略）ことばを使うほうが意味がはっきりする」などと、外来語・カタカナ語で意味が不鮮明になるデメリットが指摘されている。

　この点は文化庁の国語審議会の「国際社会に対応する日本語の在り方」（2000年12月8日答申）でも指摘されていて、「外来語・外国語増加の現状と問題点」の1つに「日本語の表現をあいまいにする」点があげられ、「表意文字の漢字で書かれた漢語と違って概念がつかみにくい。また、意味のあいまいな語の使用により、全体が明快で論理的な表現にならなくなる」と説明している。

14.3.3　政治家の使う外来語・カタカナ語

　やっかいなのは、政治家などが外来語・カタカナ語をあえて重要な場面で使ったときである。例えば、2020年3月23日、東京都知事の小池百合子は記者会見で、新型コロナウイルスの感染拡大を受けて「事態の今後の推移によりましては、都市の封鎖、いわゆるロックダウンなど、強力な措置を取らざるを得ない状況が出てくる可能性があります。」と述べた。この「ロックダウン」ということばは、この時点では聞きなれない難しいことばであったといえる。行政側が使った専門語はわかりやすく言い換えるのがメディアの望ましい報道姿勢である。

　しかし、政治家の会見等での重要発言は、テレビではVTRで伝えている。発言内容を当事者の声で伝え、かつ証拠の提示の意図も兼ねてVTRが使われる。何より、政治家の発言はなるべくそのとおりに伝えることが政治報道では肝要である。この「ロックダウン」の発言部分も、VTRでそのまま放送する可能性が高いため、言い換えて伝える選択肢は取れないことになるのである。

　この「ロックダウン」ということばは、小池自身も言うとおり「都市封鎖」、つまり都市間の移動を制限する意味を持つ。日本では、仮に緊急事態宣言が出されても都市間の移動などに法的罰則はなく、強制力は生じない。しかし、「ロックダウン」ということばが会見で使われたことで東京都内では食料品の買い占め等の動きが起きた。結果として政府が緊急事態宣言を出すのが遅れたなどとされている。一方、小池は「当時の都内の厳しい状況を都民にわかりやすくお伝えすることの一環として発言した」と述べている[2]。

---

[2]　これらについては、弁護士や大学教授などで作る「新型コロナ対応・民間臨時調査会」の報告書や、それを伝えたNHKのニュース「コロナ第1波対応を検証 民間の調査会が報告書 水面下で何が」（NHK NEWS WEB 2020年10月7日21時40分）などを参考にした。

　マスメディアは、政治家の発言はなるべくそのまま伝えると同時に、その背後にある発話意図も伝えていかなければならず、この場合も同様であったといえる。しかし、都市封鎖を意味する「ロックダウン」ということばをあえて政治家が使用しているとき、メディアがそれを伝えつつ、実際には都市の封鎖はされないということを誤解なく伝えるのは、とても難しいことである。

14.3.4　「アテンション・エコノミー」とマスメディア

　政治家たちはなぜこうした耳慣れない外来語・カタカナ語をあえて使うのかと考えたとき、人々の関心を引くことに価値が置かれる「アテンション・エコノミー」という概念が想起される。「アテンション・エコノミーにおける価値の重大な源泉は、私たち一人ひとりのアテンション（関心・注目・注意）にほかならない」（水嶋 2019）とあるように、ネット社会の発展による情報過多の現代は、（有限である）人々の耳目を引くことこそ価値の源泉になっている。

　誤解を恐れずにいえば、「正確でわかりやすいことば」よりも、「（あいまいでも）関心を引くことば」に価値があるということになろう。重要な場面で聞きなれない語が提示されると、そこにある種の意味の空白が生まれ、私たちはそこで立ち止まり、空白を埋める作業に参加することを余儀なくされるのである。こうしたことに、ことばを操る側が自覚的である可能性もある。

　逆に、マスメディア自身が外来語・カタカナ語を使うとき（例えば上記した例で「バックヤード」や「アクセス」などのことばを使ったとき）、人々の耳目を引こうとしていた側面もあるのではないだろうか。さらにいえば、その取材先もそうした意図があった可能性がある。つまり、マスメディア自身も「アテンション・エコノミー」の渦中にあるのである。政治家の使う外来語・カタカナ語を報道するとき、マスメディアは自分たちが置かれたこうした状況を自覚しないかぎり、この陥穽（かんせい）を避けることは難しいのではないだろうか。

14.4　「やさしい日本語」の視点から

　ここからはやや角度を変えて、「やさしい日本語」の視点から考えてみたい。筆者は NHK でニュースを 20 年ほど書く立場にあったが、NHK は 2012 年からニュースを「やさしい日本語」のニュースに書き換える『NEWS WEB EASY』のサービスをはじめた[3]。放送文化研究所の研究員になってからこの書き換えを改めて見たとき、ニュースの書き方で再考すべき点がいくつか出てきた。

---

[3] 『NEWS WEB EASY』　https://www3.nhk.or.jp/news/easy/

14.4.1　「やさしい日本語」と受身形

　ここで問題にしたいのは受身形である。ニュースなどの報道文には受身形が多い。例えば、容疑者の逮捕を伝える「逮捕原稿」はその典型で、「〜をしたとして〜の男が（警察に）<u>逮捕されました</u>。」というリード文（ニュース冒頭の文）はよく耳にする。ここで受身形が使われるのは、逮捕した側ではなく、犯罪や容疑の内容、それに逮捕された側に関心が向けられるためだといえる。「○○総理大臣は〜と述べました。」「○○省は〜と発表しました。」などのニュースでは動作主の情報性が高いが、逮捕原稿では動作主は警察や検察などに限られるため、情報性は高くなくなるのである。

　この他、「〜が<u>開かれました</u>。」「〜が<u>行われました</u>。」などの受身形のリード文も多い。これは、「オリンピックが開かれました。」などと同様、動作主を示す必要性が（少なくともリード文では）高いとはいえないためである。

　このように、受身形の多用にマスメディアの書き手はあまり疑問を抱かない。しかし、『NEWS WEB EASY』で受身形は能動形に書き換えられることを、ニュースの書き手は考えたことがあるだろうか。例えば、北京五輪開幕のニュースは次のように書き換えられている。

【もとのニュース】
「オリンピック　きょう開幕　高木美帆　羽生結弦ら17日間の熱戦」
史上初めて夏と同じ開催都市で開かれる冬の北京オリンピックが4日開幕します。（中略）北京オリンピックは、7競技、史上最多となる109の種目が<u>行われ</u>、91の国と地域の選手たちが参加して今月20日まで17日間にわたる熱戦が<u>繰り広げられます</u>。（中略）世界的な新型コロナウイルスの感染拡大を踏まえて、大会は去年夏の東京大会と同様に大会関係者が外部の人たちと接触できないようにするいわゆる「バブル方式」で行われ毎日、<u>PCR検査が求められる</u>など東京大会を上回る<u>感染対策がとられ</u>ています。一方で、開幕を前に選手やコーチなどにPCR検査で陽性と<u>判定される</u>人が相次ぎ、選手のパフォーマンスとともに大会自体の運営も<u>注目される</u>大会となります。（以下略）

（NHK NEWS WEB 2022年2月4日4時40分、下線井上）

【NEWS WEB EASY】
「北京オリンピックが始まる」
中国で4日、北京オリンピックが始まります。7つの競技で、今まででいちばん多い109の種目を<u>行い</u>ます。91の国と地域の選手たちが出ます。（中略）世界で新型コロナウイルスが広がっているため、選手やコーチなどは毎日、<u>PCR</u>

検査をしています。大会が始まる前に、ウイルスがうつっていることがわかった選手などがいます。どのように大会を進めるのか、多くの人が<u>注目しています</u>。（以下略）

（NHK『NEWS WEB EASY』2022 年 2 月 4 日 17 時、下線井上）

　もとのニュースでは受身形（下線部）になっている部分が、『NEWS WEB EASY』では、以下のように能動形（下線部）の表現に直されている。

【もとのニュース】	【NEWS WEB EASY】
「109 の種目が<u>行われ</u>」	「109 の種目を<u>行います</u>」
「毎日、PCR 検査が<u>求められる</u>など」	「毎日、PCR 検査を<u>しています</u>」
「<u>判定される</u>人が相次ぎ」	「<u>わかった</u>選手などがいます」
「<u>注目される</u>大会となります」	「多くの人が<u>注目しています</u>」

　これは、「やさしい日本語」では、受身形は難しい表現の 1 つだと捉えられているからである。このため、『NEWS WEB EASY』では、もとのニュースの受身形を、1 つひとつ能動形に直し、わかりやすくしているのである[4]。

　このうち、「注目される大会となります」を「注目しています」と直すにあたり、『NEWS WEB EASY』では、もとのニュースにはない「多くの人が」ということばを追加している。これは「注目する」という動詞の主語（動作主）を復元したためである。「注目される大会」は、（動作主が示されていなくても）日本人にとっては違和感がない表現だろう。しかし外国人にとっては、「誰が」注目しているのかがわかりにくい表現なのである。ニュースの書き手は、受身形で書いているときには、そのわかりにくさに気づかない。能動形で書くことではじめて気づくのである。

　『NEWS WEB EASY』で直されたこれらの表現を見たとき、もとのニュースで使われた受身形は、さしてその必要性が高いとはいえないことがわかるだろう。つまり、最初から能動形で書いておけば、もとのニュース自体もより多くの読み手に理解されるものになり（おそらく翻訳もしやすくなるだろう）、『NEWS WEB EASY』に直す手間が省け、ことばを復元する際のミスも起きにくくなる。

---

[4] 公用文を「やさしい日本語」に書き換えている横浜市の基準では、難しい文法は使わず、「次の文法は初級日本語学習者がまだ学んでいない文法です。これらの文法は言い換えてください。◆「〜れる（られる）」〈受身文〉→「〜する」〈能動文〉」のように、最初に受身形があげられている。「『やさしい日本語』で伝える 分かりやすく 伝わりやすい日本語を目指して 第 4 版」（2017 年 4 月横浜市）より。
https://www.city.yokohama.lg.jp/lang/residents/ej/daiji/kijun.files/0004_20180927.pdf

　もちろん、現在のニュース表現を、すべて『NEWS WEB EASY』と同じにすべきだといいたいわけではない。しかし、「わかりやすい日本語」表現を改めて考えるとき、「やさしい日本語」から学ぶことは多々あると考えられるのである。

14.4.2　動作主を復元できない表現

　さらに問題なのは、受身形の使用に慣れるあまり、動作主を復元できない受身形も報道文に多く紛れ込んでいるという点である。以下に例をあげる。

　今、さまざまな場で女性や障害者、外国人など、多様な人材を活用することが求められていますよね。
　（2021年4月21日15時53分　NHK NEWS WEB　WEB特集「企業の"多様性"いま重視される理由は……」、下線井上）

　インドの人口はおよそ14億人。今後のさらなる経済成長も期待されています。
　（2022年2月14日19時22分　NHK NEWS WEB　ビジネス特集「インドを目指す！京都伝統の技」、下線井上）

　これらの受身形は「やさしい日本語」に書き換えにくい。動作主がわからないため能動形にできないからである。書き手は「『社会』が求めているのだ」などと主張するかもしれない。しかし、「社会はいま、〜することを求めています。」と書き換えるのには無理があることもわかるだろう。これらは『NEWS WEB EASY』への"翻訳"が難しいという面から、その特殊性に気づく表現である[5]。
　こうした受身形が使われる一因として、「〜すべきです」「〜することが必要です」という言い方が避けられた側面も否定できない。マスメディアが掲げてきた報道姿勢の1つに「客観報道」がある。その所作の中心的な要素の1つが、「事実（fact）」と「意見（opinion）」の区別である[6]。両者の厳密な区別は難しいが、「すべきです」「必要です」などの表現は形式からして個人的な意見を述べているとみなされる可能性がある。このため、「求められています」などの受身形で動作主をあいまいにしてきたと考えられる。
　受身形以外にも似た事例がある。次の例は新聞記事であるが、2012年の朝日新聞の「記者有論」という署名記事に、動作主が示されずに、希望を表す「〜たい」

---

[5]　これらは庵（2016）pp.52-56に「非情の受身」としてその問題点が指摘されている。
[6]　マクネア（2006）では、ジャーナリストの仕事で重要とされる「客観的ジャーナリズム」の特徴について、「事実と意見の分離」などが述べられている。

という表現が使われている。

> NHK の避難放送 痛みを思いやる言葉選んで
> 「東日本大震災を思い出してください」。7 日、宮城県三陸沖の地震後、NHK
> の放送はこの言葉を繰り返した。津波警報が出たらこう呼びかける、と決め
> てあった。（中略）仮設住宅の女性（50）は揺れても冷静だったが、テレビ
> で「思い出して」と聞いた途端、動悸が始まった。「別の言葉で言ってほし
> かった」と振り返る。（中略）逃げねばならないと思わせるために、呼びかけ
> の言葉を工夫したい。ただ、被災者の心の内にもっと寄り添い、言葉を吟味
> できないだろうか。（中略）家を失い、家族も失った悲しみと共に生きる日常
> への思いをはせて、言葉を発したい。」
>
> （朝日新聞　2012 年 12 月 18 日　朝刊「記者有論」、下線井上）

　下線部の動詞「工夫する」「発する」の動作主は誰か。一義的には NHK（を含
む放送局）だと考えられるが、書き手である記者のようにも、あるいは私たち全
員であるようにも感じられる。これも、動作主があいまいなまま示されず、かつ
復元しにくい表現である。ここでは「〜すべき」「〜が必要」などの義務づける
表現ではなく、「〜たい」という願望の表現を用い、角を立てずに要求すること
で、あからさまな意見にならない方法が選ばれたと解釈できる。おそらく「やさ
しい日本語」にするのは難しく、わかりやすさが損なわれている表現といえる。

14.5　おわりに

　本章では、「わかりやすさ」という視点からマスメディアの抱えることばの問題
点を検討してきた。マスメディアは長年わかりやすいことばを模索してきたが、
克服すべき点もまだ残されているといえるだろう。

　マスメディアはいま、インターネット時代を迎え、大きな変革期にある。放送
局はラジオからテレビへの移行時と同様、ネットという新媒体での発信に注力し
ている。個々人が発する多種多様なことばであふれているネット上で、放送局は
逆に、これまで積み重ねてきた、より多くの人に伝わるわかりやすいことばの使
用にますます比重を置くことになるのではないだろうか。

　今後も放送局が多くの人々——そこには外国人、子ども、高齢者、障害のある
人などが含まれる——に広く情報を伝えるのにふさわしい機関としてあり続ける
には、どのような表現を選んでゆくべきだろうか。公共性の高いことばを選ぶた
めの不断の努力が必要である。　　　　　　　　　　　　　　　　　［井上裕之］

[引用・参考文献]

浅井真慧（1990）「放送用語委員会審議の変遷（1）ニュースの文段は短く〈ニュース編・その1〉」『放送研究と調査』1、pp.22-33

庵功雄（2016）『やさしい日本語—多文化共生社会へ』岩波新書

井上裕之（2011）「大洗町はなぜ「避難せよ」と呼びかけたのか〜東日本大震災で防災行政無線放送に使われた呼びかけ表現の事例報告〜」『放送研究と調査』9、pp.32-53

井上裕之（2012）「防災無線で「命令調」の津波避難の呼びかけは可能か〜聞き手に伝わる表現の視点から〜」『放送研究と調査』11、pp.2-15

井上裕之（2019）「放送用語委員会第1429回（札幌）相次ぐ「相次ぐ」」『放送研究と調査』1、pp.92-93

太田眞希恵（2010）「放送用語委員会（福岡）耳で聞くことを前提に語順や語感を考える」『放送研究と調査』1、pp.70-71

塩田雄大（1997）「テレビと専門用語」『日本語学』2、pp.13-20、明治書院

塩田雄大（2014）『現代日本語史における放送用語の形成の研究』三省堂

塩田雄大（2016）「放送のことばは、わかりやすくなっているのか—その変遷と現在」『わかりやすい日本語』pp.225-243、くろしお出版

滝島雅子（2013）「放送用語委員会（仙台）漢語や硬い表現を避け，わかりやすく」『放送研究と調査』1、pp.78-79

滝島雅子（2019）「放送用語委員会第1431回（名古屋）よくない話題を「ご紹介する」?」『放送研究と調査』3、pp.84-85

滝島雅子（2020）「放送用語委員会第1442回（大阪）伝わりやすいことばを選ぶ」『放送研究と調査』3、pp.104-105

マクネア, B.（2006）『ジャーナリズムの社会学』小川浩一・赤尾光史監訳、リベルタ出版［原著：(1998) *The Sociology of Journalism*. Arnold.］

水嶋一憲（2019）「アテンション・エコノミー」伊藤守編『コミュニケーション資本主義と〈コモン〉の探求—ポスト・ヒューマン時代のメディア論』p.267、東京大学出版会

吉沢信（2018）「放送用語委員会第1417回（札幌）助詞を効果的に使う」『放送研究と調査』2、pp.92-93

15 政治家のことば：プレインさとポピュリズム

15.1　はじめに

　日本語母語話者にとっての「わかりやすい日本語」とは何かを考える際に、避けては通れないのが、「政治家のことば」である。政治家によるスピーチの目的は、有権者たる聴衆に自らの主張をわかりやすく簡潔に伝えることにあるのはいうまでもない。しかし、その「わかりやすさ」には、ある種の危うさが潜む。

　近年、主要民主主義国家において、ポピュリズムと呼ばれる政治運動が燎原の火のごとく広がっている。その象徴として、2016 年に第 45 代アメリカ大統領に当選した D.トランプの選挙運動や、イギリスのヨーロッパ連合（EU）離脱、いわゆるブレグジットを決めた国民投票を想起する人は多いだろう。そんなポピュリズムにつきものなのが、有権者を熱狂的な支持に駆り立てる、政治家による「わかりやすい」スピーチである。

　母語話者にとっての母語のわかりやすさと、ポピュリスト政治家が発することばのわかりやすさに、どのような共通点と差異があるのか。この問いについて、具体的なポピュリストのことばを検証しながら考えてみたい。

15.2　ポピュリスト政治家たちのことば

15.2.1　ポピュリズムの定義

　ポピュリズムが具体的に何を意味するのかについて、学術的に明確な定義があるわけではない。日本のマスメディアにおいては長年、「大衆迎合主義」とほぼ同義で使われていたが、近年では、トランプ現象のような海外での事例を目の当たりにしたこともあり、有権者の歓心を買うといったレベルをはるかに超えて、既存の政治システムの基盤を大きく揺るがすほどの政治的動員を可能にする巨大な力として認識されるようになった。

　そんな現状を背景に、ポピュリズムの定義は大きく分けて 2 種類が存在すると水島治郎は述べている。第一の定義は「固定的な支持基盤を超え、幅広く国民に直接訴えかける政治スタイル」であり、第二の定義は「『人民』の立場から既成政

治やエリートを批判する政治運動」である（水島 2016）。

　日本においては第二の定義のようなエリート批判を強く打ち出すポピュリスト政治家が諸外国ほど顕在化していないことに加え、本項の目的は、ポピュリスト政治家が国民に訴えかけることばの「わかりやすさ」と、それが持つ意味や力について分析することであることから、おもに第一の定義を念頭に置いて分析を進めることにする。

15.2.2　アメリカのトランプ現象

　日本におけるポピュリズムについて採り上げる前に、アメリカにおけるトランプ現象と、彼のことばについて触れておきたい。

　筆者は日本メディアのニューヨーク駐在記者として 2016 年、共和党のトランプが、民主党の H. クリントンを破ってアメリカ大統領に当選した選挙戦を現地で取材した。トランプの選挙集会には何度も足を運んだが、そこではスローガンのような決まり文句が繰り返し聞かれた。日本の報道でも採り上げられた例をいくつかあげてみる。

　「Build a wall」（〔メキシコ国境に〕壁を建てろ）

　「Lock her up」（〔ヒラリー・クリントンを〕投獄しろ）

　「Obama Disaster」（オバマ〔が引き起こした〕災害だ）

　「Make America great again」（アメリカを再び偉大な国に）

　最後のものは、トランプ陣営の象徴となったフレーズである[1]。トランプがこれらのことばを歯切れ良く叫ぶと、聴衆は同じことばを熱狂的に繰り返す。わかりやすく、おぼえやすいフレーズを繰り返すのは、彼の選挙戦を通じて一貫していた。

15.2.3　小学 4 年生並みの語彙

　わかりやすいフレーズを繰り返すのは、決してトランプの専売特許ではない。政治思想的に対極的な立場にあった第 44 代アメリカ大統領、B. オバマもまったく同様であった。2008 年の大統領選では、「Yes, We Can（やればできる）」というスローガンが演説で多用され、流行語となった。

　だが、トランプの場合は、このような決まり文句だけではなく、スピーチそのものも聞き取りやすく、理解が容易な語彙で構成されていた。トランプの演説で使われる語彙は、小学校 4 年生レベルだという報道もある[2]。

---

[1]　このスローガンは「MAGA」と略され、選挙集会に参加する人々の多くが、この 4 文字が書かれた「MAGA」キャップをかぶっていた。

[2]　Newsweek（2018 年 1 月 8 日）"Trump Speaks At Fourth-Grade Level, Lowest Of Last 15 U.S. Presidents, New Analysis Finds"

　彼を長年支持していたブルーカラー労働者の白人男性は、こう語っていた。「(トランプの話しことばは) 仕事を終えた後に友人たちとビールを飲むような語り口なんだ」(真鍋 2018)。

　限られた語彙で、繰り返しわかりやすいメッセージを届ける。トランプの演説は、ポピュリスト政治家の1つの典型といえる。このトランプのことばを傍証として、日本のポピュリズムと政治家のことばについて論考を進めたい。

15.3　小泉劇場

15.3.1　ワンフレーズ・ポリティクス

　「サウンドバイト」「ワンフレーズ・ポリティクス」「テレポリティクス」、そして「○○劇場」。このような語句を使って形容された近年の政治家が、小泉純一郎 (首相在任 2001 年 4 月〜06 年 9 月) である。「我が国初の本格的なポピュリズム政権」(有馬 2021) と位置づける研究者もいる。

　サウンドバイトとは、政治家による歯切れのよいことばのことであり、アメリカで 1990 年代、B. クリントンの大統領在任中に流行した。ワンフレーズ・ポリティクスは、演説や答弁などで政治家がキャッチフレーズのような短い一言を多用して有権者の支持を得る手法を指し、日本では小泉政権発足後にはじめてメディアに登場している[3]。

　小泉の「ワンフレーズ」で最初に注目を集めたのは、2001 年の自民党総裁選における全国遊説で発した「自民党をぶっ壊す」である。自ら自民党議員でありながら、自党を壊すと宣言する奇抜な言動にメディアは注目し、ワイドショーを中心としたテレビは、小泉が主役のドラマ「小泉劇場」の様相を呈した。

　政権発足の 1 か月後、大相撲春場所の千秋楽で発したことばは、彼のワンフレーズの浸透力を決定づけたといってもいいだろう。当時、ひざを痛めていた横綱貴乃花が、武蔵丸を投げ飛ばして優勝を決めたことについて、「痛みに耐えてよく頑張った。感動した。おめでとう」と表彰式で叫ぶように早口でたたみかけた。これを「テレポリティクスの名シーン」(石澤 2021) と評する研究もある。

　新自由主義的な規制緩和を進めた、いわゆる小泉構造改革に関しても、次のような短い、印象的なことばを繰り出し続けた。「改革なくして成長なし」「聖域なき構造改革」「痛みを伴う改革」「三位一体の改革」「郵政民営化は改革の本丸」「官から民へ」「民にできることは民に」。

---

[3]　朝日新聞では、2002 年 4 月 27 日朝刊「『自民壊す』に冷ややか」ではじめて「ワンフレーズ・ポリティクス」ということばが登場した。

その後、郵政民営化をめぐる解散・総選挙では、「ガリレオ・ガリレイはそれでも地球は動くといった」「死んでもいい」といった発言で注目を浴びた。

政治家のオーラルヒストリー研究で知られる御厨貴は、この様子を「言語表象の上で小泉さんが先手を打ち、それが結果として政治状況に影響を与えるという事態」と形容している（御厨 2006）。「全部聞かなければわからない複雑な説明ではなく、テレビの字幕にピッタリはまるような気の利いた一言を話し、それがそのまま字幕のようにスーッと出てきて、見ている人の中にも、『今日の小泉さん』という感じで入っていく」（同）。

15.3.2　語彙の少なさとわかりやすさ

こういった小泉のことばについて指摘すべきなのはやはり、トランプ同様、語彙の少なさと構文の単純さである。池上彰はこう述べている。

「会ってみて、この人は語彙――ボキャブラリーの少ない人だなと思いました。彼はよく一言で物事を表現しますよね。難しい言い回しはせずに印象的なワンフレーズで片付けたり、主語と述語だけだったり。例の大相撲を観戦したときに発した『感動した』の一言もそうでした。」そのうえで、ワンフレーズ・ポリティクスは「語彙が少ないがゆえ」であり、「トランプさんのツイートとも相通じるところがある[4]」という。

東照二は、戦時中の東條英機から平成の小泉純一郎までの歴代首相の所信表明演説を題材に、1 文にいくつの文節が入っているかを比較、分析している。それによると、戦中、戦後の歴代首相の中で、最も文節数が少なかったのが小泉だった。最も多かったのは東條で約 24 文節であり、それに対して小泉は約 12 文節と半分にすぎなかった。「小泉は最も短く簡潔な文章をもちいて演説しているということになる」（東 2006）

一方で、語彙や構文以外の特徴に注目する研究者もいる。それは、「ストーリー＝物語性」である。

吉田徹は、現代のポピュリスト政治家に特徴的な語りとして、「ストーリーテリング」をあげる。ストーリーテリングとは、「国民に対して特定の物語を提示することで、政治の『価値』を高めるような手法」（吉田 2011）とされるが、そこで注目すべきは、「物語は出来事を単純化することで、聞き手の情報処理コストを低める機能を持つ」（同）という点である。

「出来事を単純化する」「情報処理コストを低める」とは、つまり、複雑で理解

---

[4]　小泉純一郎「ワンフレーズ政治」の原点は“父親のグチ”だった？――池上彰が語る“小泉像”
https://bunshun.jp/articles/-/11158

に手間暇がかかるような内容は語らず、聞いてすぐにわかる、知的負荷の低いことばを発するということである。

2005年8月8日の小泉による「郵政解散」記者会見について吉田は、「首相が訴えた内容は極めて単純な比喩とレトリックから成り立ち、何よりも『わかりやすさ』が優先されていた」「これに劇的な雰囲気を加えたのは『ガリレオ』の比喩である」「ガリレオが『それでも地球は動く』と言った事実はないそうだが、そのような事実は物語性を前にすれば無力である」（吉田 2011）と評している。

少ない語彙、シンプルな構文、わかりやすいストーリー。小泉のことばの3つの特徴が、他のポピュリスト政治家のことばにも同様にあてはまるかどうかを次節以降で検証したい。

15.4　橋下徹と感情をゆさぶるストーリー

15.4.1　ポピュリズムという手段

小泉を除けば、近年の日本においてポピュリストといわれた政治家は、地方自治体の首長として登場することがほとんどだった。議院内閣制によって有権者から間接的に選出される内閣総理大臣とは違い、自治体の首長は大統領制に近い直接選挙で選ばれるためであろう。

なかでも近年、公務員の「既得権」を批判し、改革派首長として2008年1月に大阪府知事、2011年11月に大阪市長に当選し、1期務めた橋下徹は、多くの研究者から日本におけるポピュリズムの旗手と目されている。小泉と同様、「劇場型」と形容されることが多い政治家の1人である。

彼自身、ポピュリストと名指しされることに反発しながらも、ポピュリズムを政治手法として否定していないことを明かしている。「僕はポピュリズムというのは課題解決のための手段だと思ってます」「ポピュリズムということばだけで政治を批判することをやめることが政治を良くする第一歩ですね[5]」。

15.4.2　メッセージ性とコミュニケーション能力

だが、橋下のことばを振り返ってみても、小泉のように全国区で多くの人々の記憶に鮮烈に残るようなフレーズはあまり見当たらない。日本第二の大都市圏である大阪府・市の首長ではあったものの、在京メディアの報道に採り上げられにくかったことが影響している可能性はある。

---

[5]　朝日新聞 GLOBE＋（2016年12月7日）「橋下徹が語る「ポピュリズムが広がる世界」
　　https://globe.asahi.com/article/11629035

　その中で、2008年1月27日に大阪府知事に初当選した際のインタビューは多くの人の印象に残っている。「大阪府は破産状態と同じ。職員には破産会社の従業員という覚悟を持ってもらう[6]」。この「大阪府は破産状態」という趣旨の主張は、表現こそ変えながらも、当選前後に繰り返し語られた。

　こうした橋下のことばの特徴の1つとしてあげられるのは、「明確なメッセージ性」である。橋下によって民間から課長に登用された中村あつ子は、彼のことばの強みとして、「はっきりとしたメッセージを、明るく伝えていくこと」だと指摘している。「その発信力が凄い力をもつのです。いったん決めた方針を繰り返し、繰り返しプレゼンテーションをします。すると、最初は理解を示さなかった人たちの中から、徐々に賛同者が増えていくのは、コミュニケーションの力ともいえます」（中村 2012）

　単純な語彙や構文からなる決まり文句を繰り返すのではなく、豊富な情報発信の中で明確なメッセージを打ち出す。そのコミュニケーション能力こそが橋下のことばの武器である。弁護士であり、テレビのコメンテーターとして人気を博したという経歴によるものも大きいのだろう。小泉のようなワンフレーズには頼らず、大量にことばを連ねていく中で特定のメッセージを送り出していく。その手法は、自らも認識している。

　「国民や国にとって有益と信じる政策を有権者に伝えたいなら、とにかくしつこく、毎日のように、これでもか！　というくらいメディアに向けて発信をし続け、1万、2万のことばを紡いでいく必要がある。それくらいやって、ようやく1ほどが伝わる」（橋下 2018）。

15.4.3　「ハートを揺さぶるストーリー」

　橋下のことばは、ワンフレーズというかたちを取らない一方で、小泉と共通する別のポピュリズムの特徴を持っている。吉田徹が指摘する「ストーリーテリング」である。これもまた、本人が明確に述べている。

　「有権者にメッセージを届けようとする際、もっとも重視していたのは、ストーリーを作ることだった」（橋下 2018）

　「大阪府は破産状態」ということばは、府財政の詳細について説明することなく、誰もが想像しやすい企業や家計の破産に例えたストーリーである。「大阪都構想」を打ち出した際にも、「大阪府と大阪市の『二重行政』の解消」というストーリーを提示した。現実には、府と市の権限や機能の違いから単純に「二重行政」と決めつけることはできず、行政機構の構造や各地域の実態にまで踏み込んだ議

---

[6]　朝日新聞（大阪本社版）2008年2月6日夕刊

論が必要となるはずだが、橋下のことばは複雑な現実に理解のたやすいシンプルな物語をあてはめていく。

　「政治家のメッセージというのは、有権者の頭の部分ではなくハートにぶつけていかねばならず、そのためにはハートを揺さぶるストーリーが必要になる」（橋下2018）。

　政策を論理的に説いて有権者に納得してもらうのではなく、「ハート」つまり感情に訴えるようなストーリーを語りかけていく。ここに橋下の真骨頂があるといえるだろう。

　物語によって感情を揺さぶることばは、「つねに『敵』を見つけ出し、これを非難することで求心力を高めようとする」（吉田2011）ポピュリズムの常道に則ったときに、大きな力を発揮する。小泉の例をあげれば、2005年の「郵政解散」の際、郵政民営化に反対する自党の議員を「抵抗勢力」と認定し、造反した議員37人全員に対立候補、いわゆる「刺客」を放つに至った一連のことばが典型である。

　橋下の場合も、政治への進出は、公務員という「仮想敵」への批判からはじまり、大阪市職員の労働組合の「既得権」を徹底的に攻撃することで、大きな注目を集めた。その後に提起した「大阪都構想」も、首都東京に対する関西からのカウンターという側面を持ち、中央政府への批判がその根底にあった。

　自分を批判する政治家やジャーナリスト、学者、評論家への攻撃が苛烈であることもよく知られている。「相手の発言の内容に反論するのではなく、相手を『アホな学者』『机上の空論だ』『特権意識・既得権にまみれている』などと全否定し排除したり、あるいは『それなら公開討論を申し入れる』と威嚇したりする」（村上2015）。

　マスメディアに加えてオンラインのソーシャルメディアを駆使するという点については、まだそのようなツールが発達していなかった小泉の時代とは異なっている。ツイッターで相手を罵倒することば遣いは、「アホ」「給料泥棒」「人間の屑」「くたばれ」など、平易かつ乱暴で、トランプの発言との類似性も指摘されている。

　「自分たち＝味方」と「相手＝敵」というシンプルな対立の構図に落とし込み、わかりやすく強度の高いことばで対決のストーリーを作りだし、支持者の感情に訴えかける。その手法は、橋下、トランプ両者とも、天性のものといえるかもしれない。

15.5　小池百合子とワンフレーズ、カタカナ語

15.5.1　ジャンヌ・ダルク

　小泉、橋下に続き、日本のポピュリストのことばを考えるうえで欠かすことができないのは、東京都知事の小池百合子である。朝日新聞で「小池劇場」ということばが含まれる記事を検索すると、初の女性都知事の座を得た 2016 年 7 月 31 日の東京都知事選から 2021 年末までに 40 件がヒットする。

　「小池劇場」が同紙にはじめて登場した 2016 年都知事選についての記事では、あるベテラン都議のコメントが紹介された。「仮想敵をつくる『小池劇場』にはまってしまった[7]」。小池がポピュリスト政治家としての姿勢を鮮明にしたのは、この都知事選からだったといえるだろう。

　小池は 1992 年にニュースキャスターから参院議員に転身し、その後は政党を移り変わりながら政権党や有力者に近づいていく。2002 年に自民党に移籍すると、当時首相だった小泉に接近した。2005 年の郵政解散による衆院選では、民営化に反対する議員への「刺客」となることを自ら志願し、選挙区を兵庫から東京十区に移して小泉自民党の大勝に貢献した。

　「小泉は池袋駅前で数千人という聴衆を前に小池と選挙カーの上に並び、声を張り上げた。『小池さんは、すごいね。愛嬌もあるけど、度胸もあるよ。自民党のジャンヌ・ダルクだ！』」「小池が満面の笑顔で、これに答える。『私は崖から飛び降りました！　崖から飛び降りて風を吹かせます』」（石井 2020）

　このときの経験が、小泉のポピュリズムの手法を学ぶ好機となったであろうことは想像に難くない。勝利をおさめた「刺客候補」たちは「小泉チルドレン」と呼ばれ、その中でも小池は「ジャンヌ・ダルク」だと特別扱いされた。これらの印象的な造語やワンフレーズがどれほど支持者の動員に力を発揮するか、小池は肌身で知ったに違いない。

15.5.2　都民ファースト

　その後、2007 年に第一次安倍晋三内閣の防衛大臣となり、2008 年の自民党総裁選で女性初の候補となったが、大差をつけられて 3 位に終わる。次に小池が表舞台に立ってメディアの注目を浴びたのが、舛添要一の辞職に伴う 2016 年夏の都知事選であった。衆院議員を辞職して立候補を表明し、前述のように「小池劇場」と形容された選挙戦によって圧勝する。

　翌年の都議選では、地域政党「都民ファーストの会」を創設して自民党を都議

---

[7]　朝日新聞 2016 年 8 月 1 日朝刊

会第1党の座から引きずり降ろし、さらに翌2017年に全国政党として「希望の党」を設立し、自ら代表につく。同年の解散総選挙において、同党は台風の目となった。民進党代表（当時）の前原誠司が希望の党への合流を表明し、政界再編へとつながる大きな波を多くの有権者に感じさせた。

　この一連の政治活動における小池のことばを追っていくと、ある特徴が見えてくる。自ら立ち上げた地域政党の名前「都民ファースト」はいうまでもなく、米国のトランプが選挙戦から連呼していた「アメリカ・ファースト」を模倣したものである。都知事選の街頭演説では、「ジャンヌ・ダルクになります！」「崖から飛び降りる覚悟です。いえ、もう飛び降りました」と街頭演説で連呼した（石井2020）。これは前述のとおり、「刺客」として立候補した際にすでに使っていたことばである。

　「希望の党」の立ち上げと代表就任を発表した2017年の記者会見では、「日本をリセットする」「しがらみのない政治、しがらみのない改革」と改革イメージを強く打ち出すワンフレーズともいえるスローガンを連発した[8]。

　この「リセット」は、大阪市長時代の橋下徹が2011年に施政方針演説で「古い制度やシステムを捨て去るグレート・リセット」という表現ですでに用いている[9]。「しがらみのない政治」も、過去の選挙では党派を問わず繰り返し使われてきたことばだ。注目を集めた小池のワンフレーズは、実はオリジナリティーに欠けるものが多いのである。

15.5.3　意味の不明確なことばとカタカナ語

　ことばの意味が明確とはいえないワンフレーズも、小池は多く発している。

　東京都の築地市場の移転問題で、前年に移転延期を表明していた小池が2017年6月にはじめて示した方向性が「築地は守る、豊洲を活かす」だった。だが、政策の具体性に乏しく、自民都連会長で衆院議員の下村博文からは、「決められない知事という烙印を押されたくないということだろうが、決めたことになるのか」と批判された[10]。この方針を決定した過程について記者会見で問われると、「最後の決めは人工知能。つまり、政策決定者の私が決めた」と意味の通らないことばではぐらかした[11]。

　加えて、外来語、カタカナ語の多用が目立つ。前述の「希望の党」結成の記者会見では、新党をめぐる交渉について「アウフヘーベンする。辞書で調べてくだ

8　朝日新聞2017年9月27日夕刊
9　朝日新聞2011年12月29日朝刊
10　朝日新聞2017年6月21日朝刊「2つの市場、見えぬ具体策　小池氏『豊洲も築地も』」
11　朝日新聞2017年10月2日朝刊「小池百合子　分析：下　合意より自らの判断重視」

さい」と語った。このことばは築地市場の移転問題でも多用している。小池の使う「アウフヘーベン」は、日本語で「止揚」と訳されるヘーゲルの哲学用語を指すとみられるが、ドイツでは政治家が使うことはないという[12]。

　他にも、「アンシャンレジーム」「ワイズスペンディング」「ゲマインシャフト」「ブルーオーシャン」「アカウンタビリティー」「パラダイムシフト」といったカタカナ語をたびたび用いており、「横文字、外来語が多く困惑している都民も多いと危惧している」とベテラン都議から批判も受けている（同上）。

　都築勉は朝日新聞の取材に、「泥臭いことも片仮名で『何かやってる感』『すっきり感』を出している」と評している。「短いことばですぱっと言うが、よく考えると、よく意味が分からないことばが多い」という点が小泉との共通点だという[13]。

15.5.4　準備されたことば

　これらの小池のことばの用い方、選び方からは、意識的にポピュリズム的な支持を動員しようとする意図が透けて見える。トランプからヒントを得た「ファースト」ということばを党名に使っていることからも、それは感じられる。トランプが大統領選で勝利した2日後の2016年11月11日の都知事会見で、小池は自分自身を彼に重ねるかのように次のように語っている。「民意が選んだ大統領ということで、その意味では私も同じですけれど、まずはおめでとうございますと申しあげたい[14]」。

　小泉が演じたワンフレーズ・ポリティクスを、最も近いところから見て学んだのが小池という政治家である。だが、小池の場合は、ワンフレーズよりもさらに短い「ワンワード」を発信することが多い。

　2003年に小泉政権の環境大臣を務めた際、「省エネルック」と呼ばれていた夏の薄着奨励について、小池は公募で名称を募集し、「クールビズ」ということばを選んで流行語とすることに成功した。これが成功体験となり、1単語のインパクトで注目を集める手法は、コロナ禍での都知事会見でも存分に発揮される。「三密」「東京アラート」「オーバーシュート」など、多くの流行語が小池の発言から生まれた。これらのことばはメディアで多用され、政策の実効性の検証とは切り離されて拡散された。

　だが小池は、小泉のような「即興」によるポピュリスト的ことばの使い手であ

---

[12]　朝日新聞2017年9月27日朝刊「ニュースQ3　新党も市場も小池氏『アウフヘーベン』…何？」

[13]　朝日新聞2017年8月3日朝刊東京版「図解　小池都政　横文字　多用に困惑の声も、苦しい場面で効果」

[14]　週刊朝日2016年11月25日発売号

るようには見えない。衒学的かつつけ焼き刃のカタカナ語を多く用いていること
に加え、注目されたことばの多くは、会見などのために事前に原稿を用意したう
えで発している。周到に準備し、計算し尽くしたうえでの発信を思わせる。

　そのためか、ここ一番というときの準備なしの発言で小池は大きな失敗を犯し
ている。2017 年 9 月 30 日、民進党代表だった前原が、自党の立候補予定者全員
の「希望の党」への合流を打ち出したとき、記者団の質問に（一部の議員を）「排
除いたします」と発言する。このことばは、かつて自らが主役となった郵政選挙
のような敵対的構図を狙ったものと思われたが、そのもくろみは外れ、小池への
期待は一気に収束する結果となった。発言について小池は、「言い過ぎた。言葉は
大切にしないと」と周囲に漏らしていたという[15]。

15.6　まとめ—プレインなことばとポピュリズムのことば

15.6.1　ポピュリズムのことばは「やさしい」か？

　これまで見てきたポピュリズムのことばは、「やさしい日本語」や、日本語話者
のための「プレインなことば」と共通点があるように見える。語彙をしぼり、単
純な構文を用いて、1 文を短くするという話法は、たしかに聞き手の理解を助け、
「情報処理コスト」を低めることにつながっている。

　一方で、ポピュリズムのことばは、複雑な社会の事象や政策を過度に単純化し、
あいまいにしていることをこれまで示してきた。感覚的に即興でことばを紡ぐ小
泉、大量にことばを連ねる橋下、準備し計算したうえでことばを発する小池と、
そのスタイルは政治家によって異なるものの、どのことばも意味が明瞭とはいえ
ないという共通点がある。

　「自民党をぶっ壊す」「『二重行政』の解消」「築地は守る、豊洲を活かす」。これ
らのことばは、「ストーリー」を紡いで聞き手の「感情や情念」に訴える力を持つ
半面、具体的に何を意味するのか、厳密に考えると判然としないものばかりであ
る。主語が省略され、多義的な単語や言い回しが用いられているため、聞き手の
想像によるイメージが膨らみ、それぞれの期待に沿った解釈が可能となる。その
一方で、実際の施政方針や政策は必ずしも明確ではないことは、これまで検証し
てきた通りである。日本語話者にとって意味が必ずしも明確ではないカタカナ語
を多用することも、メッセージのあいまいさを助長する。

　また、多くのポピュリズムのことばは、批判対象と自分たちを「敵と味方」と
して切り分け、対決と分断の構造にもっていくことを企図している。伝えたいこ

---

[15]　朝日新聞 2017 年 10 月 23 日朝刊

とをまっとうに伝えるためではなく、敵を作り出し、感情を揺さぶることを目的
として、ことばが使われている。

　一般の母語話者にとっての「やさしい日本語」が、「相手が何を言おうとしてい
るのかを理解し、自分が相手に何を伝えたいのかを常に意識しながら、日本語表
現を書き換えたり言い換えたりすること」（庵他 2019）であるとするならば、感
情を動かすことを狙うストーリーを一方的に発し、仮想敵を想定して特定の方向
への政治的動員を目的とするようなポピュリストのことばは、その対極に位置す
るものだといえよう。

　「やさしい日本語」は災害時の情報提供手段として生まれた。もし地震や津波な
どの震災が起きた際、避難所や給水などについての生存に欠かせない情報が、あ
いまいで多義的であり、感情に訴えるようなことばで発せられたとしたらどうな
るだろうか。そう想像してみると、「ポピュリズムのことば」が、どれほど「やさ
しい日本語」とかけ離れているか、理解しやすいだろう。

15.6.2　政治家の「やさしいことば」の意義

　ここまで本章では、ポピュリズムそのものについての評価は避けてきた。一般
的には、ポピュリズムは民主主義への「重大な脅威」であるという見方が主流で
あろう。2021 年のトランプ支持者による米連邦議会の襲撃は、その危険性をまざ
まざと見せつけた。

　だが近年の研究においては、ポピュリズムは、機能不全状態の代議制民主主義
を改革する契機ともなり得る、というポジティブな側面についての言及も増えて
いる。「ポピュリズムはデモクラシーを否定するものというよりは、むしろその 1
つの重要な側面、すなわち民衆の直接参加を通じた『よりよき政治』を積極的に
目指す試み」（水島 2016）であるという可能性は、たしかに否定することが難し
い。民主主義に対する挑戦であり、脅威であると同時に、民主主義を改変する契
機ともなり得る両義的な存在が、ポピュリズムなのである。

　同様のことが、政治家の「わかりやすいことば」にもいえるのではないだろう
か。

　これまで見てきたように、政治家はしばしば、ことばを道具にして感情をかき
立て、支持を得ようとする。それはときに、既存の政治システムを揺るがす巨大
な力を持つようにもなった。だが、冒頭でも述べたとおり、政治家がことばによっ
て自らの考えや政策をわかりやすく十全に伝え、人々を政治参加へいざなうとい
う行為は、民主主義にとって極めて重要なことでもあるはずだ。

　現在、先進各国では、グローバル資本主義の深化とともに不平等と格差が広が
り続けている。同時に、日本は少子高齢化と人口減少に直面し、過去の経済成長

期のような豊かさの分配ではなく、負担の分かち合いが避けられない状況となっている。社会保障などの公共サービスの削減や、増税に代表される負担の増加という痛みをともなう政策を、どう国民に納得して受け入れてもらうか、政治家はより一層の説明責任を負っている。そんな時代状況下で、政治家のことばの「やさしさ」「わかりやすさ」の重要性は高まりこそすれ、減ずることはない。

　本章ではおもに、ポピュリストといわれる政治家の発言とその問題点について述べてきたが、私たちが本来考えるべきなのは、政治家と人々の「架け橋としてのことば」であるはずだ。相手の言おうとしていることを理解すること。自分が相手に何を伝えたいのかを明確にすること。政治のことばはいま、「やさしいことば」の本義に立ち返ることが求められている。　　　　　　　　［真鍋弘樹］

［引用・参考文献］
東照二（2006）『歴代首相の言語力を診断する』研究社
有馬晋作（2021）『暴走するポピュリズム―日本と世界の政治危機』筑摩選書
庵功雄（2016）『やさしい日本語―多文化共生社会へ』岩波新書
庵功雄・岩田一成・佐藤琢三・桝田直美編著（2019）『〈やさしい日本語〉と多文化共生』ココ出版
石井妙子（2020）『女帝 小池百合子』文藝春秋
石澤靖治編著（2021）『政治コミュニケーション概論』ミネルヴァ書房
後房雄（2017）「ポピュリズム型首長の行政マネジメント―橋下徹と河村たかしの事例」『年報行政研究』52
シャンタル・ムフ（2019）『左派ポピュリズムのために』明石書店
中村あつ子（2012）『私と橋下知事との1100日―民間出身の女性課長が大阪府庁で経験した「橋下改革」』洋泉社
橋下徹（2018）『政権奪取論―強い野党の作り方』朝日新書
真鍋弘樹（2018）『ルポ　漂流する民主主義』集英社新書
御厨貴（2006）『ニヒリズムの宰相―小泉純一郎論』PHP新書
水島治郎（2016）『ポピュリズムとは何か―民主主義の敵か、改革の希望か』中公新書
村上弘（2015）「日本政治におけるポピュリズム―2015年の「大阪都」、「維新」、有権者」『立命館法学』363・364
吉田徹（2011）『ポピュリズムを考える―民主主義への再入門』NHKブックス

16 メディアリテラシーから見たことばの問題

　本章ではメディアのことばにある「虚偽」を可視化してみたい。ここでいう「虚偽」とはいわゆる「フェイク」ということではない。「誰かに何かに誘導された解釈」というような意味である。その「誘導」とは「誰かに対し、ある方向で解釈するよう働きかけること」を指している。騙すといった「悪意」があるかどうかや実際に誘導される（またはされた）かどうかは問題にしない。論じるのは「誘導の可能性」である。普段の生活で目にすることばの中で、誰が（何が）何をどう誘導するのかについて批判的に分析しながら、「メディアリテラシーから見たことばの問題」について考える。ここでいう「批判的」とは「1歩立ち止まってよく考える」ということであって非難するとか揚げ足を取るとかいったことではない。本章で取り上げるメディアのことばは、筆者が各新聞社のWebサイトを閲覧して収集した新聞記事の見出しである。補足的に記事本文に言及することもあるが、引用して分析はしない。

16.1　なぜ新聞記事の見出しを取り上げるのか

　ネット時代といわれて久しい。そのため新聞は時代遅れのメディアであると思われている面があるが、実際には信頼するメディアや重要な情報収集ツールとして新聞をあげる人は多く、重要なメディアとして現役であると考えられる。例えば以下のような記事見出しからそのように考えることができるだろう。

信頼するメディア「新聞」最多64%…読売調査
読売新聞 2018年10月13日配信
https://www.yomiuri.co.jp/culture/20181013-OYT1T50051.html［現在リンク切れ[1]］

---

[1]　本章における URL の最終閲覧日は 2022 年 6 月 30 日である。

コロナ禍の情報収集、信頼度トップは新聞　読む頻度も増
朝日新聞 2020 年 8 月 7 日配信
https://digital.asahi.com/articles/ASN873320N86UTIL01B.html

情報の信頼性、新聞トップ　日本新聞協会調査
東京新聞 2022 年 1 月 20 日配信
https://www.tokyo-np.co.jp/article/155311?rct=national ［現在リンク切れ］

　上記の東京新聞記事本文には、2019 年調査と比較して新聞を読む時間が増えていると書かれている。他の記事ではテレビ視聴者や視聴時間は減っていると報じられているが、新聞を読む時間は増える傾向にあるようである。

仕事時間減、テレビ視聴初めて 8 割下回る　NHK 国民生活時間調査
産経新聞 2021 年 5 月 20 日配信
https://www.sankei.com/entertainments/news/210520/ent2105200012-n1.html

新聞読む時間、コロナ流行前より「増えた」が 14％…日本新聞協会調査
読売新聞 2021 年 3 月 18 日配信
https://www.yomiuri.co.jp/national/20210318-OYT1T50235/

　特に若者のテレビ離れはかなり進む一方で、ネットの利用は若者に限らず中高年層でも増えているようである。

10〜20 代の約半数、ほぼテレビ見ず「衝撃的データ」
朝日新聞 2021 年 5 月 20 日配信
https://digital.asahi.com/articles/ASP5N6FM8P5NUCVL032.html

40 代もネット世代…平日利用、テレビを抜く
読売新聞 2018 年 8 月 5 日配信
https://www.yomiuri.co.jp/national/20180805-OYT1T50021.html ［現在リンク切れ］

　しかし新聞はまだまだ信頼され参照されている。それはテレビを見る人が少なくネットに接する人が多い若者においてもいえそうである。ネットをよく見るからネットを盲目的に信頼しているというわけではないことが見て取れる。その傾向は新型コロナの影響を受けてさらに高まっているかもしれない。

「新聞に触れる」9割超に　情報入手法ではネット上回る
毎日新聞2019年2月21日配信
https://mainichi.jp/articles/20190221/k00/00m/040/146000c［現在リンク切れ］

ワクチンに関するデマ、「見聞きしたことがある」55・5％…ネットの信頼度
「49・2点」
読売新聞2021年11月13日配信
https://www.yomiuri.co.jp/national/20211113-OYT1T50157/

　筆者はこの種の調査結果よりも多くの人（若者を含む）が実際には新聞記事に接していると考えている。なぜならネット上で新聞記事が多く配信されている事実があり、そのため意識していなくてもYahoo! ニュース・LINE ニュース・各種ポータルサイト経由で新聞記事に触れているといえるからである。いま、「接している」「触れている」と書いて「読んでいる」と書かなかったのは、ネット上で新聞記事を見ても必ずしも本文を読むとは限らないからである。そういう新聞記事との接触の中で比較的読むといえるのが「見出し」である。配信されたニュース一覧をざっと眺めている場合でも見出しを読んでいることになるからである。したがって、メディアは人の目に触れることの多い「見出し」にさまざまな工夫を施すと考えられる。言い方を換えれば、「いかに読者の興味を惹き、本文を読ませるか」という目的で「誘導の実践」が行われやすいということである。

　その誘導自体は別に悪いことではない。記事への興味関心を喚起させるだけなら問題はない。しかし、記事の見出しで使われているごく普通の「日本人の日本語」の中に、誰かが持つ何か特定の意図が介在する場合があるとしたら、そして、その日本語を読んだり聞いたりすることをとおして、私たちが自分自身で気づかないうちに、ある特定の解釈や価値判断、それに基づく行動へと誘導され、それがその誘導を意図した誰かの利益につながることがあるとしたら、それはやはり問題ではないだろうか。そういう誘導に向き合うためには、相手の誘導のやり方やその実践について知識を持っておくことが重要である。そこで本章では「新聞記事」の「見出し」を分析・考察の対象とする。

16.2　批判的に考えることの重要性

　新聞というメディアを信頼する人が多いことと、ある記事の見出しや記事のことば・本文の内容などが信頼に値するかどうか、その新聞社がメディアとして信頼がおけるかどうかとは別の問題である。新聞社も私企業である以上、スポンサーや株主といった経済の論理から自由にはなれないし、政府などの権力の支配や圧

力を受ける場合もある。実際、政府や政治家はしばしばメディアのあり方に対し支配的な言説を発する。新聞というメディアもその例外ではない。

自民の総裁選「公平・公正な報道」要求、専門家から懸念
朝日新聞 2018 年 9 月 3 日配信
https://digital.asahi.com/articles/ASL9351JSL93UTFK00J.html

フェイクニュース、決めるのは政府？　言論抑圧の恐れも
朝日新聞 2019 年 6 月 8 日配信
https://digital.asahi.com/articles/ASM5G44B2M5GUTIL015.html

伊吹元議長「不安あおる発言、バラエティーでも自粛を」
朝日新聞 2020 年 3 月 12 日配信
https://digital.asahi.com/articles/ASN3D5WMVN3DUTFK00K.html

首相と飲食をともにするという権力との癒着を生み出しかねない状況にメディアが主体的に参加してかかわることも実際に起こっている。

朝日新聞記者、首相懇談会に出席　内閣記者会向けに開催
朝日新聞 2020 年 10 月 13 日配信
https://digital.asahi.com/articles/ASNBF65WXNBFUTFK00M.html

懇談の出欠どう判断　首相取材あり方問う声
毎日新聞 2020 年 10 月 13 日配信
https://mainichi.jp/articles/20201013/k00/00m/010/282000c

　自らが権力に忖度し迎合することもないとはいえない。このような状況を踏まえ、日本のメディアの独立性は対外的には低く評価されている。国際機関から度重なる懸念の表明や改善の勧告を受けているが、改善に動く気配はなく、その状況は一向に変わっていない。

日本のメディア独立性懸念　国連特別報告者、沖縄基地抗議へ圧力懸念
毎日新聞 2019 年 6 月 5 日配信
https://mainichi.jp/articles/20190605/k00/00m/030/036000c［現在リンク切れ］

国連人権理、日本メディアに疑義の報告書　日本は異議表明
産経新聞 2019 年 6 月 26 日配信
https://special.sankei.com/f/international/article/20190626/0001.html

報道自由度、日本は 67 位　国境なき記者団「新首相でも改善せず」
毎日新聞 2021 年 4 月 21 日配信
https://mainichi.jp/articles/20210421/k00/00m/030/109000c［現在リンク切れ］

　最近では、下の記事にあるように、日本で 1 番発行部数が多いとされる新聞社が、特定政党色の強い政治家が首長を務める自治体と強い関係性を構築した報道もあった。メディアの役割の 1 つが「権力の監視」であるとよくいわれるが、権力と結びつくメディアの報道に権力の監視ができるのかどうか考えてみたいところである。

本社と大阪府 包括連携協定
読売新聞 2021 年 12 月 28 日配信
https://www.yomiuri.co.jp/local/kansai/news/20211228-OYO1T50000/

　このように見てくると、私たちはメディアを信頼しつつもその報道に対して批判的に接することが重要であると思われる。しかし次の記事から読み取れるように、私たちに充分な批判的リテラシーがあるだろうか。これは決して中高生だけに限った問題ではない。

偽ニュース中高生 26％「信用」…6 割超が拡散
読売新聞 2019 年 3 月 11 日配信
https://www.yomiuri.co.jp/national/20190311-OYT1T50191/［現在リンク切れ］

　ごく普通のことばや内容で流れてくるニュースに対して批判的な目を向ける必要がある。でなければフェイクニュースも見破れない。私たちには「批判的に読む」姿勢とリテラシーが求められるのである。そこで、本章では「批判的に考える」ことを実践していく。次節からはより具体的に分析や考察を行なっていくが、すでにここまでで筆者が行ってきた批判的分析の 1 つの方法に気づいただろうか。それは【1 つの情報だけを見るのではなく、多面的に情報を集め、検討する】という方法である。筆者がここまでで引用した新聞記事の見出しは複数の新聞社のもので、いわゆる全国紙 4 紙とブロック紙 1 紙の 5 社の記事を見てきた。また過去数年の間に配信された記事を引用している。つまり【横断的かつ縦断的】にデータを収集して分析や考察を行ったということである。

16.3　ネット記事の特徴

　ここではネットを通して情報と接する際に知っておいたほうがよいことや、ネット記事に見られるいくつかの特徴について見ていく。

16.3.1　ネット記事は誰かによる選別の結果

　私たちはポータルサイトや SNS などからニュースを受け取っているが、世の中にはそのようなかたちで私たちが受け取るニュースよりもっとたくさんのニュースが発信されている。したがって私たちは、誰かによって何らかの基準で選ばれたものを受け取っていることになる。異なる基準で選べば異なるニュースが配信され、異なるニュースを受け取ることになる。私たちは配信を受ける時点ですでに「誘導」されているのである。ニュースを閲覧する自分自身の行動がニュースの選択の基準を作っている面もある。もはやネット時代の常識だが、AI と独自のアルゴリズムとによって、その閲覧者の「好み」「傾向」を計算し、その閲覧者が興味を持って読んでくれそうな記事や広告などを提示するのである。そこで筆者は実際に簡単な実験を行ってみた。

　2 台のタブレット端末を使い、それぞれ別のネット回線を経由して同じポータルサイトに同時刻にほぼ同時に接続した。そしてそこに提示されるニュース記事リストの中から 1 台目の端末ではリストの上位のものを選び、もう 1 台の端末ではリストの下位のものを選んでクリックして記事を閲覧した。記事を選ぶ際にはリスト上の順番だけではなく内容にも留意し異なるジャンルの記事を選んだ。例えば、1 台目の端末では国際政治の記事を選び、2 台目の端末では芸能関係の記事を選ぶというようにである。順位を基準に選んだ際に同じ記事や同じジャンルの記事になった場合は、選ぶ順位を変更し、内容の異なる記事になるように調整した。そして 1 日に午前と午後の 2 回アクセスし、それを 1 週間継続し、アクセスごとに画面のスクリーンショットを撮って記録した。

　結果をいうと、2 台の端末に同じ記事リストが提示されることは 1 度もなかった。図 1 に実験時のスクリーンショットを掲載する。字が小さいが写真を見れば異なる記事であることがたしかめられるはずである。つまり同じ人物が使用している 2 台の端末を用いて同じ時間に同じポータルサイトにアクセスしていても提示される記事は異なった。したがって、そこには何らかのアルゴリズムによる選別が行われているといえよう。もちろんそれらの端末はこの実験以前から筆者が使用していたものであり、それまでの使用傾向が記事の選別に影響していたと考えることもできる。しかしそれはむしろこの結論を補強するものとなる。

　ネット上で送られてくる記事を受動的に受け取っているだけでは必ず誘導され

図1　2つの異なる端末画面の比較

てしまう。誘導の影響を最小限にするためには、別リソースに主体的にアクセスして情報を入手することが大切である。新聞でいえば、全国紙も地方紙もある程度までであれば無料で多くの記事にアクセスできる。一定程度であれば過去記事を見ることもできる。積極的に横断的・縦断的にメディアのサイトを活用したい。

16.3.2　ネット記事の見出しに注意

しかしサイトで直接記事を見るときにも注意が必要である。なぜ注意が必要かというと、見出しに誘導されるおそれがあるからである。見出しの中でどういう表現を使うかで読者の解釈は変化する。また見出しにおける焦点のあて方と記事本文の内容とが一致していない記事もある。このように、見出しに工夫を凝らすことで簡単に読者を誘導することができるのである。例えば、同じ出来事を記事にしている下の2つの記事の見出しはかなり異なる印象を読者に与えるであろう。着目したい箇所に下線を付して引用する（以下、下線名嶋）。

池江「最後まで食らいついた」　混合 400M メドレーリレー
産経新聞 2021 年 7 月 29 日配信
https://www.sankei.com/article/20210729-3E7LWFOSWFPCVHRS4KFBPR4MTM/?output-
Type=theme_tokyo2020

アンカー池江「後半ばてた」　競泳混合 400 メドレーリレー予選落ち
朝日新聞 2021 年 7 月 29 日配信
https://digital.asahi.com/articles/ASP7Y71JSP7YOIPE025.html

　見出しが本文を代表していないと思われるものもある。次の記事では本文で県教育庁が「校則を見直す機会はなかなかない。今回の調査をきっかけに、子どもの人権や本当に必要なのか考え、見直すきっかけにしてもらいたい」と語っているが見出しには書いていない。多様性を認める方向に移行しつつあるいまの社会において、不合理な規則が存在することとその不合理な規則を見直すことと、ニュースとしての価値はどちらのほうが高いだろうか。

「髪の色や癖毛は生まれつき」証明書提出求める規則、埼玉の県立学校の半数近くに
読売新聞 2021 年 10 月 16 日配信
https://www.yomiuri.co.jp/national/20211015-OYT1T50258/

本文 14 行の中に複数の話題が取り上げられているにもかかわらず、最後に 1 行だけ書いてある内容を見出しとしている記事もある。これなどは新聞社の話題選択と記事をとおしての世論操作の実践とが関連しているといえそうである。

首相「与野党の枠超え活発な議論を」　改憲に期待
産経新聞 2021 年 10 月 12 日配信
https://www.sankei.com/article/20211012-DPBQC7FLK5PZNEC4NL43YLQVIU/

　このような見出しと本文とのズレは本文を読まなければ気づけない。紙媒体の記事の場合は見出しと本文とを同時に視野の中に置くこともできるが、ポータルサイトなどの配信の場合は見出しだけをまず見ることになり、リンクをクリックしなければ本文を見てたしかめることができない。したがって、見出しを見る際の批判的な姿勢とリテラシーが紙媒体の新聞を見るときよりも重要となる。

16.3.3　ネット記事のアップデートに注意

　ネット上の記事は紙媒体の記事と異なり、簡単に何度も改変可能であり、実際にそういう改変がよく行われている。例えば以下の例である。次の 2 つの記事は URL が同じであるが見出しの変更でまったく別の記事のように見える。

　　新規 638 人　累計 3 万人超　県内　療養者最多 4840 人
　　沖縄タイムス 2021 年 8 月 12 日 5 時 00 分配信
　　https://www.okinawatimes.co.jp/articles/-/802780［現在改変済[2]］

　　沖縄のコロナ感染者数、1 カ月で 1 万人超の可能性　「これまでにない速さで拡大中」と県
　　沖縄タイムス 2021 年 8 月 12 日 7 時 31 分配信
　　https://www.okinawatimes.co.jp/articles/-/802780

　同じ内容を取り扱っていることは理解できても、記事から受ける印象が大きく変わることもある。下の 2 つの見出しの前半部分はほぼ同じである。前者の見出しからは「首相が変わったので見直しもあり得る」という含みを排除できないが、後者の見出しからはそのような含みは排除される。なお、前者の記事は 16 時 40 分に配信され、後者の記事は 21 時 16 分に配信されている。

　　学術会議任命拒否　岸田首相「菅氏が決めたこと」
　　産経新聞 2022 年 1 月 13 日配信
　　https://www.sankei.com/article/20220113-GWQKSAEF4VISDA26PJVZHMQCGY/

　　学術会議任命拒否　首相「終了したもの」
　　産経新聞 2022 年 1 月 13 日配信
　　https://www.sankei.com/article/20220113-KWEZUL2RZVIY5CL6JQSTJFCM5I/

　改変が行われると、後から記憶していた見出しや URL で探しても探し出せなくなる。読みたい記事があればスクリーンショットを撮ったり PDF 化したりして保存しておくとよい。それもネット上で記事を読む際に必要なリテラシーである。

---

[2]　最初に配信された記事（改変前の記事）は 2022 年 6 月 28 日現在調べられなくなっている。

16.4　明示的に表象されているものを批判的に読む

　本節と次節では、Wodak（2001）、Reisigl and Wodak（2016）、ライジグル・ヴォダック（2018）のあげるいくつかの「談話ストラテジー」や「談話解釈を橋渡しする論理」を参照しつつ、見出しに表象されているものを批判的に見ていく。

16.4.1　人や物などをどういう表現で指し示すか

　私たちはことばを使って人や物などを指し示す。どういう語や表現で指し示すかを工夫することで、指し示す人や物などの印象を特定の方向に誘導することが可能である。例えば次の見出しの下線部に着目してほしい。「活動家」という名称で新聞記者を指し示すこと、新聞記事を「煽情記事」と位置づけること、団地を「トイレ」と表現すること、「中国」ではなく「チャイナ」とカタカナ書きすること、「研究者」という属性を明示して法律違反を取り上げること、それらの語に着目すると、特定の評価への誘導の実践が見えてくるはずである。

　【新聞に喝！】「活動家」になり果てた２紙の新聞記者　その使命は「煽情記事」を書くことか　作家・ジャーナリスト　門田隆将
　産経新聞 2018 年 6 月 3 日配信
　http://www.sankei.com/column/news/180603/clm1806030005-n1.html

　踊り場に「ここはトイレではない」、ゴミは頭上から降ってきた「チャイナ団地」…「バラバラ」でもゆるく進む共生
　読売新聞 2021 年 11 月 29 日配信
　https://www.yomiuri.co.jp/national/20211127-OYT1T50099/［現在改変済[3]］

　米軍訓練場前に廃棄物で抗議　研究者を道交法違反などで在宅起訴
　毎日新聞 2021 年 12 月 28 日
　https://mainichi.jp/articles/20211228/k00/00m/040/268000c［現在リンク切れ］

16.4.2　肯定的に描くか否定的に描くか

　16.4.1 項とも関連するが、見出しの中に肯定的な語を組み込むか否定的な語を組み込むかで読み手の解釈の肯定的な方向や否定的な方向に誘導することができる。下線を引いた表現を肯定的に描いているか否定的に描いているかという点か

---

[3]　配信後に見出しが改変され、現在このリンク先では「中国人同士でもバラバラ、団地ではいらだつこともあるけれど…多様性の鍵は『ゆるやかな共生』」という見出しとなっている。

ら考え、それがどういう解釈とつながるか考えてみてほしい。例えば下の2つでは、「不時着」か「予防着陸」かで感じ取る危機感や緊急性が変化する。実際に記事の見出しでも「トラブルの説明一転」と書いているように「不時着」はトラブルだが、「予防着陸」はトラブル未然と捉えられているようである。

　米軍ヘリ<u>不時着</u>　トラブルの説明一転「<u>予防着陸</u>」　宮崎・串間
　毎日新聞 2021 年 8 月 3 日配信
　https://mainichi.jp/articles/20210803/k00/00m/040/084000c

　次の例では下線部によって肯定的かつ滑稽に描かれているといえるが、それは自衛隊という組織の本質をぼやかし、解釈をよいイメージに誘導し、親近感を持たせることを目的としている。本文では「親近感」を持ってもらうためにそのような動画を作っているとはっきりと書かれている。イメージ操作である。

　<u>汚れた長靴</u>を 12 時間かけて<u>ピカピカ</u>動画…<u>お面姿</u>の<u>陸自</u> 3 人組
　読売新聞 2021 年 12 月 26 日配信
　https://www.yomiuri.co.jp/national/20211223-OYT1T50258/

　否定的なイメージで解釈されるならいっそそれに言及しないという実践も行われる。次の見出しの「共同使用」の主体は直接的な動作主体としては見出しに現れていない。かろうじて「米軍区域」とあるので、米軍が主体のうちの1つだろうと推測はつくが、日本側の自衛隊については見出しでは言及されずに伏せられている。さらにいえば「基地」とは書かずに「瑞慶覧（ずけらん）」という他県の人には読むことも難しい地名で指し示したり、「基地」の一部を「区域」と書いたりしている点は 17.4.1 項で述べた「どういう表現で指し示すか」という実践の現れでもある。

　沖縄米軍区域、<u>共同使用</u>で日米調整へ…「<u>瑞慶覧</u>」の一部区域
　読売新聞 2021 年 12 月 31 日配信
　https://www.yomiuri.co.jp/politics/20211231-OYT1T50026/

16.4.3　強調した言い方やあいまいな言い方が使われていないか
　私たちの心理には、自分にとってプラスになることは強調したくなり自分にとってマイナスになることはあいまいにしたくなる面がある。そこをうまく利用すると、読者の解釈をある方向に誘導できる。例えば、次の見出しを見ると「過去最高」という表現によってよいことのように解釈する。しかし見出しには書いていないが、本文には「男性の国家公務員（一般職常勤）の育児休業取得率は前

年度比 6.4 ポイント増の 28% と、制度を設けた 1992 年以降で最も多かった。女性の取得率は 99.9% だった」とあり、依然として女性に育児の負担が大きくのしかかっていることがわかる。過去最高と喜んではいられない。

男性育休取得率 28%、過去最高に　2019 年度の国家公務員
日本経済新聞 2021 年 1 月 6 日
https://www.nikkei.com/article/DGXZQODE285BS0Y0A221C2000000/

　事実をあいまいにすることで事態の深刻さが変化する。次の 3 つの見出しで比較してほしい。米軍機オスプレイが訓練中に上空から落としたものが何であり、「落とす／落下」という他動詞的な語と自動詞的な語のどちらで描かれるかによって読者の読みが誘導される。記者は落下物の情報や表現を基本的には自由に選べたと考えられる。つまりその選択は記者の「世界の認識のしかた」であり、それが結果的に読者を誘導する。だから批判的な読みが必要なのである。

米軍オスプレイ、沖縄で部品落下
毎日新聞 2021 年 8 月 14 日配信
https://mainichi.jp/articles/20210814/ddp/041/040/002000c

米軍オスプレイから 1.8 キロのパネル落下　普天間所属機　中部訓練場から戻る途中
沖縄タイムス 2021 年 8 月 13 日配信
https://www.okinawatimes.co.jp/articles/-/803819

【速報】普天間オスプレイ、1.8 キロのパネル落とす 中部訓練場からの帰途
琉球新報 2021 年 8 月 13 日配信
https://ryukyushimpo.jp/news/entry-1374416.html

　次は下の 2 つの見出しの表現を見てほしい。最初の見出しでは「直後」と書いているが、2 つ目の記事では「24 時間以内」とある。時間の長さは観念的なものであるが、24 時間という時間は「直後」とは思えないと感じる読者もいるだろう。「直後」ということばで対応の速さを強調し読者を好印象へと誘導している。

在日米軍、入国直後に検査　批判受け方針転換
産経新聞 2021 年 12 月 31 日配信
https://www.sankei.com/article/20211231-H4L6W5VVMZLXBARETYWISO6CA4/

在日米軍、日本入国後 24 時間以内も検査　クラスター発生でようやく
朝日新聞 2021 年 12 月 31 日配信
https://digital.asahi.com/articles/ASPD06504PD0UTFK003.html

　次は他者のマイナス面を見せることで自分のマイナス面をぼやかしている例である。相手の評価を下げる方向に読者を誘導し、それによって自分の評価を相対的に高めている。180 位と比べれば 67 位はましということだろうか。

報道自由度で日本は 67 位　北朝鮮は最悪の 180 位　国境なき記者団ランキング
産経新聞 2018 年 4 月 26 日配信
http://www.sankei.com/world/news/180426/wor1804260005-n1.html［現在リンク切れ］

　このように強調した言い方やあいまいな言い方に目を向けることで、誘導の可能性に気づき、一歩立ち止まって批判的な読みを実践することができるのである。

16.5　明示的には表象されていないものを批判的に読む

　ことばで語られているものの後ろには、私たちがある程度「前提」として共有していると思っている常識、価値観、評価や意見・主張を裏づける「根拠」や「論理」といったものもある。これらは言語化される場合もあるし言語化されない場合もある。本節ではそのような要素にかかわる誘導を見ていく。

16.5.1　前提とされているものは何か

　前提は「あたり前」のことなので、通常は伝達の焦点とはならず、ことばでは語られない。だからこそ何を前提としているか考えることは大切である。次の見出しの下線部をヒントにして、その事態にかかわる当事者の中で何が前提とされているのか考えてみよう。

プルサーマル発電、新たに同意した自治体へ交付金　政府方針
毎日新聞 2021 年 12 月 26 日配信
https://mainichi.jp/articles/20211225/k00/00m/010/134000c

女性監督が挑む高校野球　選手時代の苦悩越え目指す 1 勝
朝日新聞 2017 年 7 月 11 日配信
http://digital.asahi.com/articles/ASK7545LXK75UNHB00Q.html

野球部唯一の女子選手　愛されキャラでも特別扱いはなし
朝日新聞 2017 年 7 月 6 日配信
https://www.asahi.com/articles/ASK6M7RGVK6MPIHB02G.html［現在リンク切れ］

　最初の見出しで言及されているプルサーマル発電は、原発から出る使用済み核燃料を再処理して取り出したプルトニウムにウランを加えて作る MOX 燃料を用いる。プルサーマル発電は原爆の材料になる危険なプルトニウムの保有量を減らすための手段でもある。しかし 2022 年 9 月現在、1997 年に完成予定であった核燃料再処理施設は 26 回も工期が延期されいまだ完成が見通せない。一方で、再処理施設が稼働しないと国内で保管中の使用済み核燃料は減らず、再稼働した原発からは新たに使用済み核燃料が生じる。「原発はトイレなきマンション」といわれるゆえんである。よって、政府によるプルサーマル発電推進姿勢は、核燃料再処理施設の完成とさらなる原発推進とを前提としていると考えられる。

　2 つ目 3 つ目の見出しからは、高校野球の世界において、女性がどのように位置づけられていてそれが前提となっているか考えてみよう。特別扱いされるか排除されるか、そして「選手時代の苦悩」「挑む」という表現からは昔からその前提があり、それがいまも根強く残っていることがわかる。

16.5.2　主張を支える論理性はあるか
　見出しが、誰かのある主張を提示している場合がある。その主張が論理的にみて説得力のあるものかどうか批判的に考えてみることは重要である。主張は単純な事実報道よりも私たちの認知性向に強く作用し、場合によってはその後の私たちの言動にも影響を与えることもあり得るからである。下の 2 つの見出しを見て、下線部の主張が論理的かどうか、その論理に問題はないか検討してみよう。

うんめぇもので震災風化防げ　福島の子ら　地元産品で弁当や菓子考案
毎日新聞 2021 年 12 月 30 日
https://mainichi.jp/articles/20211230/k00/00m/040/049000c

　「地元産品で弁当や菓子」を作れば「震災風化を防ぐ」ことができるのだろうか。なぜ業者や自治体などではなく「福島の子ら」が主体なのだろうか。「うんめぇもの」という地域語は何を意図して使われているのだろうか。

感染経路の半数「家庭内」　家でも不織布マスク、寒くても換気
産経新聞 2022 年 1 月 13 日配信
https://www.sankei.com/article/20220113-CUBTL6JGX5LHRJD6X7ICDZP4HI/

　「感染経路の半数」が「家庭内」ということで家庭内でもマスクの着用や換気を促しているが、そもそも家庭内にどういう経緯でウイルスが持ち込まれるのだろうか。家族の誰かが家庭外から持ち込むはずである。また家庭内だけで感染しているのならば家族の皆が感染した後はそれ以上の感染の拡大はないはずである。しかし実際は、感染は家庭内から家庭外へと広がっている。つまり家庭内感染はその経路の入口と出口とで家庭外感染を前提としている。この新聞記事の見出しの提案は決して無意味ではないが、その主張と根拠との間の論理性は限定的である。言い方を換えれば、家庭内だけで感染防止対策をしていればよいというような安直な解釈に読者を誘導しかねないという点でリスクを有している。

16.5.3　本質的な問題が隠されて温存されていないか
　見出しが事実の一部しか描いていない場合がある。事実を書いているのでフェイクではないが、焦点があてられていないことと描かれていることとを併せて考える必要がある。一部がすべてを代表しているわけではないからである。

　韓国、五輪選手団に給食センター　「福島産に懸念」
　産経新聞 2021 年 7 月 16 日配信
　https://www.sankei.com/article/20210716-5BSCRUPWLBIE7KITQQINKOXGBQ/?theme=
　tokyo2020

　この見出しを見ると韓国だけが福島県産の食品を懸念する行動をとっているように思えるが、厚生労働省のサイトを見ると、世界では同時期に原発事故による食品の放射能汚染を懸念して自国において輸入規制をしている国や地域があったことがわかる。それを見ると、アメリカも 2021 年 8 月の時点では輸入規制を採っていたことがわかるし、EU・イギリス・ロシア・インドネシアなども規制措置を継続中であった。国際政治的理由で資料から名前は確認できないが、台湾も輸入規制を継続していた[4]。またネット検索してみると、韓国平昌オリンピック時に日本企業が日本選手に和食を提供した事例があったこともわかる。

　平昌オリンピック選手村に和軽食提供施設、日本代表選手団をサポート―味の素
　食品産業新聞社 2017 年 12 月 18 日配信
　https://www.ssnp.co.jp/news/seasoning/2017/12/2017-1218-1731-16.html

---

[4]　https://www.maff.go.jp/j/export/e_info/attach/pdf/hukushima_kakukokukensa-24.pdf［2022 年 1 月 31 日リンク参照、現在リンク切れ］

　記事に無批判に同調して感情的に韓国を敵視するのではなく、なぜことさらに韓国「だけ」を取り上げて報道しているのかということについて、福島第一原発事故に起因する食品の放射能汚染や輸入規制と日韓関係とを併せて考える必要がある。

　次の見出しも「焦点をあてられていないこと」と併せて考えてみよう。

先生も休みをしっかり　休日の部活は地域にお任せ　現場の模索始まる
朝日新聞 2021 年 12 月 4 日配信
https://digital.asahi.com/articles/ASPD34HKFPD3UTQP001.html

　たしかに、地域に部活の指導を任せれば教員は休養できるので問題解決になりそうだが、そもそも休日に部活が必要かという問題もある。下の記事が報じているように、実際に学校現場では「時間超過」の部活が問題となっている。根本的な問題は別のところにあるのではないかと考えることもできる。

部活動　中学 4 割、高校 7 割が「時間超過」　実態調査で
朝日新聞 2021 年 7 月 15 日配信
https://www.asahi.com/articles/ASP7H61N2P7HUTQP01F.html

　そこに描かれていない関連状況に意識を向けることで、さまざまな批判的な読み方ができるようになるのである。

16.6　イデオロギー的なものを批判的に読む

　本章でいう「イデオロギー」とは、右とか左とか保守とか革新とか○○主義といったものだけを指すのではなく、もっと広く「社会において一定の集団が共有している考え方や価値観で、自分たちや他者を支配する影響力を持つもの」という意味で用いる。本節ではそのイデオロギーに着目して批判的に読む。

16.6.1　イデオロギーの再生産や強化のための実践になっていないか

　イデオロギーは見出しの中で使われる何気ない普通の表現に隠れている。次の 2 例を比べてみよう。どこが違うだろうか。

赤ちゃんの名前、男の子「蓮」くん・女の子は「紬」ちゃんが人気トップ
読売新聞 2021 年 11 月 29 日配信
https://www.yomiuri.co.jp/national/20211129-OYT1T50114/

女の子は「紬」が初の1位　子どもの名前、男は「蓮」
東京新聞 2021年11月29日配信
https://www.tokyo-np.co.jp/article/145470?rct=national ［現在リンク切れ[5]］

　前者は名前に「ちゃん」「くん」をつけているが後者はつけていない。「ちゃん」「くん」が男性女性を区別する呼称として広く認識され使われていることを踏まえると、前者の見出しはそのようなイデオロギーを拡散し再生産し強化しているということができる。それに対して「ちゃん」「くん」をつけずに報道した後者はそのようなイデオロギーに批判的であったとみなすことができよう。ただし「女の子」「男」における「子」の有無にも目を向ける必要があろう。
　次の2例は日中関係に関するものである。何が「受け入れられない」のか、そこにはどのようなイデオロギーがあるのか、「尖閣」「領海侵入」というキーワードとともに、2つの見出しを比較しながら考えてみてほしい。

尖閣周辺に中国漁船数十隻　加藤氏、領海侵入はなし
東京新聞 2021年8月18日配信
https://www.tokyo-np.co.jp/article/125176?rct=politics ［現在リンク切れ[6]］

尖閣周辺に中国漁船数十隻　官房長官「受け入れられない」
産経新聞 2021年8月18日
https://www.sankei.com/article/20210818-GITDTMVYVVMPRE2H4YSUQVXJRU/

　最初の記事には領海侵入はなかったと書いてあるので、公海上である尖閣周辺に中国の漁船が数十隻集まっても国際法的な視点でいえば問題ではないといえる。ではなぜ官房長官は「受け入れられない」といっているのか。そこに国際政治をめぐるイデオロギーがある。そのような批判的視点を持たずに、力強い言い回しの政治家の発言に無批判に迎合していくなら、それはまさにメディアによるイデオロギーの拡散や再生産や強化の実践を自発的に受け入れ下支えすることである。
　最後の例は「野球部マネジャー」と「おにぎり」がキーワードである。日本の

学校の部活動に関する一般的な知識があれば、それらが性別役割分業意識という
イデオロギーを拡散し再生産し強化することが理解できるはずである。

おにぎり作りたくて、野球部マネジャーに　スコアと格闘
朝日新聞 2017 年 7 月 13 日配信
http://digital.asahi.com/articles/ASK746H57K74PPZB00S.html

　皆さんはこのマネジャーの性別をどう読んだだろうか。見出しには性別は書か
れていない。しかし特定の性別だと推測したなら、それは皆さんの中にそのよう
な性別役割分業意識のイデオロギーが内在化されているからである。それが悪い
といいたいのではない。批判的に読むことで自分の中のイデオロギーや価値観や
評価基準などに気づくことができるし、それに気づいて意識的になればそこから
市民としての姿勢や言動に変化も生まれるであろう。批判的に読むことは自分に
対しても批判的になることであり、それはとても大切なことである。

16.6.2　偏向した思い込みを新たに作り出すおそれはないか
　報道がどのように解釈されるかは相手次第である。そのため、ときには報道が、
仮にその意図がなくても、根拠のない偏向した固定的な評価やイデオロギーを新
たに生み出したり広げたりするきっかけになってしまうことがある。

「静かでいつも 1 人だった」　硫酸事件、沖縄で逮捕された容疑者の素顔
沖縄タイムス 2021 年 8 月 29 日配信
https://www.okinawatimes.co.jp/articles/-/821847

在留外国人　検査強化…コロナ　日本語学校にキット配布へ
読売新聞 2021 年 7 月 30 日配信
https://www.yomiuri.co.jp/politics/20210730-OYT1T50041/

　前者には「いつも 1 人で静かな人物」に対して根拠のない先入観に基づく評価
を生み出すおそれがある。後者には「外国人」と新型コロナ感染拡大との間にこ
とさらに有意な関連があるような読み方を妨げることができず、外国人排斥のイ
デオロギーを刺激するおそれがある。そのようなリスクはどのようなメディア報
道にも存在する。私たちがそのような陥穽に嵌らないようにするためには、批判
的姿勢と批判的リテラシー、そして批判的読みの実践が大切である。

16.7　メディアリテラシーから見たことばの問題を乗り越えるために

　ここまで1つひとつ焦点を絞って具体的な例をあげて論じてきたが、多くの場合、1つの見出しの中に複数のポイントが存在する。したがって、いくつもの視点を組み合わせて批判的読みを実践することが必要になるし、本章でも何度か行ったように2つ以上のテクストを関連させて考えることも有意義である。本章の最初に述べた横断的視点や縦断的視点も重要である。

　ということで、本章の最後に下記の例を見てみたい。政府関係者が同じトピックについて別々の時間に発した言説を異なる新聞社が報じている。その記事の見出しを通時的に並べてみると何が見えてくるだろうか。

「攻撃的兵器を保有する考えはない」「敵基地攻撃能力」巡る本紙質問に岸田首相が書面回答
東京新聞 2021 年 12 月 24 日配信
https://www.tokyo-np.co.jp/article/150925?rct=politics

海自潜水艦に長射程巡航ミサイル搭載…政府検討、地上目標も攻撃可能
読売新聞 2021 年 12 月 30 日配信
https://www.yomiuri.co.jp/politics/20211229-OYT1T50258/［現在改変済[7]］

　12 月 24 日配信の東京新聞の記事見出しには「攻撃的兵器を保有する考えはない」という首相発言が引用されているが、1 週間後の 12 月 31 日の読売新聞の記事見出しには「長射程巡航ミサイル搭載」「地上目標も攻撃可能」とある。普通に考えれば言及されているミサイルは「攻撃的兵器」である。異なる新聞社が配信した 2 つの記事見出しを時系列に比較したことで誘導が見えてきた例である。

　この例が示すように、批判的な読みを実践するときにはさまざまな視点で複数のテクストを組み合わせて読むことが肝要である。1 つの視点、1 つのメディア、1 つのタイミングといった姿勢では表面的な読みに留まってしまうことがある。また本章でも実践したが、全国紙だけではなく地方紙も参照するとよい。地方紙の中でも新聞社によって違いもあるので複数見てみることが重要である。さらにいえば、地方紙であれば地域密着で誘導はないということでもない。どのような記事であっても批判的姿勢で向き合い批判的に読むことが重要である。

---

[7]　この見出しは当初の配信時（2021/12/30 05：00）のものであるが、その後に見出しの改変が行われ、現在この URL で確認できる記事の見出しは「【独自】海自潜水艦に 1000 キロ射程ミサイル…敵基地攻撃能力の具体化で検討」となっている。

新聞記事ではないが本章についても（たぶん本書についても）同じことがいえる。皆さんの批判的読みを期待して拙論を終わりたい。　　　　　　　　［名嶋義直］

[引用・参考文献]

Reisigl, Martin and Wodak, Ruth（2016）"The discourse-historical approach（DHA）". In Wodak, Ruth and Meyer, Michael eds. *Methods of Critical Discourse Studies 3rd edition*. pp.23-61, Sage Publications Ltd. ［マーティン・ライジグル、ルート・ヴォダック（2018）「ディスコースの歴史的アプローチ（DHA）」ルート・ヴォダック・ミヒャエル・マイヤー編著『批判的談話とは何か』野呂香代子、神田靖子他訳、pp.33-87、三元社］）

Wodak, Ruth（2001）"Discourse and Discrimination" *Routledge*.

付記

本章の内容は、科学研究費助成事業（学術研究助成基金助成金）基盤研究（C）課題番号20K02431（代表：名嶋義直）による研究成果の一部である。

索　引

欧　字

Accessibility	20
Bias	101
DAISY 図書	110
Easy Japanese（EJ）	11
EPA	105, 113
ESG 経営	18
FRE	29, 145
ISO	19
LL ブック	109
NEWS WEB EASY	109, 171, 198, 205
NHK	109, 121, 198, 205
Plain Japanese（PJ）➡ プレイン・ジャパニーズ	
Plain Language ➡ プレイン・ランゲージ	
Plain Writing Act of 2010	144, 148
PREP	19, 31, 32
Readability	20
SDGs	17
Usability	20

あ

あいまい	34, 49, 61, 71, 97, 203, 221, 234
アダプテーション	172
新しい能力	184
アップデート	232
アテンション・エコノミー	205
アルゴリズム	229
言い添え	154, 201
硫黄のにおい	201
医学用語	94, 95, 100
意識	70, 71, 182
一文一義 / 1 文＝一義	31, 33, 72
1 文を短く	48, 72, 221
一般語	56, 114, 198
イデオロギー	168, 239
居場所作りのための「やさしい日本語」	4
移民社会	42

医療	55, 158
── におけることば	92
── の不確実性	97, 102
医療モデル	105
インセンティブ	5, 155
インフォームド・コンセント	8, 92, 158
受身形	206
連用中止法	47, 49
英語での発信	14, 15
英語の国際化	14
映像メディア	121
婉曲表現	72, 76
音声読み上げソフト	108

か

介護	9, 55, 92, 104, 108, 113, 115
外国人受け入れ	2
外国人児童生徒	169
── を対象としたリライト教材	177
介護福祉士国家試験	114
介護福祉士法	104
外来語	56, 140, 151, 202 ～ 205, 219
── の氾濫	151, 164
── のわかりにくさ	164
定着していない ──	151 ～ 153, 164
『外来語』言い換え提案	151, 152, 164
書き換え	129, 169 ～ 173, 175, 176, 178, 182, 186
書きことば	56, 61, 62, 116, 138, 168, 170
書き手	57
学習指導要領	50, 54, 168, 170
──「解説」	49
学術	55
拡大読書器	108
確率	98
箇条書き	33, 70, 72, 111, 144
カタカナ語	202, 204, 205, 218, 219, 221
価値観	19, 184, 185, 236, 239
── の問い直し	192, 194

家庭医療学　102, 103
慣習用語　123, 124, 135
間接的な説明　140
企業風土　78
記述・作文指導　42, 43
起訴状　119
気づき　189
客観報道　208
教育改革　49
行政　22, 55, 138
強調　234
恐竜　200
クラウドソーシング　56
敬意と親しさ　57, 65, 66, 78
経験主義　170
経済連携協定（EPA）　105, 113, 114
刑事裁判　120〜123, 128, 129
結束性　47
言語技術教育　170
言語コミュニケーション　57
言語生活　80, 88, 170
言語政策　79, 80, 144
減少傾向　153, 157
健全性　88, 89
現代文　42, 49, 53, 54
語彙　26, 27, 34, 58, 59, 67, 212, 214
語彙レベル　26, 140, 144
公共機関の言語　80, 85, 87
公共言語　79〜85
公共言語政策　79〜83, 85, 88
　　韓国の――　85
公共サービスの低下　2
公共性　81, 83, 198
高校受験　50
高校生　42, 43, 47, 53
公正・公平なコミュニケーション　20
公正性　88, 89
肯定的　233
構文　214
高文脈　19
公平な耳　11, 12, 14

公用文　138, 140〜142, 144, 148, 149
公用文作成の考え方　140, 144
公用文と法令における表記の一体化　144
国語　49, 168, 170
　　――に関する世論調査　138
国語審議会　204
国際標準化機構　19
呼称の差別　104
コーパス　56
コミュニケーション
　　19, 26, 55, 92, 93, 103, 108, 109, 143, 193
コミュニケーション能力　7, 17, 109, 215, 216
固有名　154

さ

裁判員制度　120, 122, 128, 129
裁判報道　119, 121, 135
在留支援のためのやさしい日本語ガイドライン
　　144
サウンドバイト　213
指し示す　233
シェアード・ディシジョン・メイキング　93, 102
視座転換　172
実用的な文章　49, 50
指導原理　185, 193
市民に近い行政のことば　148
社会モデル　105
社内文書　69, 72, 77
受験生　42
主語
　　31, 35, 58, 70, 71, 86, 111, 114, 134, 207, 214, 221
述語　45, 58, 134, 214
受動態　34
障がい者／障碍者／障害者　4, 104〜109, 117
小説　50, 172, 175, 176
焦点　238
消費者主義　93
情報過多　70〜72
情報不足　70〜72
深化　193, 194
人口減少　2, 3, 222

心情の読み取り　50
真正さ　6
新聞　119, 136, 152, 153, 198, 224, 226, 230
新聞記事データベース　152
推敲　58, 170, 171, 174, 175
ストーリーテリング　214
正確さ／正確性
　　55, 58〜60, 78, 81〜83, 85, 88, 89, 143
政治家　204, 205, 211, 222, 223, 227
性別不合　107
説明順序　174
説明付与　154
前提　236
専門語／専門用語　8, 9, 26, 32, 34, 55, 96, 114,
　　122〜125, 134, 198〜202
増加傾向　153, 159, 161〜163
総合診療　93, 102, 103
ソーシャルメディア　217
疎通性　81, 83, 85, 87〜89
忖度　72, 78

た

大学受験　42
対人配慮　71, 72, 77, 78
態度　182
逮捕原稿　206
多言語化　32
多言語対応　10
タックスペイヤー　3
多文化共生社会　42, 53
単純労働　2
談話レベル　140, 144
地域社会の共通言語　4, 5
知的障害者　106, 109, 110, 112
中学受験　50
中間言語としての「やさしい日本語」　10, 53
続き物語　172, 173
強い動詞　35
定着していない外来語　151〜153, 164
定着度　151
低文脈　19

テレポリティクス　213
ドイツ語協会　148
動機づけ　5
統合失調症　106
読点　43, 48
読解偏重　169
トランスジェンダー　107

な

長い文章　72, 77, 140
二重行政　216, 221
日本（社会）の国際化　15
日本語能力　8, 10, 14, 113, 168, 169
日本語の国際化　13〜15
日本語表現
　　――に関する評価基準の転換　12
　　――の鏡としての「やさしい日本語」　6, 7
日本弁護士連合会　123
ニュース　120, 128, 130, 136, 198, 205〜207, 229
人間関係　57, 78
人間性　184
認知症　104, 106, 108, 112, 115〜117
認知症サポーター　115
認知的能力　184
ネット　135, 226
ネット記事　229, 230, 232
ネット原稿　135〜137
ネット展開　135
ネットメディア　120
納税者　3
能動形　206〜208
能動態　34, 86, 87
能力主義　170

は

バイアス　101
徘徊　116
ハイコンテクスト　19, 31
バイパスとしての「やさしい日本語」　4
配慮表現　143
話しことば　28, 56, 57, 61, 116, 168〜170

パラフレーズ　172
判決文　119, 120, 124, 129〜131, 134
判決要旨　119, 120, 133
ビジネス・コミュニケーション　55〜57
ビジネス文書
　19, 25, 31, 56〜58, 60, 63, 65, 67, 72, 77
非情の受身　208
否定的　233
人手不足　2
ひとり歩き　116
避難指示　202
避難命令　202
非認知的要素　184
批判的　224, 226, 228, 233, 235〜237, 239〜242
飛躍　51, 53
比喩　215
表記　23, 58, 59, 67, 81, 83, 85, 105,
　107, 144, 147, 178
表現　10〜12, 20, 33〜36, 43, 44, 58, 60,
　63, 65, 81, 110, 120, 128, 208, 233
病状説明　93, 98, 103
頻度の高低の度合い　152
頻度の増減　152
不確実性への耐性　102, 103
複合形式　154, 160〜163
複雑　98, 111
父権主義　92
ふさわしさ　57, 63, 64, 69, 72, 74, 76, 77
振り返り　187, 188, 193
プレイン　147, 148, 211
プレイン・イングリッシュ
　17, 21〜23, 25, 28, 29, 31〜33, 37
プレイン・ジャパニーズ　2, 11, 17, 19, 53, 69
プレイン・ランゲージ　17, 19〜21, 31, 85
ブレグジット　211
フレーミング効果　101
文学　49〜51, 53, 172, 173
文学テクスト　50, 51, 53
文節　214
文の構造　44〜46, 53
文法　26, 58, 59

文名詞密度　145〜147
平易　17, 21, 25, 29, 32, 58, 109, 198
ヘルスリテラシー　102, 103
変換　58, 100, 129, 172
偏向した思い込み　241
変容　162, 186, 187
放送　119〜121, 133, 135, 198
放送メディア　119〜121, 130, 135〜137
放送用語委員会　198, 202
法廷通訳　8, 9
報道文　206, 208
法律　55, 106, 144, 190, 191, 202
法律文の借用　140
法律用語　22, 124
母語の調整　42, 43, 49, 53
母語話者　2, 5, 7, 11, 13, 26, 42, 77, 188, 211
ポスト近代型能力　185
ポピュリスト　211, 212, 215, 218, 222
ポピュリズム　211, 213, 215, 216, 221, 222
ポライトネス　65, 143

ま

マイノリティのための「やさしい日本語」
　3〜5, 11
マインド　182〜187
マジョリティにとっての「やさしい日本語」　5
マスメディア　198, 200, 205, 211
短い文　47, 77, 114
見出し　119, 131, 224, 230
民事裁判　129
難しさへの信仰　8, 9, 12, 14
命令　202
メッセージ　213, 215
メディア　135, 213, 220, 224, 226, 240, 242
メディア変換　172
メディアリテラシー　224, 242
物語性　214

や

やさしい言語センター　148

やさしい日本語　　　2, 5, 7, 9, 11, 42, 53, 72, 109,
　　　　　　　　171, 182, 186, 198, 205, 206, 221
「やさしい日本語」
　　居場所作りのための――　　　　　　4
　　中間言語としての――　　　　　　10, 53
　　日本語表現の鏡としての――　　　6, 7
　　バイパスとしての――　　　　　　4
　　マイノリティのための――　　　3～5, 11
　　マジョリティにとっての――　　　　5
　　――に対する批判　　　　　　　　7
やさにちチェッカー　　　　　　　　146
誘導　　　224, 229, 230, 233, 234, 242
ユーザーファースト　　　　　　　20, 21
読み書き能力調査　　　　　　　　146
読み手　　　12, 21, 36, 53, 57, 58, 61, 66, 70, 141, 143
弱い動詞　　　　　　　　　　　　35

ら

ラテン語由来の単語　　　　　　　34
リーダビリティー・アナライザー　　30

リード　　　　　　　130～132, 206
リライト　　　　　　171, 172, 177
レトリック　　　　　　　　　215
レベル　　　10, 26, 28, 30, 32, 64, 140, 144
連用中止法　　　　　　　　47, 49
ローコンテクスト　　　　　　19, 31
ロックダウン　　　　　　　　204
論理関係　　　　　　　46～49, 53
論理性　　　　　　13, 15, 237, 238

わ

わかりにくいが、ふさわしい　　75～77
わかりにくい日本語　　　　43～48, 53
わかりにくさ　　45, 46, 69, 72, 138
わかりやすいことば　　　　85, 222
わかりやすい情報提供のガイドライン　110, 114
わかりやすくする工夫　　　　　164
わかりやすさ　　9, 12, 13, 55, 57, 60, 61, 72,
　　74～77, 115, 123, 143, 144, 171, 211, 214
ワンフレーズ・ポリティクス　213, 214, 220

「日本人の日本語」を考える
プレイン・ランゲージをめぐって

　　　　　　　　　令和 4 年 11 月 30 日　発　行

編著者　　庵　　　功　　雄

発行者　　池　田　和　博

発行所　　丸善出版株式会社
　　　　　〒101-0051　東京都千代田区神田神保町二丁目17番
　　　　　編集：電話（03）3512-3265／FAX（03）3512-3272
　　　　　営業：電話（03）3512-3256／FAX（03）3512-3270
　　　　　https://www.maruzen-publishing.co.jp

© Isao Iori, 2022

組版印刷・中央印刷株式会社／製本・株式会社 松岳社

ISBN 978-4-621-30764-9　C 3081　　　　Printed in Japan